Sackstedt · USA – Handbuch für Auswanderer

Ulrich F. Sackstedt

USA

Handbuch für Auswanderer

pietsch

Einbandgestaltung: Nicole Lechner

Titelbild: Günter Schliewert

Bildnachweis: s. Bildlegenden

Preise ändern sich schnell. Deshalb dienen die Preis- und Kostenangaben in diesem Buch lediglich der Orientierung. Der Leser wird gebeten, sich in jedem Einzelfall immer nach den aktuellen Preisen zu erkundigen.

Weder der Autor noch der Verlag oder seine Beauftragten können bei Verwendung dieses Handbuches einen erfolgreichen Bescheid über einen Antrag auf Bewilligung der Green Card, eines Einwanderungsvisums bzw. den Erwerb der US-amerikanischen Staatsbürgerschaft garantieren oder darauf in irgendeiner Weise Einfluss nehmen. In jedem Einzelfall entscheiden darüber ausschließlich die zuständigen Behörden der USA.

Eine Haftung des Autors oder des Verlages und seiner Beauftragten für Personen-, Sach- und Vermögensschäden ist ausgeschlossen.

ISBN 3-613-50402-2
Copyright © by Pietsch Verlag, Postfach 103743, 70032 Stuttgart
Ein Unternehmen der Paul Pietsch Verlage GmbH + Co.
1. Auflage 2002

Nachdruck, auch einzelner Teile, ist verboten. Das Urheberrecht und sämtliche weiteren Rechte sind dem Verlag vorbehalten. Übersetzung, Speicherung, Vervielfältigung und Verbreitung einschließlich Übernahme auf elektronische Datenträger wie CD-ROM, Bildplatte usw. sowie Einspeicherung in elektronische Medien wie Bildschirmtext, Internet usw. sind ohne vorherige schriftliche Genehmigung des Verlages unzulässig und strafbar.

Lektor: Martin Gollnick
Innengestaltung: Wolfgang Vogel
Druck und Bindung: Druck + Verlag Südwest, 76131 Karlsruhe
Printed in Germany

Inhalt

Vorwort 8
1. Vorbereitungen der Einwanderung 10
1.1 Warum auswandern in die Vereinigten Staaten? 10
1.2 Einwanderungskategorien 13
1.3 Das Antragsverfahren 17
1.4 Temporäre Aufenthalte 19
1.5 Formulare und Gebühren 23
1.6 Hilfe durchs Internet 26
1.7 Der Umzug nach Übersee 28
1.8 Neue Existenz in den USA 40

2. **Die neue Heimat** 51
2.1 Auf sich selbst vertrauen 51
2.2 Amerikaner sind anders 52
2.3 Erste Unterkunft finden 54
2.4 Erste wichtige Schritte 55
2.5 Geld und Bankkonto 59
2.6 Haus kaufen 64
2.7 Berufsleben 69
2.8 Autofahren und Transportmittel 82
2.9 Essen und Trinken 96
2.10 Freizeit und Sport 109
2.11 Bevölkerung und Religionen 112
2.12 Telefon und Post 116
2.13 Schule und Ausbildung 121
2.14 Kultur 127
2.15 Das soziale Netz 137
2.16 Steuern 143
2.17 Politische Struktur 153
2.18 Wirtschaft 160
2.19 Die größten US-Firmen 167

3. **Landeskundlicher Überblick** 168
3.1 Geografische Daten 168
3.2 Bevölkerungsstruktur 169
3.3 Die Bundesstaaten 172
3.4 Landschaftsformen 173

3.5	Klima	174
3.6	Pflanzenwelt	175

4.	**Die Bundesstaaten stellen sich vor**	176
4.1	Die Neuengland-Staaten	185
4.2	Tor des Ostens	187
4.3	Das George-Washington-Land	190
4.4	Der sonnige Süden	193
4.5	Der tiefe Süden	197
4.6	Tore zum Westen	199
4.7	Der Südwesten	203
4.8	Der goldene Westen	205
4.9	Der pazifische Nordwesten	208
4.10	Spuren nach Westen	212
4.11	An den Großen Seen	216
4.12	Hawaii – Perle im Pazifik	224
4.13	Wirtschaftsräume und ihre Bedeutung	225

5.	**Amerikanisches**	227
5.1	Maßeinheiten	227
5.2	Feiertage (Holidays) und Feste	230
5.3	Zeitzonen und Sommerzeit	234
5.4	Umgangsformen	234
5.5	Eigenarten	235
5.6	American way of life	236
5.7	Ausblick	238

6.	**Adressen und URLs**	240
6.1	US-Vertretungen im deutschsprachigen Raum	240
6.2	Einwanderungsbehörden (INS District Offices)	241
6.3	Kontaktadressen für Studium und Ausbildung	247
6.4	Goethe-Institute	250
6.5	Deutsch-Amerikanische Handelskammer	251
6.6	Wirtschaftsförderungsunternehmen	253
6.7	US-Repräsentanten für Wirtschaftskontakte mit Europa	255
6.8	Deutsch-Amerikanische Institute	260
6.9	Deutsch-Amerikanische Clubs	262
6.10	Hilfe für Aus-/Einwanderer	264
6.11	Umzüge nach Übersee	265
6.12	Arbeitsplatzsuche	265

7.	**Amerikanisches Englisch**	266
8.	**Erfahrungsbericht**	268
9.	**Geschichtlicher Überblick**	271
9.1	Frühgeschichte Amerikas	271
9.2	Die Kolonialzeit	273
9.3	Entstehung einer neuen Nation	275
9.4	Sklavenhaltung, Bürgerkrieg und Ausdehnung nach Westen	276
9.5	Zeit der Veränderung	277
9.6	Der Erste Weltkrieg und seine Folgen	278
9.7	Krise der Weltwirtschaft	280
9.8	Der Zweite Weltkrieg	280
9.9	Nach dem Zweiten Weltkrieg	282
10.	**Quellenverzeichnis und weiterführende Literatur**	284

Vorwort

Das vorliegende Handbuch ist für Deutsche, Österreicher und Schweizer gleichermaßen geeignet, da sie alle dem deutschen Sprachraum angehören. Die in diesem Buch angegebenen Kontaktadressen von Institutionen, Vereinen und Personen sind somit für sie alle von Nutzen.

Dieses Buch, nunmehr das zweite des Autors in dieser Reihe, richtet sich an den Kreis all derjenigen Personen aus dem deutschsprachigen Mitteleuropa, die sich schon einmal Gedanken darüber gemacht haben, ob sie vielleicht lieber in die USA gehen sollten, wo sie vielleicht ihre beruflichen und privaten Ziele besser verfolgen oder eher erreichen können. Ganz sicher haben Sie, liebe Leser, schon so einiges über die USA gehört oder gesehen und möchten nun ihr Wissen in dieser oder jener Richtung erweitern. Viele von Ihnen werden schon ein oder mehrere Male als Touristen in den Vereinigten Staaten gewesen sein und auf diese Weise ein Stück weit in den »American way of live« eingedrungen sein.

Was werden Sie also von einem solchen Buch wie dem vorliegenden erwarten? Lassen Sie uns zunächst feststellen, was dieses Buch nicht sein kann. Dieses Buch will und kann kein neuer Reiseführer für die USA sein, es will sich aber auch nicht darin erschöpfen, den Leser mit endlosen Tabellen und Statistiken über die unterschiedlichsten Teilbereiche von Handel und Wirtschaft zu langweilen, deren Aussagewert für den individuellen Fall ohnehin nur begrenzt ist. Es kann auch nicht den Alltag in den USA in sämtlichen amerikanischen Bundesstaaten darstellen. Es kann keine Auskunft darüber geben, ob das Einkommen eines Mitarbeiters der IT-Branche mit bestimmter Vorbildung in Alabama höher ist als in Alaska. Es will auch nicht eine Aufzählung von Kontaktadressen sein oder eine mehr oder weniger amüsante Darstellung der Unterschiede zwischen europäischen und amerikanischen Lebensgewohnheiten. Und es kann letzten Endes auch kein Erfolgsrezept dafür wiedergeben, wie man am besten den Weg »nach oben« zurücklegt.

Dieses Buch kann nur eine Art »Skelett« sein, ein Grundgerüst aus Informationen unterschiedlichster Art, nach Lebensbereichen geordnet und aus dem Blickwinkel des potentiellen Auswanderers in eine logische Reihenfolge gebracht. Es möchte Sie also ermuntern, dieses

Skelett nun mit »Fleisch« zu füllen, mit persönlichen Daten anzureichern und das Ganze auf diese Weise zu einem lebendigen Stück Einwanderungsgrundlage zu machen. Schon dann hat es seinen Zweck erfüllt.

Noch ein Wort zur Aktualität: Natürlich ist es für einen solchen Ratgeber wie den vorliegenden ein selbstverständliches Erfordernis, so aktuell wie möglich zu sein. Bedenken Sie aber auch, dass in unserer schnelllebigen Zeit sich vieles von Tag zu Tag, von Woche zu Woche oder von Monat zu Monat ändert. Arbeitslosenzahlen, Aktienkurse, Benzinpreise und Immobilienwerte sind keine festen Größen. Insofern ist Nachsicht erbeten, wenn manche Daten sich nach Erscheinen diese Buches schon wieder verändert haben. Um das Buch nicht zu schnell veralten zu lassen, hat der Autor bewusst nur so viel kurzlebige Information darin untergebracht, wie zur Darstellung bestimmter Sachverhalte unbedingt nötig erschien.

Wenn es seinen Zweck erfüllen soll, muss ein Buches wie dieses so allgemein wie möglich und so differenziert wie nötig gehalten sein. Dann wird es seinen vorgegebenen Umfang nicht überdehnen und den inhaltlichen Rahmen nicht sprengen. Es kann zum Beispiel Beschreibungen über bestimmte Segmente des Arbeitsmarktes geben, es kann aber nicht auf die speziellen Interessen jeder einzelnen Berufsgruppe eingehen.

Versuchen Sie also, liebe Leser, den vorliegenden Ratgeber als Leitfaden für die von Ihnen anvisierte Zukunft in den USA zu nutzen, und holen Sie sich damit Ihr eigenes Stück aus dem großen amerikanischen Käsekuchen. Vielleicht werden Sie schon bald Worte vernehmen wie: »Hi, where are your from? From Germany? How are you doing? Did you have a nice time here?« – freundliche Worte, die mir ein farbiger Student in der Hitze eines Augusttages im Zentrum von Hartford/Connecticut sagte, als ich ihn nach dem imposanten Gebäude der Staatsregierung gleich gegenüber im Park fragte.

Ulrich F. Sackstedt, Februar 2002

1. Vorbereitung der Einwanderung

1.1 Warum auswandern in die Vereinigten Staaten?

»Vom Tellerwäscher zum Millionär«, »Land der unbegrenzten Möglichkeiten« oder »Der amerikanische Traum« – dies sind die wohl bekanntesten Schlagworte über einen Kontinent, die aus der Sicht träumender Einwanderer oder von ihren Heimatländern enttäuschter Emigranten einst erfunden wurden. Worte, die mit der nordamerikanischen Realität meist genauso viel oder genauso wenig gemein haben wie die vorfreudigen Gefühle, Erwartungen und Zukunftshoffnungen von Millionen von Menschen, die dieses großartige Land seit nunmehr 2oo Jahren besiedelten, zu ihrer neuen Heimat machten und noch immer machen. Dennoch waren die meisten von ihnen erfolgreich, weil sie es verstanden, sich den neuen Gegebenheiten, die sie vorfanden, anzupassen, um schließlich mehr daraus zu machen, ein Stückchen persönlichen Amerikas dazuzubauen.

Welche Gründe nun führen überhaupt dazu, auszuwandern und sein Glück in der Fremde zu suchen? Waren es in früheren Zeiten ganz überwiegend in der Heimat nicht geduldete Glaubensbekenntnisse oder schlicht die wirtschaftliche Not, so wandelte sich das Bild der Einwanderungsgründe in der jüngsten Vergangenheit erheblich. Womit wir wieder beim amerikanischen Traum wären.

Denken wir einmal an Männer wie Johann Jakob Astor, der seine süddeutsche Heimat als blutjunger Mann im 19. Jahrhundert verließ, um den in Nordamerika lebenden Indianern und den weißhäutigen Fallenstellern ihre Felle abzukaufen und damit »Geld zu machen«, dann ist dieser amerikanische Traum in Erfüllung gegangen. Seit langem schon prangt in der Eastside Midtown Manhattan an der Park Avenue Ecke East 50th Street ein Hotel, das seinen Namen trägt: das Waldorf-Astoria, Ausdruck des persönlichen Erfolges und unablässigen Ehrgeizes dieses ungewöhnlichen deutschen Aufsteigers. Sogar eine Zigarettenmarke wurde nach Astor benannt.

Wie sieht es nun heute aus? Welche Gründe haben (mehr oder weniger) junge Menschen, jenseits des »großen Teiches« etwas Neues zu versuchen? Nach dem Zweiten Weltkrieg waren es wieder einmal vor allem wirtschaftliche Gründe, die sie antrieben. Da war nicht nur Amerika, sondern auch Australien und Südafrika das Ziel ihrer Träume. Wohin man auch ging, es konnte woanders nur besser sein. Ich erinnere mich an Schüler meines Vaters, die in den 50er Jahren aus unserem kleinen Dorf bei Helmstedt in die USA und nach Kanada gingen und dort mit ihrer einfachen, aber soliden Volksschulbildung schon nach wenigen Jahren ihre beruflichen Karriereleitern emporstiegen. Viele erhaltene Briefe legen beredtes Zeugnis davon ab.

Seitdem haben sich die Zeiten gewandelt, aber auch heute sind es noch ähnliche Gründe, die Menschen auf die Idee bringen, auszuwandern: berufliche wie auch persönliche Ziele, unge(be)hinderte Entwicklungsmöglichkeiten, Selbständigkeit und Selbstverantwortung, der Wille zu Glück und Erfolg, »make money«.

All dies wird – vereinfacht ausgedrückt – mit einer Zukunft in den USA gleichgesetzt. Ich möchte aber schon hier vor falschen Erwartungen warnen, denn all die bekannten Slogans, die über die Vereinigten Staaten geprägt wurden, beruhen auf Simplifizierungen und Verallgemeinerungen. Letzten Endes muss jeder Einzelne seinen ganz individuellen Auswanderungsweg finden und gehen und oft mit großer Härte gegen sich selbst, mit Selbstbeherrschung und zäher Ausdauer sein Ziel verfolgen, in den USA erfolgreich Fuß zu fassen. Nur Wenigen wird eine Auswanderung leichtfallen. Am leichtesten ist immer noch der Weg allein oder zu zweit, mit Kindern wird's schwieriger. Bedenken Sie, dass das Schulsystem ein völlig anderes ist und dass soziale Beziehungen oft mit anderen Mitteln und auf anderen Wegen entstehen als hierzulande. Und auch die typisch amerikanischen Eigenarten sind teilweise gewöhnungsbedürftig, im positiven Sinne wie im negativen.

Um ein paar Dinge zu nennen: Mir ist sofort die offene, hilfsbereite und vor allen Dingen rücksichtsvolle Art des Amerikaners, um einmal so zu verallgemeinern, aufgefallen. Auch der zur Schau getragene Nationalstolz ist etwas Neues für einen Deutschen in den Staaten. Ebenso sein Hang zum Praktischen und zu pragmatischen Lösungen ohne große Umständlichkeiten, der besonders im Bildungssystem zu einer frühen Berufsorientiertheit führt. Ebenso fiel mir aber auch die große Wegwerfmentalität und das verschwenderische Umgehen mit den Ressourcen sehr ins Auge.

Was die klimatischen Bedingungen in den USA angeht, so findet man eine große Bandbreite von subtropisch über gemäßigt bis subpolar vor, ebenso von feucht bis trocken, das Ganze gepfeffert mit einer gehörigen Portion von Wirbelsturm- und neuerdings partiell auch Waldbrandgefahr. El nino lässt grüßen. Besonders die hohen Temperaturschwankungen zwischen Sommer und Winter fallen auf. Es gibt noch richtig knallige Sonne und noch richtig Schnee, wenn man an der richtigen Stelle wohnt.

In den Medien haben die Vereinigten Staaten von Amerika (eigentlich müsste es heißen: von Nordamerika) längst ihr Klischee. Showbusiness und Filmindustrie, Micky Maus, Kaugummi, Geldspiele, Land der Banken, weitentwickelte Militärtechnik mit der ewigen Siegerrolle, Straßenkreuzer, Zentrum der Innovation, Schnelllebigkeit und Geldgläubigkeit. Alles irgendwie wahr, aber das ist nicht das, was für Sie persönlich wichtig ist, zumindest nicht am Beginn Ihrer amerikanischen »Karriere«. Sie, liebe Leser, werden feststellen, dass, einmal in den USA angekommen, für Sie die Realität plötzlich ganz anders aussieht. Der vielzitierte kleine Mann auf der Straße hat ja ganz andere Sorgen! Und für diesen wurde das vorliegende Buch geschrieben, für alle diejenigen eben, die keinen reichen Onkel in Amerika haben und dennoch ihren Weg gehen wollen und auch gehen können. Nicht umsonst heißt es in dem berühmten USA-Song:

*»This land is **your** land, this land is **my** land, from California to the New York island, from the redwood forest to the Gulf stream waters, this land was made **for you and me**.«*

Bestimmte Regionen der USA erfreuen sich unter Einwanderern besonderer Beliebtheit. An erster Stelle rangiert Kalifornien, danach folgt schon New York, wobei natürlich in erster Linie New York City gemeint ist. Hier wie auch im benachbarten New Jersey ist das Gemisch der unterschiedlichen ethnischen Gruppen am buntesten. Ganz egal, wohin Sie gehen wollen, überall werden Sie mit den typisch amerikanischen Gepflogenheiten konfrontiert werden, die Sie sich schnell zu eigen machen sollten.

Auch wenn dieses große und großartige Land – wie alle anderen in der Neuzeit von Weißen besiedelten auch – eine sehr blutige Vergangenheit hat, so sollte man doch den Blick statt nach rückwärts nach vorn richten, denn das Gewesene können wir ohnehin nicht mehr ändern. Fernab jeder unrealistischen Spinnerei sollte man sein Augenmerk auf die Werte richten, die nicht zufällig auch von einer bekannten Zigarettenmarke längst als die typisch amerikanischen verbalisiert worden sind: Freiheit und Abenteuer. Nutzen Sie diese Freiheit! Leben Sie Ihr ganz persönliches Abenteuer, welches eine Auswanderung immer ist! So möchte ich Ihnen denn für Ihre Pläne Mut machen und viel Glück wünschen. Möge Ihnen dieses Buch dabei von Nutzen sein.

1.2 Einwanderungskategorien

Zunächst einmal ist zwischen zwei großen Kategorien von Einwanderern zu unterscheiden:
- Einwanderer mit zahlenmäßiger Beschränkung
- Einwanderer ohne zahlenmäßige Beschränkung

Zu den Einwanderern ohne zahlenmäßiges Limit zählen unmittelbare Familienangehörige wie Ehepartner, nicht verheiratete Kinder (unter 21) sowie die Eltern eines US-Bürgers, sofern dieser bereits 21 ist. Ebenso gehören in diese Gruppe Rückkehrer in die USA, die bereits ein Dauerwohnrecht besitzen und nach mehr als einem Jahr Abwesenheit zurückkommen wollen.

Einwanderer mit zahlenmäßiger Beschränkung unterliegen seit 1995 einer jährlichen Obergrenze von 675 000 Personen. Diese Menge ist wiederum in drei große Gruppen zu unterteilen:
- **Diversity Immigration** (Diversifizierungskategorie, Greencard-Lotterie)
- **Family-Based Immigration** (Einwanderung auf familiärer Basis)
- **Employment-Based Immigration** (Einwanderung aus Beschäftigungsgründen)

1.2.1 Greencard-Lotterie

Häufig wird angenommen, eine Einwanderung in die USA wäre nun, seit es 1994 die sogenannte »Greencard Lottery« gibt, nur vom glücklichen Zufall abhängig. Tatsache ist, dass nur ein kleinerer Teil (55 000) aller Immigranten auf diese Weise jährlich in die Vereinigten Staaten gelangt.

Die Greencard-Kategorie unter den Einwanderungsvisa wird offiziell als 'Diversity Lottery Immigration' bezeichnet. Diese wird jährlich (meist im Oktober) unter Federführung des amerikanischen Außenministeriums veranstaltet und gibt weltweit Bewerbern aus solchen Ländern eine Chance, die in den letzten fünf Jahren nicht mehr als 50 000 Einwanderer in die USA geschickt haben.

Wer teilnehmen will, schickt dazu das ausgefüllte Teilnahmeformular an die vorgegebene Adresse. Voraussetzung für die Teilnahme ist eine bildungsmäßige Mindestqualifikation, nämlich die Fachhochschulreife beziehungsweise der High-School-Abschluss, sowie zweijährige Berufserfahrung. Unter allen eingegangenen Briefen werden 100 000 nach dem Zufallsprinzip ausgelost. Von diesen werden dann jene 55 000 Teilnehmer benachrichtigt, die sich durch ordnungsgemäßes Einreichen aller Unterlagen qualifiziert haben. Der Rest verfällt. Auch Ehepartner und Kinder unter 21 dürfen mit einwandern.

Die so Ausgelosten erhalten vom **National Visa Center (NVC)** eine Benachrichtigung, welche Dokumente sie nun noch der Behörde zuzusenden haben und wie die weitere Prozedur abläuft. Nun kommt die zweite Hürde, es startet der Prozess der Entscheidung darüber, ob sich der jeweilige Greencard-Gewinner für ein Daueraufenthaltsvisum eignet. Wer allerdings auf seine Greencard-Lotterie-Bewerbung keine Antwort erhält, kann davon ausgehen, dass sein Antrag nicht unter den gezogenen Losen war.

Man erhält im Internet auf verschiedenen privaten und offiziellen Websites ausführliche Informationen dazu. Achtung: Viele verdienen gutes Geld mit der Beratung für eine Lotterie-Teilnahme, auf anderen Websites bekommt man dagegen kostenlos Informationen. Es sei ausdrücklich darauf hingewiesen, dass das NVC (die einzige dafür zuständige Behörde!) in Portsmouth, N.H., keine Gebühren für die Teilnahme an der Lotterie erhebt! Bearbeitungsgebühren fallen erst dann an, wenn ein Gewinner das 'Diversity Visum (DV)' auch wirklich haben möchte. In dem für ihn/sie zuständigen US-Konsulat zahlt der Bewerber für sich und seine etwaigen Familienmitglieder eine DV-Bearbeitungsgebühr (processing fee) und eine Gebühr für das Einwanderungsvisum (immigrant visa fee). Im Falle einer Nichterteilung des Visums (aus welchen Gründen auch immer, die von Fall zu Fall vorliegen können), werden diese beiden Gebühren nicht zurückerstattet. Kommt das Visum zustande, wird dafür eine weitere 'Ausgabegebühr' (visa issuance fee) erhoben.

1.2.2 Einwanderung aus familiären Gründen
Zunächst muss Ihr Verwandter (Sponsor) als US-Bürger oder US-Einwohner mit Daueraufenthaltserlaubnis beim INS einen Antrag auf ein Einwanderungsvisum (**I-130**, Petition for Alien Relative) für Sie stellen und der **Immigration and Naturalization Service (INS)** muss diesem zustimmen. Diesem Antrag müssen Dokumente der Verwandtschaft zwischen Ihnen und Ihrem Verwandten beigefügt sein. Dann stellt das Außenministerium fest, ob für Sie – den Angehörigen fremder Nationalität – sofort eine Einwanderungsvisum-Nummer verfügbar ist, auch wenn Sie sich schon in den USA aufhalten. Wenn diese Nummer sofort erhältlich ist, bedeutet das, dass Sie sich um die Ihnen zugeteilte Visumnummer bewerben können. Sie können sich im »Visa-Bulletin des Außenministeriums« darüber informieren, in welchem

Stadium sich 'ihre' Visa-Nummer befindet. Wenn Sie sich schon in den Vereinigten Staaten aufhalten, können Sie einen Wechsel Ihres Status zu dem eines legalen Einwohners beantragen, nachdem eine Visum-Nummer für Sie erhältlich ist.

Wenn Sie sich zu der Zeit, in der eine Visum-Nummer verfügbar ist, noch außerhalb der Vereinigten Staaten aufhalten, müssen Sie das für Sie zuständige US-Konsulat aufsuchen, um dort Ihr Verfahren zu durchlaufen. Dies ist der andere Weg, um sich eine Visum-Nummer zu sichern.

Eignung

Um für das Sponsoring eines Verwandten in Frage zu kommen, der in die USA einwandern will, muss der Verwandte in den USA folgende Voraussetzungen erfüllen:

1. Er muss Bürger oder gesetzlicher Einwohner der USA sein und dies durch Dokumente beweisen können.
2. Er muss beweisen können, dass er Sie – seinen Verwandten – zu 125 Prozent über der erforderlichen Armutsgrenze unterstützen könnte.

Wenn er ein US-Bürger ist, kann er für folgende Verwandte fremder Nationalität einen Einwanderungsantrag stellen:
- Ehemann oder Ehefrau
- Unverheiratetes Kind unter 21
- Verheiratetes Kind jeden Alters
- Bruder oder Schwester, wenn Sie mindestens 21 sind
- Eltern(teil), wenn Sie mindestens 21 sind.

Ist er nicht US-Bürger, sondern US-Einwohner mit Daueraufenthaltserlaubnis, kann er den Antrag für folgende Verwandte stellen:
- Ehemann oder Ehefrau
- Unverheirateter Sohn oder Tochter jeden Alters

Unmittelbare Verwandte wie Ehepartner, nicht verheiratete Kinder (unter 21) sowie die Eltern eines/r US-Staatsbürgers/in haben in unbegrenzter Zahl Zutritt zu den USA, d.h. können sich um ein Daueraufenthaltsvisum bewerben und unterliegen keinerlei Kontingentierung. Sie brauchen nicht auf eine Visum-Nummer zu warten, wenn erst einmal dem Antrag durch das INS stattgegeben wurde. Solche Nummern sind sofort erhältlich.

Alle anderen Verwandten unterliegen den jährlichen Zuwanderungsbegrenzungen. Hier unterscheidet man verschiedene Vorzugsgruppen:

1. Vorzugsgruppe: unverheiratete Söhne und Töchter eines US-Bürgers und deren etwaige Kinder

2. Vorzugsgruppe: Ehepartner, Kinder und deren unverheiratete Kinder von Personen mit US-Daueraufenthaltserlaubnis
3. Vorzugsgruppe: Verheiratete Kinder eines US-Bürgers, deren Ehepartner und etwaige Kinder
4. Vorzugsgruppe: Geschwister von US-Bürgern, ihre Ehepartner und Kinder, vorausgesetzt, der US-Bürger ist älter als 20

Wenn der INS den Einwanderungsantrag (**I-130**) für Sie von Ihrem Verwandten erhalten hat, wird er diesen benachrichtigen, sofern dem Antrag stattgegeben wurde. Anschließend schickt der INS den Antrag an das National Visa Center des US-Außenministeriums, wo er solange verbleibt, bis eine Visum-Nummer zugeteilt worden ist. Das NVC wird Sie – den Einwandernden – jedes Mal benachrichtigen, sowohl, wenn der Antrag eingegangen ist, als auch, wenn eine Visum-Nummer zugänglich sein wird. Kontaktaufnahme mit dieser Behörde ist nicht notwendig, es sei denn, Ihre oder die Adresse Ihres Verwandten hat sich geändert oder es haben sich zwischenzeitlich Änderungen in Ihrer Situation ergeben. Hierzu würde gehören: Erreichen der Volljährigkeit, Heirat, Scheidung oder Tod eines Ehepartners.

Verlobtenvisum
Wer mit einem(r) US-Bürger(in) verlobt ist, kann ein sogenanntes Verlobtenvisum erhalten. Dieses muss von dem jeweiligen US-Partner beim INS eingereicht werden. Dieses benachrichtigt dann bei positivem Bescheid das US-Konsulat in Frankfurt/Main. Das alles dauert etwa zwei bis vier Monate. Danach dürfen Sie als Verlobte(r) in die USA einreisen und müssen dort innerhalb von drei Monaten heiraten. Danach muss eine Statusänderung als Ehepartner beantragt werden.

1.2.3 Einwanderung auf Grund einer Beschäftigung
In dieser Visumkategorie sind jährlich 140 000 Personen für eine Einwanderung zugelassen. Auch hier unterscheidet man Vorzugsgruppen:
1. Hochqualifizierte Tätigkeiten (Priority Workers): Hierzu zählen alle diejenigen, die über außerordentliche berufliche Fähigkeiten im Bildungssektor, in der Forschung, in der Kunst und im Unternehmensbereich verfügen. Auch leitende Angestellte und Manager bestimmter multinationaler Firmen gehören in diese Gruppe.
2. Qualifizierte Tätigkeiten (Members of the Professions): Hierzu zählen Personen mit einem 'advanced degree'-Abschluss wie dem

'master degree', mit Universitäts- oder Fachhochschulabschluss und andere Personen mit besonderen Fähigkeiten in Wissenschaft, Kunst und im unternehmerischen Bereich.
3. Berufe mit Ausbildung, Facharbeiter sowie ungelernte Arbeiter (Professionals, Skilled and Unskilled Workers): Hierzu zählen Berufe mit höherem Schulabschluss, Vordiplom oder 'bachelor-degree'-Abschluss, Facharbeiter, Personen mit Gesellen- oder Meisterbrief, alle mit mindestens zweijähriger Berufserfahrung. Für alle anderen Tätigkeiten (z.b. ungelernt) muss in den USA eine Nachfrage bestehen.
4. Investoren: Hierzu zählen alle Personen, die durch Kapitaltransfer in einem neuzugründenden Unternehmen in den USA mindestens 10 Arbeitsplätze schaffen. Die Angestellten dieser Firma dürfen keine Verwandten sein. Die Mindesteinlage richtet sich nach der Gegend in den USA, in der die Firma angesiedelt werden soll (zwischen $500 000 und $1 000 000)
5. Special Immigration (Sondergruppe): Hierunter zählen bestimmte Tätigkeiten im Bereich der Religion, Angestellte bestimmter internationaler Organisationen und deren engste Familienmitglieder sowie qualifizierte ehemalig oder derzeitig Beschäftigte der US-Regierung.

1.3 Das Antragsverfahren

Grundsätzlich ist das formelle Antragsverfahren bei allen drei Einwanderungskategorien das gleiche. Abhängig vom derzeitigen Aufenthaltsort des Antragstellers gibt es zwei Wege:
• das Visumverfahren über ein Konsulat (Consular Immigrant Visa Processing)
• die Status-Anpassung (Adjustment of Status)
Der besseren Chancen und der kürzeren Zeitdauer wegen sollte in den meisten Fällen das konsularische Antragsverfahren gewählt werden (siehe 1.4). Die antragstellende Person ist der Hauptantragsteller (principal applicant). Engste Familienmitglieder können ohne Probleme in den Antrag mit eingeschlossen sein (Ehepartner, Kinder unter 21). In manchen Fällen müssen enge Verwandte einen eigenen Einwanderungsantrag stellen.
Bei der Einwanderung auf Familienbasis muss der betreffende Verwandte in den USA den Antrag (**I-130**) beim INS stellen. Wenn sich der US-Bürger (der Verwandte) nicht in den USA aufhält, kann er den

Antrag für seinen Verwandten auch beim zuständigen US-Konsulat im Ausland stellen.

In der Kategorie 'employment based' kommt das Formular **I-140** zur Anwendung. Für Investoren allerdings kommt das Formular **I-526** in Frage. Es können nur 'priority workers', Investoren und Greencard-Gewinner ihren Antrag auf Einwanderung selbst stellen. Alle übrigen Bewerber in der employment-based-Kategorie müssen den Antrag für ihre Einwanderung von ihrem zukünftigen US-Arbeitgeber stellen lassen und sich auch vom 'Department of Labor' (Arbeitsministerium) eine Bestätigung geben lassen, dass sich für die von ihnen angestrebten Tätigkeiten keine US-Bewerber finden lassen. Man will also die Nachfrage auf dem amerikanischen Arbeitsmarkt vorrangig durch heimische Bewerber decken.

Greencard-Gewinner müssen ihren Einwanderungsantrag beim US-Außenministerium stellen.

Was bedeutet »Konsularische Visumbearbeitung«?
»Consular Immigrant Visa Processing« ist die übliche Art, in der ein Einwanderungsvisum im Normalfall bearbeitet wird. Ganz egal, wo auf der Welt (auch in den USA) Sie sich zum Zeitpunkt der Antragstellung aufhalten, können Sie ein Einwanderungsvisum bei dem für Sie zuständigen US-Konsulat Ihres Heimatlandes einreichen. Dort müssen Sie dann auch das abschließende Gespräch, das der Konsularbeamte mit Ihnen führen wird, durchlaufen. Einschließlich der medizinischen Untersuchung beansprucht dies zirka eine Woche. Schwierigkeiten gibt es dabei normalerweise nicht, außer die Antragsformulare oder Dokumente sind unvollständig.

Achtung: Betrug lohnt sich nicht! Stellt die Behörde fest, dass ein Arbeitsangebot oder eine Arbeitserlaubnis gefälscht beziehungsweise erschwindelt wurde, führt dies natürlich zum Ausschluss eines Visums.

Damit das konsularische Einwanderungsverfahren zur Anwendung kommt, muss der Antragsteller dies auf dem Formular **I-130 oder I-140** entsprechend vermerken. Wenn der INS dem Antrag zugestimmt und diesen an das NVC weitergeleitet hat, sendet das NVC dem Antragsteller innerhalb eines Zeitraums von etwa vier Wochen das 'Packet 3' zu. Die erforderlichen Formulare und Dokumente, die zu diesem Packet gehören, muss er selbst an das für ihn zuständige US-Konsulat in Übersee senden. Innerhalb von ein bis drei Monaten bekommt der Antragsteller dann eine Aufforderung, sich dort für das Interview einzufinden. Man sollte schon eine Woche vorher dort sein, damit die ärztliche Untersuchung einschließlich Ergebnis vor dem Interviewtermin vorliegt. Das Visum wird meist noch am Tag des Interviews ausgehändigt. Nach der Rückkehr in die Vereinigten Staaten zieht der INS dieses Visum wieder ein und fertigt anschließend eine Daueraufenthaltsgenehmigung aus. Bis dann die entsprechende Dauer-Greencard per Post beim Neueinwanderer eingeht, erhält dieser in seinem Pass vom INS einen vorübergehenden Greencard-Stempel.

Die beiden Vorteile des Konsularverfahrens sind die relativ kurze Bearbeitungszeit von vier bis sechs Monaten sowie ein deutlich kleineres Risiko der Ablehnung des Antrags. Dies hängt mit den Ermessensspielräumen der Konsulatsbeamten zusammen. Einziger Nachteil ist, dass der Antragsteller in das Konsulat seines Heimatlandes nach Übersee reisen muss.

Wer kann kein Einwanderungsvisum erhalten?
An bestimmte Personen wird kein Einwanderungsvisum ausgegeben (sog. visa ineligibility). Hierzu zählen Personen mit übertragbaren oder gefährlichen körperlichen oder geistigen Krankheiten ebenso wie Drogenabhängige, Schwerkriminelle einschließlich solcher Personen, die moralische Schandtaten begangen haben, mit Drogen handeln, Prostitution oder Zuhälterei betreiben oder Personen, die Terroristen, Subversive oder Mitglieder totalitärer Parteien oder frühere Nazi-Verbrecher sind. Auch solche Personen, die versucht haben, mit betrügerischen Mitteln in die USA zu gelangen oder die einer Straftat beschuldigt werden, gehören zu diesem Kreis.

1.4 Temporäre Aufenthalte

Wer länger als die für den normalen Touristen vorgesehenen 90 Tage in den USA bleiben möchte, kann dies als Tourist bis zu sechs Monate mit Hilfe eines sogenannten **B-2-Visums** tun. Ein solches Visum gilt zum Beispiel auch für eine medizinische Behandlung.

Streben Sie eine zeitlich begrenzte Tätigkeit in den USA an, dann müssen Sie sich einer der folgenden Visumkategorien zuordnen.

1.4.1 Aufenthalte für Fachkräfte und für spezielle Zwecke

A: für Diplomaten
B-1: für Geschäftsreisende (bis zu 90 Tagen möglich)
G: Diplomaten internationaler Organisationen (UNO, WHO,...)
H-1A: für Krankenschwestern und Krankenpfleger
H-1B: für Inhaber hochqualifizierter akademischer Berufe ein-

schließlich Tätigkeiten im Rahmen von Forschungs- und Entwicklungsprogrammen

H-1B1: für Personen, die eine höhere berufliche Ausbildung und/oder Erfahrung auf einem bestimmten Gebiet besitzen (entsprechend einem 'bachelor degree'); auch für zwischenstaatliche Programme und solche des Verteidigungsministeriums

H-2A: für saisonale Tätigkeiten in der Landwirtschaft

H-2B: für saisonale Tätigkeiten außerhalb der Landwirtschaft; Einstufung durch das US-Arbeitsministerium

H-3: für Auszubildende, aber nicht im medizinischen oder akademischen Bereich

I: für Journalisten

K: für Personen, die mit einem/r US-Bürger/in verlobt sind, Formular hierfür: **I-129F**

L-1: für leitende Angestellte, Manager oder Fachleute aus dem Ausland, die in ein Tochterunternehmen in den USA versetzt werden

L-2: für die Familie von L-1-Bewerbern

O-1: für außergewöhnliche Talente in Wissenschaft, Kunst, Sport, Film und im Unternehmensbereich

O-2: für Personen, die Inhaber des O-1-Visums begleiten, um diesen hilfreich zur Seite zu stehen

P-1: für Sportler (Athleten) und Künstler aus der Unterhaltungsbranche von internationalem Rang

P-2: für dieselben wie in P-1, jedoch im Rahmen von Austauschprogrammen

P-3: für Künstler und Entertainer, die ein kulturell beispielloses Programm darbieten

Q-1: für Teilnehmer an einem internationalen Kultur-Austauschprogramm mit der Möglichkeit einer Tätigkeit oder einer Ausbildung zu derselben; es geht um die Darbietung fremden Kulturgutes

R-1: für religiöse Tätigkeiten

R-2: für die Familie von R-1-Bewerbern

S-1: für Informanten bei Kriminalfällen

S-2: für Informanten bei Spionagefällen

Formular für alle Fachkräfte-Visa: **I-129**, Petition for nonimmigrant worker.

(Quelle: The Foreign Service of the United States of America)

Antragsverfahren
Ihr zukünftiger Arbeitgeber muss den Antrag **I-129** beim nächsten INS in den USA für Sie einreichen. Im Genehmigungsfall schickt er Ihnen dann ein weiteres Formular **I-797** zu. Dieses reichen Sie zusammen mit einem Passbild, einer Erklärung der Rückkehrabsicht sowie einem Überweisungsbeleg Ihrer Bank über die eingezahlte Visumgebühr beim zuständigen US-Konsulat ein.

Unter bestimmten Bedingungen kann die Aufenthaltsdauer im Rahmen dieser Visa nach Ablauf verlängert werden, ohne dass man die Staaten verlassen muss. Ehepartner und Kinder dürfen mitgebracht werden, wenn der Antragsteller diese finanziell unterhalten kann (Arbeitsverbot!).

1.4.2 Aufenthalte für Bildungszwecke, für Schüler und Studenten

Solche Visa gibt es sowohl für akademische als auch für nichtakademische Bildungsaufenthalte.

Mit einem **J-1-Austauschbesuchervisum** kann man an einem Austauschprogramm teilnehmen; Formular: OF-156 und IAP-66

Ein **F-Visum** berechtigt zu einem akademischen Studienaufenthalt; Formular: OF-156 und I-20A-B

Ein **M-Visum** benötigen Personen für eine nicht akademische berufliche Weiterbildung; Formular: OF-156 und I-20M-N

Voraussetzung für den Erhalt eines J- oder M-Visums sind erfolgreich abgeschlossene Studienkurse, die Beherrschung der englischen Sprache und der Nachweis ausreichender finanzieller Mittel für die gesamte Dauer des Aufenthaltes einschließlich hoher(!) Studiengebühren.

Übrigens: Die englische Sprache muss nicht unbedingt beherrscht werden, wenn Sie zum Zwecke des Englischlernens in die USA reisen wollen oder ihre Studienkurse in den USA auf Deutsch abgehalten werden oder Englischkurse in der jeweiligen Institution angeboten werden.

Studenten mit F-1-Visum dürfen nach dem ersten Studienjahr beim INS einen Antrag auf Arbeitserlaubnis stellen.

Als M-1-Student darf ein temporäres Praktikum abgeleistet werden, jedoch besteht Arbeitsverbot.

Antragsverfahren
J-Visa: Die Austauschprogramm-Organisation, bei der Sie Ihren Aufenthalt durchführen, schickt Ihnen das Formular IAP-66 zu. Dieses

muss ausgefüllt und unterschrieben ans zuständige US-Konsulat geschickt werden. Gebühr: $45

F-Visa: Die US-Bildungsinstitution, die Sie besuchen werden, schickt Ihnen das Formular I-20-A-B zu. Auch dieses geht unterschrieben ans zuständige US-Konsulat. Gebühr: $45

M-Visa: Die US-Bildungsinstitution, die Sie besuchen werden, schickt Ihnen ein Formular I-20-M-N zu, das ebenfalls unterschrieben ans US-Konsulat geschickt werden muss. Gebühr: $45

1.4.3 Aufenthalte für Geschäftsleute

Für alle Arten geschäftlicher Aktivitäten (Handel und Investition) gibt es die sogenannten E-Visa. Diese werden auf der Basis von Schifffahrts- und Handelsverträgen der Vereinigten Staaten mit anderen Ländern ausgegeben.

E-1-Handelsvertragsvisum

Als Staatsbürger Ihres Heimatlandes wollen Sie ein Tochterunternehmen in den USA vertreten. Das Geschäftsvolumen Ihrer Firma muss von erheblichem Ausmaß sein. Mindestens 50 Prozent des internationalen Handels dieser Firma muss mit den USA abgewickelt werden. Dabei müssen Sie selbst in der Führungsebene oder aber in hochspezialisierter Position in diesem Unternehmen tätig sein. Formular: **OF-156**, Gebühr: $45

E-2-Investorenvertragsvisum

Wenn Sie als Staatsbürger Ihres Heimatlandes beträchtliches Kapital in ein tatsächlich arbeitendes US-Unternehmen (keine Scheinfirma, keine spekulative oder inaktive Investition) einlegen wollen, kommen Sie für ein E-2-Visum in Frage. Dabei darf Ihre Investition nicht durch Kredite finanziert sein, die durch Vermögenswerte des jeweiligen Investitionsunternehmens abgesichert sind. Unrentable Betriebe kommen nicht für eine Investition in Frage. Die Erträge aus der Investition müssen deutlich über den Lebenshaltungskosten des Investors liegen. Als Hauptinvestor wird von Ihnen erwartet, dass Sie das Unternehmen zur Expansion führen und dieses auch leiten. Andere Investoren können auch in der Führungsebene oder in hochspezialisierter Funktion tätig sein.

Die Familie des Investors ist durch abgeleitete E-Visa ebenfalls zum Aufenthalt berechtigt. Ein E-Visum gilt für die gesamte Dauer der Tätigkeit in den USA. Formular: **OF-156**.

Antragsverfahren
Sie benötigen ein Antragsformular **OF-156, Application for Non-Immigrant Visa**, welches beim zuständigen US-Konsulat erhältlich ist (frankierten Rückumschlag beifügen!). Ebenso ist es möglich, sich dieses von der Website *http://www.usembassy.de/travel/d41-8.htm* herunterzuladen. Zum ausgefüllten Antrag gehören noch Passbild, Erklärung der Rückkehrabsicht sowie ein Bankbeleg über die eingezahlte Visumgebühr.

Zuständige US-Konsulate in Deutschland
Für *Nichteinwanderunsgvisa* (temporäre Aufenthalte):
Das US-Konsulat in **Berlin** ist zuständig für die Bundesländer Brandenburg, Bremen, Hamburg, Mecklenburg-Vorpommern, Niedersachsen, Sachsen, Sachsen-Anhalt, Schleswig-Holstein, Thüringen.
Das US-Konsulat in **Frankfurt/Main** ist zuständig für die Bundesländer Baden-Württemberg, Bayern, Hessen, Nordrhein-Westfalen, Rheinland-Pfalz und das Saarland.
Für alle *Einwanderungs-, Verlobten-, E-1- und E-2-Visa* ist das US-Konsulat in Frankfurt/Main zuständig.

1.5 Formulare und Gebühren

Die folgende Übersicht lässt sich gut für die Wahl des richtigen, für die eigene Person zutreffenden Antrages an die US-Botschaft beziehungsweise an den INS verwenden. Sie stellt einen Auszug aller für den Normalfall wichtigen Formulare aus dem Formularkatalog des INS dar. (Siehe dazu auch Kapitel 1.3)

Formular-Nr.	Bezeichnung	Antragsgebühr
AR-11	Change of Address Form (für Adressenwechsel)	keine
G-325, G-325A,B,C	Biographic Information (Lebenslauf-Inform.)	keine
I-17	Petition for Approval of School for Attendance by Nonimmigrant Student (Antrag auf	$200

Formular-Nr.	Bezeichnung	Antragsgebühr
	Gewährung eines Schulbesuchs durch einen nichteinwandernden Schüler)	
I-94	Arrival-Departure Record (Ankunfts-/ Abfahrtsbestätigung)	$6
I-129	Petition for Nonimmigrant Worker (Arbeitsvisum als Nichteinwanderer)	$110 Base fee plus $1000 for H-1B petitions
I-129F	Petition for Alien Fiance(e) (Verlobtenvisum)	$95
I-130	Petition for Alien Relative (Einwanderung auf Familienbasis)	$110
I-134	Affidavit of Support (Beeidigte Erklärung für Unterstützung)	keine
I-140	Immigration Petition for Alien Worker (Einwanderungsantrag für einen ausländischen Arbeitnehmer)	$115
I-191	Application for permission to Return to an Unrelinquished Domicile (Antrag auf Rückkehrerlaubnis zu einem nicht aufgegebenen Wohnsitz)	$170
I-485	Application to Register Permanent Residence or to Adjust Status (Antrag auf Daueraufenthaltserlaubnis oder Status-Anpassung)	$220 14 J. und älter, $160 unter 14 J.
I-526	Immigration Petition by Alien Entrepreneur (Einwanderungsvisum für ausländ. Unternehmer)	$350

Formular-Nr.	Bezeichnung	Antragsgebühr
I-539	Application to Extend/ Change Nonimmigrant Status (Antrag auf Verlängerung bzw. Wechsel des Nichteinwanderer-Status)	$120
I-589	Application for Asylum (Asylantrag)	keine
I-590	Registration for Classification as a Refugee (Anerkennung als Flüchtling)	keine
I-600	Petition to Classify Orphan as an Immediate Relative (Anerkennung eines Waisen als unmittelbaren Verwandten)	$405
I-693	Medical Examination of Aliens Seeking Adjustment of Status (Medizinische Untersuchung von Ausländern, die eine Status-Berichtigung wünschen)	keine
I-751	Petition to Remove the Conditions on Residence (Antrag auf bedingungslose Einstufung der Ansässigkeit)	$125
I-765	Application for Employment Authorization (Antrag auf Zulassung zu einer Beschäftigung)	$100
N-400	Application for Naturalization (Antrag auf Einbürgerung)	$225
N-600	Application for Certification of Citizenship (Antrag auf amtliche Bescheinigung der Staatsbürgerschaft)	$160
N-643	Application for Certificate of Citizenship in Behalf of an Adopted Child (Antrag auf Gewährung der Staatsbürgerschaft für ein adoptiertes Kind)	$125

1.6 Hilfe durchs Internet

Ohne weltweite Datenübermittlung läuft heute eigentlich nichts mehr. So nehmen auch wir das Internet für unsere Zwecke in Anspruch und zapfen damit Ressourcen an, auf die wir eigentlich auch gar nicht verzichten können. Für uns, für Sie, für jeden potentiellen Auswanderer ist eine erfolgreiche Auswanderung nichts, was wir dem Zufall überlassen wollen. Also, wenn ein Internet-Anschluss besteht, schalten Sie sich ein und stellen Sie die richtigen Verbindungen her!

Wer meine Homepage *www.united-states-info.de* als Sprungbrett benutzen möchte, dem kann ich die dort aufgeführten Links wärmstens empfehlen. Es geht aber auch genauso gut direkt, und deswegen hier eine Auflistung aller URLs zum Thema »USA / Auswandern«, die mir bis jetzt bekannt sind. Sicher wird diese Liste laufend zu erweitern sein.

Deutschsprachige Links:
Einwanderung und allgemeine Informationen:

USA-Team ....http://www.usa-team.de
Einwanderungsratgeber ....http://www.americandream.de/buch
Einwanderungsagent CKLA ...http://www.ckla.com
Auswanderungsforum
(Fam. Spallek) ....http://www.auswandern-usa.com
Aufbruch ins Land der... ....http://www.aufbruch.com
USA, touristisch
(Fam. Blomenkemper) ....http://www.cabana.net/Blomi/
            amerika2.html
Deutsch-amerikanischer
Treffpunkt ....http://www.gamp.com
Deutscher Kulturverein
St. Louis ....http://www.germanstl.org
Deutsche in den USA ....http://www.serve.com/shea/
            germusa/germusa.html
Auswandern in die USA ....http://www.united-states-info.de
Neu-England-Staaten ....http://www.neu-england.de
Deutsch-amerikanische
Handelskammer ....http://www.gaccwest.org/
            deutsch.html

Übersee-Speditionen:
ARCO, Internationale
Sped., spez. Überseeumzüge ...www.arcomove.de

Christ Logistik,
internationale Spedition ....www.christ-umzuege.de
Milz & Co,
internationale Spedition ....www.milz-hamburg.de
Schenker Deutschland AG .....www.schenker-btl.de

Englischsprachige Links:
Einwanderung und allgemeine Informationen:
Immigration and
Naturalization Service (INS) ...http://www.ins.usdoj.gov
Einwanderungsagent ....http://www.imminfo.com
German Corner ....http://www.germancorner.com
Deutsche Zeitungen und
Magazine online ....http://www.glpnews.com
Informationen für
Geschäftsleute ....http://www.stat-usa.gov
Informationen über die
50 Bundesstaaten http://www.50states.com
Einwanderung auf
Familienbasis http://www.wkh.org/visa/i-130/
                          timelines
USA-Informationen,
allgemein ....http://www.usatoday.com
Better Business Bureau (Büro für die Optimierung
geschäftlicher Vorgänge) ....www.bbb.org
Studieren in den USA ....http://www.taube-online.de/USA
Faktensammlung US-Bundesstaaten
u. Landkarten ....http://www.maps.com/explore/state
Bureau of Economic Analysis
(Wirtschaftsstatistiken) ....http://www.bea.doc.gov

Jobsuche-URLs:
Department of Labor ....http://www.dol.gov
Jobsuche ....http://www.ajb.dni.us
Jobsuche ....http://www.nationjob.com
Jobsuche ....http://www.vjf.com
Jobsuche über
Zeitungsanzeigen ....http://www.careerpath.com
Jobsuche ....http://www.jobtrak.com
Jobsuche ....http://www.careerbuilder.com

Technologie-, Medizin-, Computerbranche,
Management ....http://www.careercity.com
Arbeit auf Ranches, Kreuzfahrtschiffen,
in Nationalparks u.a. ....http://www.coolworks.com/showme
Small Business ....http://www.sbaonline.sba.gov
Business ....http://www.bbb.org
Business ....http://www.cashquest.com
Akademische Berufe ....http://www.jobweb.com
Jobs in New York State ....http://www.labor.state.ny.us
Jobs für Lehrer ....http://www.privateschooljobs.com
Jobs für Lehrer ....http://www.careersineducation.com
Jobs für Lehrer ....http://www.teachingjobs.com

Diverse
Handelskammer ....http://chamber-of-commerce.com
Deutsch-amerikanische
Handelskammer ....http://www.gaccwest.org
Arbeitsrecht in den USA ....http://www.acinet.org/acinet/
  resource/empguide.htm
Rechte von Wohnungsmietern..http://tenant.net
Führerschein USA / Departments of Motor
Vehicles ....www.carbuyingtips.com/
  driver-licenses.htm

1.7 Der Umzug nach Übersee

1.7.1 Umzugsgut
Welche Möbel mitnehmen?
Andere Länder, andere Sitten, könnte man hier vorwegschicken, denn Sie sollten bei Ihrem geplanten Umzug nach Übersee nicht an Ihrem gesamten Mobiliar hängen, es könnte sonst schwierig werden, dies unterzubringen.
  Die Küchen sind in amerikanischen Häusern bereits voll funktionsfähig eingerichtet, sodass man Einbauküchen auf keinen Fall mitnehmen sollte. Diese würden ja sowieso wegen der Maße nicht mit den vorgefundenen Räumen übereinstimmen. Dazu kommen die unterschiedlichen Normen der Rohranschlüsse und die nicht passende elektrische Versorgungsspannung von Herd, Kühlschrank, Geschirrspüler etc. Es muss hier also leider bei der Mitnahme des Esstisches nebst Stühlen bleiben.

Wohnzimmerschränke, Sideboards, Couchtische, Sessel, Sofas, Esstische und Stühle sind natürlich problemlos weiterzuverwenden. Schlafzimmerschränke sind in den USA fehl am Platze, da Sie diese bereits in die Wand eingebaut vorfinden werden. Somit hätte ein zusätzlicher Schrank gar keine Stellfläche. Dagegen können Sie Ihre Bettgestelle, Matratzen und Bettwäsche getrost in den Container packen, wenn Sie diese Teile in den USA nicht neu kaufen wollen. Nach Jahren könnte es allerdings problematisch werden, verbrauchte Matratzen zu erneuern, da die Maße nicht mit den deutschen übereinstimmen.

Kinderzimmermobiliar, Büromöbel und Hobbyraumausstattung (Werkbank) sollten Sie ebenfalls mit in Ihr Umzugsgut einschließen. Allerdings sollte davon ausgegangen werden, dass man in amerikanischen Häusern meist keine Keller und Dachböden als Nebengelasse vorfindet. Eine Werkbank oder Ähnliches müsste dann in einer genügend großen Garage ihren Platz finden. Auch eine Gefriertruhe lässt sich in einer solchen Garage leicht mit unterbringen. Häufig verfügen Häuser über Doppelgaragen, weil dies den Notwendigkeiten des amerikanischen Lebensstils Rechnung trägt. Zwei Autos in der Familie, teilweise sogar drei, sind kein Luxus, sondern notwendige Individualtransportmittel.

Elektrogeräte mitnehmen?
Grundsätzlich sei hier schon gesagt: Nein, es sei denn, das betreffende Gerät weist eine Umschaltmöglichkeit von 230 auf 110/115 Volt auf. Dies ist zum Beispiel bei Trockenrasierern der Fall.

Leider muss Ihre Sammlung elektrischer Werkzeuge wie Bohrmaschine, Handkreissäge, Winkelschleifer etc. in Deutschland zurückbleiben, da diese nur für die hier übliche Spannung ausgelegt sind. Das gleiche gilt auch für die praktischen Küchenhelfer. Auch von der Mitnahme von Lampen raten wir wegen der unterschiedlichen Netzspannung und Verdrahtung ab.

Alle batteriebetriebenen Geräte können natürlich weiterbenutzt werden, da Batterien (Micro-, Mignon-, Baby- und Monozellen) weltweit genormt sind (ein Wunder!). Auch die ersatzweise für Batterien verwendbaren Akkus kann man weiterverwenden, leider aber die deutschen Ladegeräte nicht, es sei denn, diese sind umschaltbar. Dies ist auch bei sogenannten Akkuschraubern zu beachten.

Da zu den Elektrogeräten auch Fernseher, Videorecorder und Stereoanlagen zählen, gilt hier das gleiche wie schon gesagt: Nur mitnehmen, falls umschaltbar. Von Fernsehgeräten und Videorecordern raten wir

aber ab, da die amerikanische Norm der Bildaufbereitung (NTSC) nicht mit der deutschen Pal-Norm kompatibel ist, es sei denn, das Gerät kann beide Normen verarbeiten.
Computer und Monitore passen ebenfalls wegen der Netzspannung nicht, es sei denn, die ist umschaltbar. Bedenken Sie bei dieser Gelegenheit auch, dass Sie zukünftig auch mit englischsprachiger Software umgehen müssen.

Tipp
Wer in den USA seine Elektrogeräte weiterbetreiben möchte, kann sich dort einen entsprechenden Transformator besorgen. (230 auf 115Volt)

Foto- und Videoausrüstung
In Deutschland gekaufte Fotokameras können weltweit benutzt werden, Diaprojektoren hingegen nicht, da diese auf 230 Volt ausgelegt sind. Für Videokameras gilt das oben auf Seite 29 bereits bezüglich der Akkus Gesagte.

Welche Kleidung für welches Gebiet?
Es kommt ganz darauf an, in welchen Teil der USA Sie einwandern, welche Kriterien Sie an die Wahl der mitzunehmenden Kleidung anlegen. Die Vereinigten Staaten umfassen mehrere Klimazonen von gemäßigt bis subtropisch, von kontinental (sommerheiß, winterkalt, im mittleren Westen) bis zu maritim-gemäßigt (West- und Ostküste). Ist Ihr Ziel beispielsweise Kalifornien, Arizona oder Florida, so können Sie auf allzu warme Sachen getrost verzichten, auch wenn das Wetter in den letzten Jahren in Florida – wie auch anderswo – schon die tollsten Kapriolen geschlagen hat. Wer dagegen nach Washington, Oregon, nach Connecticut oder New York gehen will, der kann mit mitteleuropäischem Klima rechnen, auch wenn die Sommer an der Ostküste mitunter heißer und die Winter kälter sind als bei uns. Dasselbe gilt in verstärktem Maß für die Staaten im Innern Nordamerikas, wo der ausgleichende Einfluss des Meeres wegfällt.

Sonstiges
Alle anderen Gegenstände wie Porzellan, Geschirr, Bestecke, Handwerkszeug, Schmuck, Figurensammlungen, Spielzeug, Modelleisenbahnen (Achtung: Zusatztransformator von 230 auf 115 Volt nötig)

und vieles mehr können selbstverständlich mit in die Vereinigten Staaten genommen werden. Sortieren Sie aber besser aus, was nicht unbedingt nötig ist: Bücher, die Sie nicht mehr benötigen, und Kleidung, die Sie nicht mehr tragen. Das spart Gewicht und Platz in Ihrem Umzugscontainer. Vorhandene deutsche Schulbücher für Ihre Kinder, Lexika, Kochbücher, Hobbyliteratur und Ähnliches können teilweise weiterhin nützlich sein.

Fahrräder wären eine gute Sache, auch wenn gesagt werden muss, dass die Amerikaner auf Radfahrer praktisch nicht eingestellt sind. Warum das so ist, kann ich nicht genau sagen. Sicherlich hängt es mit den großen Entfernungen zwischen Wohnort und Arbeitsstelle, den weitläufig angelegten Stadtgrundrissen und der allgemeinen landschaftsräumlichen Verschwendung zusammen, die das Radfahren zu einer Langstreckenbewältigung machen würde. Es fehlt aber auch die Tradition dazu. Man sieht also keine Radwege und (fast) keine Radfahrer, wenn man einmal von einigen Radsportlern auf ihren Rennmaschinen absieht.

PKW einführen?
Wenn Sie Ihr Fahrzeug aus Europa mit in die USA nehmen wollen, sollten Sie Folgendes wissen. Es lohnt sich nur, wenn es sich um ein hochwertiges, nicht zu altes Fahrzeug handelt und wenn dieses Fahrzeug als baugleiches Modell auch in die USA exportiert wird beziehungsweise wurde. Ansonsten sind seine Wartung und erst recht notwendige Reparaturen wegen nicht beschaffbarer Ersatzteile unmöglich, und Ihr Auto wird Ihnen zu einem ständigen Ärgernis.

Weiterhin sollte man wissen, dass europäische Fahrzeuge auf US-Standards umgerüstet werden müssen. Hierbei handelt es sich im Wesentlichen um die Beleuchtungsanlage (zum Beispiel kein asymmetrisches Abblendlicht in USA) sowie den Einbau eines anderen Tachometers mit Meileneinteilung sowie dessen Anpassung an das Fahrzeug. Dies kann Kosten von zirka $2000 bis $3000 bedeuten. Man kann auch in den häufig mit Fahrzeugen mitgelieferten weltweiten Händlerlisten nach der dem zukünftigen Wohnort nächstgelegenen Vertragswerkstatt suchen, diese anschreiben und um Auskunft hinsichtlich der Umrüstungskosten nachfragen.

Hat man sich zur Verschiffung seines Autos entschlossen, kommen Kosten von zirka 1000 bis 1500 Euro auf einen zu. Nach der Anlandung verlangt dann der Zoll noch einmal 2,5 Prozent des Kaufpreises beziehungsweise des aktuellen Wertes.

An diesen Zahlen lässt sich unschwer erkennen, dass nur wirklich wertvolle Fahrzeuge eine Mitnahme lohnen.

1.7.2 Was ist noch zu organisieren?
Rentenanspruch klären
Wenn Sie bisher als Angestellter gearbeitet haben, wird es für Sie wichtig sein, den bisher aufgelaufenen Rentenanspruch für die Versorgung im Alter im Auge zu behalten. Bei einer Auswanderung können die von Ihnen eingezahlten Beiträge – nicht jedoch der Arbeitgeberanteil – auf einmal ausgezahlt oder aber für das Alter aufbewahrt werden. Man kann auch seine Beiträge freiwillig für die deutsche Rente weiterbezahlen und sich damit kontinuierlich weiterversichern. Durch das gegenseitige Sozialversicherungsabkommen werden bei Erreichen der Altersgrenze die jeweils im anderen Land aufgelaufenen Ansprüche in das Aufenthaltsland überwiesen, je nachdem, ob der Betreffende mit Beginn seines Rentenalters in den USA oder wieder in Deutschland lebt. Da es zum Beispiel bei der Ausbezahlung der Rente eine bestimmte zeitliche Grenze gibt, erkundigen Sie sich bitte nach Einzelheiten bei der *Bundesversicherungsanstalt für Angestellte (BfA)* in Berlin nach den für die Rente wichtigen Bestimmungen. Die BfA hat auch Broschüren über zwischenstaatliche Regelungen und Berufstätigkeit in den USA herausgegeben.

Für Fachkräfte, die von ihrer deutschen Firma in die USA geschickt werden, gelten wieder andere Regelungen. Normalerweise werden diese Personen weiter von ihrer deutschen Firma bezahlt und damit auch weiterhin sozialversicherungstechnisch in Deutschland geführt. Details vermitteln die genannten Publikationen.

Jemand, der auf eigene Faust in den USA einen Job gesucht und gefunden hat, wird nach den geltenden US-Vorschriften behandelt.

Wer eine Lebensversicherung im Heimatland abgeschlossen hat, tut gut daran, diese aufrechtzuerhalten, weil im Auszahlungsfall ein beträchtlicher Verlust eintreten würde und der Schutz nach diesem Zeitpunkt nicht mehr vorhanden wäre. Das würde dem Sinn einer Lebensversicherung grundsätzlich zuwiderlaufen.

Befinden Sie sich bereits in den Vereinigten Staaten, so müssen Sie von dort aus mit der *BfA* über folgende Adresse Kontakt aufnehmen, um einen Antrag auf Rentenzahlung aus deutschem Anspruch zu stellen:

Social Security Administration, Office of International Operations Totalizations, P.O.Box 17049, Baltimore, MD 21235 oder deren Zweigstellen in den Bundesstaaten.

Wohnung kündigen
Wer eine Mietwohnung bewohnt, sollte hier rechtzeitig in seinem Vertrag nachlesen, in welcher Frist die Kündigung zu erfolgen hat. Ebenso sollte

er auf Passagen achten, in denen auf Abschlussrenovierung oder andere Vereinbarungen eingegangen wird. Auch Kautionsrückzahlungen werden häufig mit dem Auszug fällig. Wichtig ist dann, dass die Wohnung keine von Ihnen herbeigeführten Mängel aufweist.

Sprechen Sie mit dem Vermieter ab, dass Sie bis zum Abreisetag in der Wohnung verbleiben können, sonst müssten Sie vorher noch ins Hotel ziehen.

Haus verkaufen oder vermieten
Als Hausbesitzer sollte man es sich schon zweimal überlegen, ob man mit dem Verkauf seines Hauses eine wertvolle Brücke in die Heimat abbricht. Eine Weitervermietung kann zwar Ärger mit dem Mieter einbringen, erhält aber die Wohnmöglichkeit. Hier sollte dann eine bestimmte Mietzeit mit dem Nachfolger vereinbart werden, um Problemen mit einem späteren eigenen Wiedereinzug zu vermeiden. Verkaufen Sie aber auf keinen Fall, bevor Sie nicht Ihre Greencard in den Händen halten.

Sprechen Sie mit dem zukünftigen Mieter beziehungsweise dem Käufer ab, dass Sie bis zum Abreisetag im Haus verbleiben können.

Arbeit kündigen
Diesen Punkt dürften die wenigsten potentiellen Auswanderer vergessen. Auch hier sollten Fristen beachtet werden. Vielleicht kann es auch zu einer Vereinbarung für einen möglichen späteren Wiedereinstieg in die Firma kommen, falls es in den USA nicht so läuft, wie Sie es sich gedacht haben.

Auslandskrankenversicherung abschließen
Empfehlenswert für Ihre erste Zeit in den USA ist der Abschluss einer Auslandskrankenversicherung. Achten Sie darauf, dass dies eine echte Auslandskrankenversicherung ist und keine Touristen-Reisekrankenversicherung.

Die maximale Vertragsdauer geht bis zu fünf Jahren. Ob Sie sich so lange unter den Schutz einer solchen Versicherung stellen wollen, hängt von Ihrer privaten und beruflichen Situation ab. Eine Dauer von ein bis zwei Jahren aber ist in jedem Falle anzuraten.

Hier bietet der »Bund der Auslandserwerbstätigen (BDAE)« Hilfe, der im Internet unter *www.bdae.de* zu erreichen ist. Nachstehend finden Sie eine Übersicht über die gängigen Tarife:

Tarifinformation EXPAT® ACTIVE
Auslandskrankenversicherung bis zu 60 Monate für Mitglieder des BDAE e.V. als Versicherungsberechtigte

a) Versicherbare Personen
Mitglieder und Mitarbeiter von Mitgliedsunternehmen des BDAE e.V. (Versicherungsberechtigte), die sich aus beruflichen Gründen vorübergehend für maximal fünf Jahre im Ausland aufhalten und deren Familienangehörige bis zu einem Alter von 65 Jahren. Als Familienangehörige gelten ausschließlich in häuslicher Gemeinschaft lebende Ehepartner und deren Kinder. Die Auslandseigenschaft richtet sich für alle versicherten Personen ausschließlich nach dem Versicherungsberechtigten.
Personen, die sich bei Versicherungsbeginn auf Grund einer beruflichen Tätigkeit bereits außerhalb der Bundesrepublik Deutschland aufhalten, sind nicht versicherungsfähig.

b) Geltungsbereich des Versicherungsschutzes
Versicherungsschutz besteht weltweit, mit Ausnahme der Bundesrepublik Deutschland. In der Bundesrepublik Deutschland besteht Versicherungsschutz für drei Monate pro Versicherungsjahr.

c) Beiträge
Männer und Kinder zahlen weltweit außer USA und Kanada 139 Euro monatlich, Frauen ab 16 Jahre 211 Euro. Für die USA und Kanada beläuft sich der Monatsbeitrag für Männer und Kinder auf 314 Euro, für Frauen ab 16 Jahre auf 451 Euro. Beitragsschuldner ist der Versicherungsberechtigte. Die Beiträge werden bei einer Vertragslaufzeit von mehr als 12 Monaten jeweils für ein Jahr im voraus fällig. Die Beiträge sind an die Versicherungsnehmerin zu zahlen.

d) Leistungsumfang
Erstattung bei ambulanter Behandlung:
- 100 % des Rechnungsbetrages für medizinisch notwendige ambulante Heilbehandlung einschließlich Arzneien, Heil- und Hilfsmittel. Bei Sehhilfen werden 50 Euro pro versicherter Person und Versicherungsjahr anerkannt.
- 100 % des Rechnungsbetrages für Untersuchungen und Behandlungen wegen Schwangerschaft, Entbindung und Fehlgeburt sowie deren Folgen bei Frauen ab 16 Jahren.
- 100 % des Rechnungsbetrages für ambulante Untersuchungen zur Früherkennung von Krankheiten nach Empfehlungen der WHO.
- 100 % der Arzt-Wegegebühren oder der Fahrkosten zur oder von der nächsterreichbaren geeigneten ambulanten Heilbehandlung

werden erstattet, wenn am Aufenthaltsort kein Arzt praktiziert oder bei ärztlich bestätigter Gehunfähigkeit.
Erstattung bei Krankenhausbehandlung:
- 100 % der erstattungsfähigen Kosten einer medizinisch notwendigen stationären Heilbehandlung im Krankenhaus; im Ausland als Privatpatient und in der Bundesrepublik Deutschland, soweit der Tarif Leistungen vorsieht, in der allgemeinen Pflegeklasse (gesetzliche Grundversorgung)
- Erstattungsfähig sind alle Krankenhauskosten (Pflege, Verpflegung und Unterkunft), Arztkosten, Krankenhausnebenkosten, Hebammenkosten und medizinisch notwendige Transportkosten zum oder vom nächstgelegenen geeigneten Krankenhaus.

Erstattung bei zahnärztlicher oder kieferorthopädischer Behandlung:
- 100 % des Rechnungsbetrages für medizinisch notwendige ambulante zahnärztliche Behandlung.
- 80 % des Rechnungsbetrages für medizinisch notwendigen Zahnersatz und Kieferregulierung.
- Die Leistungen werden für alle Arten zahnärztlicher und kieferorthopädischen Behandlung auf folgende Erstattungsbeträge begrenzt:
  - im ersten Versicherungsjahr auf 500 Euro
  - in den ersten zwei Versicherungsjahren auf 1.500 Euro
  - in den ersten drei Versicherungsjahren auf 2.500 Euro
  - in den ersten vier Versicherungsjahren auf 3.500 Euro
  - in den ersten fünf Versicherungsjahren auf 4.500 Euro
- Bei zu erstattenden Kosten entscheiden die einzelnen Behandlungsdaten, welchem Versicherungsjahr sie zugeordnet werden.
- Bei unfallbedingter zahnärztlicher/ kieferorthopädischer Behandlung entfällt die Erstattungsbegrenzung.

Erstattung bei Rücktransport/Überführung:
- Der Versicherer erstattet für
  - Rücktransport oder Überführung aus Europa bis 5.000 Euro
  - Rücktransport oder Überführung aus dem übrigen Ausland 10.000 Euro
- Muss für einen Rücktransport ein zugelassenes Sanitätsflugzeug in Anspruch genommen werden, entfällt die Leistungsbegrenzung. Für den Rücktransport ist das jeweils kostengünstigste Transportmittel zu wählen, soweit dies aus medizinischen Gründen möglich ist.

e) Versicherer
AXA Krankenversicherung AG, Köln

f) Vertragspartner
Dienstleistungsgesellschaft für den Bund der Auslands-Erwerbstätigen (BDAE) mbH (Versicherungsnehmerin). Vertragliche Grundlagen s. Leistungsbeschreibung und AVB-R. (Stand: November 2001)

Versicherungen kündigen
Hierzu zählen private Krankenversicherungen, die Kfz-Versicherung, Gebäude- und Inventarversicherung,Haftpflichtversicherungen für Personen und/oder Haustiere, Rechtschutzversicherungen, um die wichtigsten zu nennen. Sprechen Sie längere Zeit vorher mit den jeweiligen Unternehmen und erläutern Sie ihre Situation, damit Ihnen keine unnötigen Nachteile entstehen.

Auto u. a. verkaufen
Alle nicht mehr notwendigen Gebrauchsgegenstände, Geräte und Fahrzeuge sollte man schon sehr rechtzeitig abstoßen, damit nicht unnötiger Stress aufkommt.

Abonnements und Mitgliedschaften kündigen
Zeitschriften und Zeitungen brauchen Sie in den USA nicht mehr. Mitgliedschaften in bestimmten Vereinigungen sind bei einem Auslandsaufenthalt ebenso unnötig, in manchen Fällen aber wollen Sie weiterhin Mitglied einer Organisation bleiben. Dann müssen Sie Ihre Beitragsrechungen von drüben bezahlen und sich Vereinsmagazine rüberschicken lassen.

Energieunternehmen benachrichtigen
Strom, Gas, Wasser und Abwasser sind ebenfalls Dinge, die man vor dem Wegzug rechtzeitig kündigen muss. Hier sind die EVUs oder die örtliche Gemeinde zuständig.

Kinder von der Schule abmelden
Gehen Sie einige Tage vor dem Abreisetag in die Schule Ihres Kindes/Ihrer Kinder, um es/sie von der Schule abzumelden.

Abmelden
Last but not least müssen Sie sich (und ihre Familie) in Ihrer Gemeinde beim Meldeamt abmelden. Dies dürfte ein für alle gewohnter Vorgang sein.

Speditionsfirma beauftragen

Ein Umzug nach Übersee ist natürlich ein wenig anders als das, was man sonst vom Umziehen gewohnt ist. Sicherlich sind im Prinzip die zu berücksichtigenden Dinge dieselben wie bei einem Umzug innerhalb des Heimatlandes, dennoch gibt es Unterschiede, die mit der Logistik eines Fernumzuges zu tun haben. Aus diesem Grunde empfehlen wir, schon bei der Auswahl des Umzugsunternehmens auf eine erfahrene Überseespedition zurückzugreifen. Diese bietet Ihnen das nötige Knowhow, angefangen vom persönlichen Besuch ihres Umzugsberaters über die Erstellung und Übersetzung der detaillierten Packliste (amerikanisch: »goods to follow«) bis hin zur Zollabfertigung bei der Ankunft des Containers, dem Zwischenlagern in einer dafür lizenzierten Speditionsfirma (siehe dazu: www.bbb.org, Tel. 212-533 6200) oder dem Weitertransport zu Ihrer neuen Wohnung, falls schon vorhanden.

Dazu sollten Sie sich Angebote von mehreren entsprechenden Unternehmen einholen. *Anschriften* finden Sie im hinteren Teil des Buches sowie *Internet-Adressen* in Kapitel 1.6.

Manche Transportunternehmen bieten einen gestaffelten Service. Bei einem Vollservice kann man praktisch alles vom Einpacken bis zur Übersetzung der Packlisten und zur Erstellung des notwendigen Papierkrams von der beauftragten Firma erledigen lassen. In der Kategorie »wirtschaftlicher Umzug« leistet man zum Beispiel das Einpacken, Beladen und die Erstellung der Packliste selbst und überlässt den Rest der Umzugsfirma.

Beachten Sie noch folgendes: Am Tage Ihres Umzuges muss wie bei jedem anderen Umzug auch genügend Parkraum für den LKW, der den Container transportiert, vorhanden sein. Im Normalfall sollte alles in drei Stunden im Container verstaut sein. Dies wird von Umzugsfirmen mit Fachpersonal so eingeplant. Bei Eigenleistung könnte es zeitlich aber sehr eng werden, da man nicht über die nötigen Staukenntnisse verfügt. Standzeit kostet jedoch Geld. Ebenso ist es in ihrem neuen Wohnort in USA.

Übergangswohnen

Vergessen Sie nicht, für die Tage bis zu Ihrem Flug das Übergangswohnen zu regeln, da Sie ja nicht in Ihrer leeren Wohnung verbleiben können.

Umzugskosten ermitteln

Ganz grob kann man für einen Komplettumzug (Vollservice) einer vierköpfigen Familie mit Kosten von zirka 5000 Euro rechnen (von Bremen oder Hamburg nach New York). Wie aber läuft so ein Überseeumzug nun ab?

Komplettservice
Ein Mitarbeiter der Umzugsfirma besucht Sie zu Hause und ermittelt die Größe des Containers. Der Container wird am vereinbarten Tag angeliefert und vom Personal der Firma fachmännisch gepackt. Dabei wird auch auf empfindliche Umzugsgüter wie Couchs und verglaste Schränke besonderes Augenmerk gerichtet. Anschließend wird der Container von derselben Firma zum Hafen gebracht (Hamburg oder Bremerhaven) und dort aufs Schiff verladen. Die Speditionsfirma erstellt auch ihre Packliste in Englisch. Bei Ankunft im Zielhafen (zum Beispiel New York) werden alle notwendigen Formalitäten wie Entladung und Zollabfertigung wiederum durch dieselbe Firma abgewickelt. Der letzte Schritt ist der Weitertransport sowie das Ausladen des Umzugsgutes an Ihrem neuen Wohnort in den USA. Alles in einer Hand, aber das hat natürlich auch seinen Preis.
Die auf internationale und Überseetransporte spezialisierte Firma ITO (Internationale Transport-Organisation) ermittelte für uns folgendes Preisbeispiel (Zirka-Preise) für eine 3-Zimmer-Wohnung im Komplettservice. Dabei gliedert sich das Angebot in drei verschiedene Teile:

Origin Service
Gestellung eines 20-Fuß-Containers, überseemäßiges Verpacken, Zerlegen, Emballieren und Verladen des Umzugsgutes, Bereitstellung des Packmaterials und einer Packliste in Englisch, Transport zum Hafen, Ausfuhrzollabfertigung und Übernahme der Kaigebühren, Dokumentation bis frei an Bord... 2250 Euro
Ocean Freight
Seefracht nach New York auf einem Schiff, das von ITO ausgesucht wird, incl. THC-Gebühr... 1650 Euro
Destination Service
Hafenabwicklung mit Zollabfertigung und Hafenkosten, Transport vom Hafen bis zur neuen Wohnung (zum Beispiel New Haven, Connecticut = zirka 130 km), Ausladen ins Haus bis maximal 2. Stockwerk, Auspacken und Aufstellen des Umzugsgutes (aber ohne Möbelzusammenbau), Rücknahme des Packmaterials nur am Tage der Auslieferung, Rückführung des Leercontainers zum Depot beziehungsweise Hafen... 2100 Euro
Zusätzlich ist eine Transportversicherung (»Allgefahrendeckung«) obligatorisch. Dafür errechnet sich ein Betrag von 1,9 Prozent des Umzugsgutwertes, also etwa 500 bis 1000 Euro. Es ergibt sich also eine Summe von insgesamt zirka 6500 bis 7000 Euro.

Das Containerschiff ist zirka zwei Wochen unterwegs bei Zielgebiet Ostküste USA, drei bis vier Wochen bei Zielgebiet Westküste (Preise: Stand März 2001).

Teilservice, bei dem man den Container selbst packt und auch die Packliste selbst erstellt, ist preislich günstiger. Genaue Konditionen erfragen Sie bitte bei der jeweiligen Firma (siehe Adressenanhang und Internet-Liste).

Für Umzüge an die Westküste der USA kämen zu den angegebenen Preisen jeweils noch zirka zehn Prozent hinzu.

Die Spedition RED LINE in Bad Salzuflen macht folgendes Angebot (März 2001): Sie stellt einen Container, der dann durch Ihren Auftrag von einem örtlichen Umzugsunternehmen gepackt wird. Für das Packen und kurzfristige Lagern, falls nötig, müssten Sie die Kosten vor Ort ermitteln.

Ein 20-Fuß-Container würde dann von Ihrem Wohnort durch RED LINE zum nächstgelegenen Hafen gebracht (Kosten dafür: zirka 300–400 Euro). Anschließend übernimmt RED LINE die Organisation Ihrer Seefracht (Beispiel New York: zirka $1500). In New York fallen Zollgebühren von zirka $200 an. Da zurzeit ein Dollar ungefähr einem Euro entspricht, wären das insgesamt Kosten von gut 2000 Euro (plus Kosten fürs Einpacken hier) sowie Weitertransport in USA. Insgesamt nicht mehr als zirka 3500 Euro. Dazu kämen noch Versicherungskosten. Mit einer solchen teilweisen »Selbstorganisation« kann man also beträchtliche Summen einsparen.

1.7.3. Wissenswertes über Zoll und Quarantäne

Zoll- und Quarantänebestimmungen gelten selbstverständlich nicht nur für Besucher der USA, sondern auch für alle Einwanderer.

Umzugsgüter, die älter als sechs Monate sind, sind zollfrei. Eventuell noch vorhandene Rechnungen können hilfreich sein, wenn Dinge sehr neu aussehen und den Verdacht auf Einführung von Neuwaren erregen. Hier sollte man aber nicht zu ängstlich sein.

Wer *Hunde oder Katzen* einführen will, muss eine tierärztliche Bescheinigung über deren Gesundheit vorweisen. Tiere aus nicht tollwutfreien Gebieten müssen in einer Zeitspanne von ein bis zwölf Monaten vor der Einreise gegen Tollwut geimpft worden sein. Hierüber ist ein Nachweis erforderlich.

Für *Lebensmittel* gilt: Alle Fleischprodukte, frisch oder getrocknet, und solche, in denen Fleisch enthalten ist, unterliegen dem Einfuhrverbot, ebenso Fisch, Früchte, Gemüse und Pflanzensamen. Backwaren und Käseprodukte (kein Frischkäse) sind erlaubt. Bei Lebensmitteln können die Behörden jedoch generell Beschlagnahmungen vornehmen, wenn sie ein Gesundheitsrisiko vermuten.

Für *Medikamente* gilt: Narkotika enthaltende Drogen oder Medikamente, die in Deutschland rezeptpflichtig sind, erfordern eine besondere Einfuhrerlaubnis. Eine ärztliche Bescheinigung (mit Übersetzung!), aus der hervorgeht, wie viel Sie regelmäßig von diesen Tabletten einnehmen müssen, gibt Ihnen dann die Möglichkeit, einen Vorrat davon für die ersten Wochen in die USA mitzunehmen.

Für *Alkohol und Genussmittel* gilt: Personen ab 21 Jahren ist es erlaubt, 1 Liter Spirituosen und 200 Zigaretten oder 100 Zigarillos oder 50 Zigarren oder 200 g Tabak zollfrei einzuführen.

Für *Kaffee* gilt: 200 g Kaffee oder Kaffee-Extrakt dürfen zollfrei eingeführt werden.

Für *Parfüm* gilt: Zollfrei eingeführt werden dürfen 50 g Parfüm oder 250 ml Eau de Toilette.

Für *Zahlungsmittel* gilt: Es gibt keine Beschränkungen zur Einfuhr fremder Währung, allerdings ist ab dem Vergleichswert von 10 000 US-Dollar das Ausfüllen des Formulars 4790 beim amerikanischen Zoll erforderlich. Wenn dies unterbleibt, drohen empfindliche Strafen.

Einfuhrverbot besteht für alle illegalen Drogen, Pralinen mit Likörfüllung, Pornografie-Produkte, Produkte mit gefälschten Produktnamen (Plagiate), Lotteriescheine.

Eine besondere Einfuhrerlaubnis wird für *Waffen und Explosivmaterial* sowie für *geschützte Tiere und Pflanzen* benötigt. Wer nicht Angehöriger des Militärs ist, muss für den Waffenimport das Formular AE 2075 ausfüllen.

1.8 Neue Existenz in den USA

1.8.1 Arbeit suchen als Fachkraft

Wenn Sie schon im Besitz einer »Greencard« (Einwanderungserlaubnis) sind, stehen Ihnen die gleichen Möglichkeiten offen wie jedem anderen Amerikaner auch. Sie können sich also um einen Arbeitsplatz bewerben. Noch besser ist es, wenn Sie bereits eine Jobzusage in der Tasche haben, bevor Sie die Greencard beantragen. Dies gilt natürlich nicht, wenn Sie ihre Greencard über die Diversity Lottery gewonnen haben sollten.

Auf jeden Fall aber ist eine Arbeitsplatzzusage für alle diejenigen notwendig, die sich nur für einen befristeten Aufenthalt in den Vereinigten Staaten bewerben. Solche Bewerber müssen während eines Urlaubs, mit Hilfe von Freunden oder auch über das Internet einen Arbeitgeber finden, der sie anstellen will. Dieser muss dann seinerseits um eine Arbeitserlaubnis in den USA nachsuchen (siehe auch unter 1.4 »Temporäre Aufenthalte«).

Welche Wege führen zu einem Job?
Die Erfahrung zeigt, dass ein großer Teil von Anstellungen unter der Hand, d.h. ohne Kontakte über Zeitungsanzeigen, Jobbörsen, Arbeitsämter, Internet etc. zu Stande kommt. Deswegen sind *persönliche Kontakte* unersetzlich.
Auch mit Hilfe von *Berufsverbänden* (professional associations) kann man einen Arbeitsplatz bekommen. Diese veröffentlichen Stellenangebote innerhalb der jeweiligen Berufssparte(n) in einschlägigen Magazinen.
Ein Blick in eine regionale oder auch überregionale amerikanische *Zeitung* oder auch *Fachzeitschrift* informiert wie bei uns auch durch Stellenanzeigen über Arbeitsplatzangebote.
Weiterhin gibt es die Möglichkeit, durch die Hilfe von *Arbeitsämtern* (Federal oder State Employment Offices) eine Stelle vermittelt zu bekommen.
Eine anderer Weg ist die Inanspruchnahme von sogenannten *Job Hotlines*, die Sie gebührenpflichtig oder mitunter auch kostenlos innerhalb der USA benutzen können.
Das *Internet* bietet natürlich ungezählte Chancen für Ihre Jobsuche, da hier eine große Zahl von Jobsuche-Websites zu finden ist (siehe dazu auch 1.6 »Hilfe durch das Internet«). Auch die berühmte *New York Times* stellt einen Service bereit, der – täglich aktualisiert – die Stellenangebote von vielen nationalen und internationalen Zeitungen präsentiert: *http://new.careerpath.com/product/HomePage/job-home/cp.* Ebenso möchten wir noch das *Department of Labor* erwähnen, das unter der Adresse *www.doleta.gov* Hinweise und Ratschläge für die Arbeitssuche in den USA gibt. Unter der Adresse *www.visajobs.com* finden sich – gebührenpflichtig – Jobangebote solcher Firmen, die Arbeitskräfte aus dem Ausland einstellen und dafür auch ein Visum für diese beantragen.
Eine weitere, nicht zu unterschätzende Möglichkeit sind Jobagenturen (Employment Agencies), bei denen amerikanische Firmen freie Stellen vermitteln lassen. Günstig für Sie ist es, wenn Sie einen branchenspezifischen Dienst in Anspruch nehmen, da Sie

dadurch sowohl hinsichtlich Ihres Wohngebietes als auch der für Sie in Frage kommenden Firmen treffsicherer vermittelt werden können. Bei einer solchen Agentur hinterlassen Sie Ihren Lebenslauf und Ihre Zeugnisse, auf Grund derer dann ein sogenannter *employability report* erstellt wird, der Aussagen über Ihre Vermittelbarkeit macht, in dem er Ihre Qualifikationen, Wünsche und Vorstellungen mit dem jeweils bestehenden Arbeitsplatzangebot in Einklang zu bringen versucht. Durch die umfangreichen Kontakte der Agentur wird Ihnen so die Möglichkeit eröffnet, die richtige Strategie für Ihre Arbeitssuche zu verfolgen. Dadurch werden viele mehr oder wenig wahllos erfolgende Telefonanrufe unnötig, die Sie sonst vielleicht getätigt hätten.

Bei der *self directed job search* werden Ihnen auf der Basis Ihres speziellen employability reports Firmen genannt, die in der gewählten Gegend in Frage kommen. Außerdem erhalten sie Tipps, die Sie bei Bewerbung und Vorstellung beachten sollten. Diese Art von Jobsuche ist aber nur Personen anzuraten, die sich sprachlich sicher genug fühlen. In der *full service*-Suche hingegen bearbeitet man all Ihre eingereichten Dokumente in der Agentur, richtet diese auf die US-Standards aus und erarbeitet mit Ihnen ein Vermarktungskonzept für Ihre Person. Dabei werden häufig auch Interviews (diese oft auch per Telefon) mit interessierten Arbeitgebern vereinbart, auf die Sie persönlich vorbereitet werden.

Wer die Vermittlungsgebühren für die Inanspruchnahme einer solchen Agentur zahlt, hängt von der jeweiligen Agentur ab. Bei manchen zahlt der Arbeitgeber, bei anderen der Arbeitsuchende. Fragen Sie vorher danach, um vor Überraschungen sicher zu sein.

Noch eine andere Möglichkeit sind die *yellow pages* der Telefonbücher, in denen Sie unter den Stichworten »employment agencies«, »recruitment service« oder »placement consultants« suchen sollten. Auch bei den Industrie- und Handelskammern (Chambers of Commerce) finden Sie Anschriften von Agenturen und Firmen. Hilfe bietet hier auch die Website *http://www.usembassy.de/trade/d22-4.htm*

Bewerbung schreiben

Wenn Sie genügend Informationen über die Firmen gesammelt haben, bei denen Sie sich bewerben wollen, können Sie mit dem Abfassen Ihrer Bewerbung beginnen. Zu dieser gehören das eigentliche Bewerbungsschreiben (cover letter) sowie der Lebenslauf (resume). Passbild, Zeugniskopien und Ähnliches gehören – anders als in Deutschland – nicht zur Bewerbung.

Der »cover letter« öffnet Ihnen die erste Tür zu einem möglichen Arbeitgeber. Deswegen sollte man einige Dinge beim Abfassen dieses Schreibens beachten:
- Formulieren Sie deutlich, dass die betreffende Zeitungsannonce Ihr besonderes Interesse geweckt hat. Gehen Sie dabei auch auf alle im Inserat erwähnten Punkte ein. (Zum Beispiel: »Dear Mr. Brian Smith: Your July 4th advertisement in the 'Continental Observe' caught my attention immediately. The offered position is exactly what I'm looking for / is a new challenge for my professional skills« oder ähnlich.)
- Zeigen Sie nun in einem kurzen Rückblick auf die letzte Zeit Ihre Tätigkeiten in den von Ihnen ausgefüllten beruflichen Bereichen auf.
- Gehen Sie dann auf die in diesen Tätigkeiten gewonnen Erfahrungen und Qualifikationen ein und erwähnen Sie zusätzliche Kenntnisse (zum Beispiel Sprachen), die Sie besitzen.
- Betonen Sie nun den möglichen Nutzen, den die Firma durch Ihre Mitarbeit haben würde, und weisen Sie auf den beigefügten Lebenslauf hin. Zum Schluss bitten Sie höflich um ein Vorstellungsgespräch (zum Beispiel »I would like to provide you with some additional information in a personal meeting.«)
- Gliedern Sie das Schreiben gut in Absätze, die nicht zu lang sein sollten.
- Umlaute (ä, ö, ü) sowie ß sind als ae, oe, ue und ss zu schreiben (englische Schreibweise).
- Der cover letter soll nicht mehr als eine DIN-A4-Seite umfassen.
- Formales: In die linke obere Ecke kommt wie bei uns auch der Briefkopf, allerdings ohne den Namen, bestehend aus Straße, Postleitzahl, Ort, Land, Telefonnummer (mit Landesvorwahl 01149, wenn Sie noch in Europa sind) und ggf. E-Mail-Adresse. In einigem Abstand darunter schreiben Sie das Datum, möglichst in US-Schreibweise: MM/TT/JJ. Wieder ein paar Leerzeilen tiefer folgt die Adressierung mit Name, Funktion, Firmenname und Anschrift der Firma. Darunter folgt die Anrede mit »Dear Mr./Mrs....« oder, falls kein Ansprechpartner bekannt ist, »to whom it may concern« (übersetzt ungefähr: wen es betrifft). Nach der Anrede wird ein Doppelpunkt gesetzt. Ihr Bewerbungsschreiben sollte mit »Sincerely« oder »Cordially«, gefolgt von Ihrem getippten Namen und Ihrer Unterschrift, beendet werden. Darunter können Sie noch auf die beigefügten Schriftstücke hinweisen, indem Sie »attached find please« oder »enclosed find please« oder einfach »enclosures« schreiben.

Lebenslauf (resume) verfassen
Ein ansprechend und richtig abgefasster Lebenslauf ist Ihre Visitenkarte bei der Bewerbung. Er kann viel bewirken. Deshalb geben wir Ihnen hier einige Tipps:
- Links oben der Briefkopf mit Ihrem Namen, Ihrer Adresse und Telefonnummer.
- Es werden keine Angaben zum Alter oder Familienstand gemacht (Antidiskriminierungsgesetze).
- Er enthält keine Überschrift »Lebenslauf bzw. resume« und auch keine Unterschrift.
- Auch er ist nicht länger als eine DIN-A4-Seite.
- Folgende Abschnitte sollen darin enthalten sein: beruflicher Bildungsweg (Lehre, Fachschule, Universität und Ähnliches), berufliche Tätigkeitsbereiche, durchgeführte Aufgaben und Projekte und dabei erworbene Qualifikationen, besondere zusätzliche Fähigkeiten, sonstige (Neben-)Tätigkeiten, ehrenamtliche Tätigkeiten, Belobigungen – Preise – Ehrungen.
- Ist der Lebenslauf mehr funktionell ausgerichtet, so sollten Sie am Anfang noch Ihr berufliches Ziel (career target) nennen und am Schluss Referenzen erwähnen.
- Nennen Sie im Lebenslauf auch Ihre genaue Berufsbezeichnung, den (die) Namen und den(die) Ort(e) der Firma(en) sowie den(die) Beschäftigungszeitraum(räume).
- Gliedern Sie auch Ihren Lebenslauf übersichtlich in Sinnzusammenhängen und Absätzen.

Bewerbung im Internet
Mehr und mehr werden vorgefertigte Bewerbungsformulare von Firmen oder Jobagenturen im Internet zur Verfügung gestellt. Diese schematisierten »Kurzbewerbungen« brauchen Sie nur nach den dort geforderten Angaben zu vervollständigen. Achtung: Diese Internet-Formulare sind auf US-Adressformat (Angabe eines US-Staates, einer Stadt, des Zip-Codes, der Telefonnummer) und auch auf typisch amerikanische Ausbildungs- und berufliche Werdegänge ausgerichtet, die Sie, so gut es geht, mit Ihren typisch deutschen beziehungsweise europäischen Inhalten ausfüllen müssen. Werden Ihre Einträge von der Software jedoch nicht akzeptiert, weil irgendetwas fehlt oder nicht so vorgesehen ist, wie Sie es eingetragen haben, so bleibt Ihnen nur der Weg der direkten E-Mail, wenn diese auf der Website genannt wird, ansonsten nur der postalische Weg.

Krankheit und Kündigungsschutz
Gesetzliche Garantien für eine Lohnfortzahlung im Krankheitsfall gibt es in den USA nicht. Vollkasko-Mentalität ade, könnte man sagen. Wir sind aber überzeugt, dass auch Sie damit in den Vereinigten Staaten (über)leben werden.
Eine starke Arbeiterbewegung und gewerkschaftliche Organisation hat es in dem Sinne hier nie gegeben, obwohl Polarisierungen zwischen Unternehmern und Angestellten/Arbeitern in jeder größeren Firma naturgegeben scheinen. Der amerikanische Arbeitnehmer identifiziert sich jedoch im allgemeinen stärker mit seiner »company«, in der er arbeitet. Dennoch vereinbaren Firmen mit ihren Mitarbeitern freiwillig, in welchem Umfang Krankheits- beziehungsweise Fehltage bezahlt werden. In der Regel kann man von ein bis zwei Wochen ausgehen.
Das gleiche gilt für den Kündigungsschutz, der ebenfalls keiner gesetzlichen Regelung unterliegt. Wer gewerkschaftlich organisiert ist, hat jedoch über die vereinbarten Tarifverträge Kündigungsschutz. In allen anderen Fällen können Mitarbeiter und Unternehmer das Arbeitsverhältnis beiderseitig zu jeder Zeit ohne Einhaltung von Fristen lösen. So hart das klingt, dies kann für Sie auch von Vorteil sein, wenn Ihnen Arbeitsbedingungen, private Gründe oder ein besseres Angebot so wichtig sind, dass Sie einen Job sehr schnell beenden wollen.

Urlaub, Feiertage
Hier gibt es Unterschiede, die von der Branche, der Größe des Unternehmens und davon abhängen, wie lange Sie schon Mitarbeiter sind. Was Ihren Urlaub angeht, können Sie von etwa 14 Tagen im Jahr ausgehen, für deutsche Verhältnisse eine ungewohnt kurze Zeit! Zusätzlich werden Ihnen einige Tage zur persönlichen Verfügung freigegeben, die für private Angelegenheiten, Krankenpflege in der Familie u. Ä. verwendet werden können. Für gesetzliche Feiertage (»holidays«) gibt es ebenfalls keinen Anspruch auf Bezahlung, jedoch ist es Praxis, dass eine gewisse Anzahl solcher Tage vertraglich abgesichert ist.

1.8.2 Ein Geschäft betreiben in den USA
Selbständige haben in den Vereinigten Staaten gute Chancen, ihre Vorstellungen von einem »business« in die Tat umzusetzen, denn sie befinden sich im Land des Unternehmertums schlechthin. Dennoch ist auf einiges hinzuweisen, was Geschäftsleute beachten müssen, ehe sie an die Gründung oder den Kauf eines Unternehmens gehen können.

und Lizenzen
and mal so eben an der Ecke eine Werkstatt aufmachen, mieten und dann mit seinem Geschäft beginnen. Das ging nicht, und das geht auch in den USA nicht. Es sind eine ?nzen zu beachten, die von verschiedenen politischen ..geben werden.
1. Lizenzen auf Bundesebene (federal)
2. Lizenzen des jeweiligen Staates (state)
3. Lizenzen der örtlichen Gemeinde (local)

Welche Vorschriften und Lizenzen in Ihrem Falle zur Anwendung kommen, erfahren Sie beim *Department of State, Division of Licenses*, beim *Department of Consumer Affairs*, beim *State Office of Regulatory Assistance* und von sogenannten *Local Development Corporations*. Als Beispiele für Betriebe, die entsprechende Lizenzen brauchen, seien genannt: Kfz-Werkstätten, Restaurants, Friseursalons, Elektriker.

Rechtsformen
Über Marktanalyse, Konsumentenverhalten und Produktpromotion brauchen wir hier sicher nicht viele Worte zu verlieren, denn darauf haben sich potentielle US-Geschäftseinwanderer sicher längst vorbereitet. In manchen Branchen gibt es große Unterschiede zu Europa, in anderen wieder nicht. Dies alles hängt mit dem Produkt selbst, mit der jeweiligen Zielgruppe und deren Einkommen, der national-geografischen Lage, dem soziologischen Aufbau der jeweiligen Stadt und den typisch amerikanischen Traditionen zusammen.

Wichtig ist, dass Geschäftsleute über die unterschiedlichen Rechtsformen möglicher Unternehmen informiert sind. Hierfür ist ausschlaggebend, welche Größe das Unternehmen haben soll, auf welche Weise die Geschäfte ablaufen werden, wie viel Geld man zu investieren und mit welchen Steuern man zu rechnen hat.

Im Hinblick auf die Zielgruppe des vorliegenden Buches soll hier nur auf die sogenannten »small businesses« eingegangen werden. Das sind Unternehmen mit bis zu 500 Mitarbeitern.

Zunächst wäre da die sogenannte **Sole Proprietorship** zu nennen, in der Sie der alleinige Besitzer sind und mit Ihrem ganzen Vermögen haften.

Eine **Partnership** dagegen bietet zwei oder mehr Personen die Möglichkeit, gemeinsam ein Unternehmen zu betreiben. Hier gibt es nun wieder zwei unterschiedliche Formen, die *General Partnership*, in der alle Partner für die Verbindlichkeiten der Firma unbegrenzt mit

ihrem Besitz haften, und die *Limited Partnership*, in welcher der limited partner nur im Umfang seiner Investition haftet.
Eine rechtlich kompliziertere Organisationsform ist die sogenannte **Corporation**. In einem solchen Unternehmen haften die Anteilseigner nur in Höhe ihrer Einlage. Schließlich gibt es noch die Form der **Limited Liability Company**, die auch **S-Corporation** genannt wird. Sie ist eine Partnership, hat aber den Vorteil der begrenzten Haftung wie die Corporation.

Ungeschriebene Regeln für Geschäftsleute

Ausdrücklich möchten wir hier auf die besonderen Traditionen und Gepflogenheiten der amerikanischen Geschäftswelt hinweisen. Wer sie nicht kennt und befolgt, wird trotz bester beruflicher Qualifikation und deutscher beziehungsweise europäischer Geschäftserfahrung in den USA nicht den Erfolg haben, den er eigentlich hätte haben können. Dazu ist es notwendig, eine ganze Reihe ungeschriebener Regeln zu beherrschen, die im Umgang mit Geschäftspartnern wichtig sind und in der Geschäftwelt beachtet werden. Das fängt bei der Auswahl der richtigen Kleidung an, geht über Geschäftsetikette und das eigene richtige Auftreten, die richtige Einschätzung des Verhaltens der Geschäftspartner, professionelle Eigenarten, und reicht bis in den Freizeitbereich. Ohne auf weitere Details einzugehen, die den Rahmen dieses Buches sprengen würden, weisen wir auf ein Standardwerk hin, welches jeder angehende US-Geschäftsmann gelesen haben sollte: *Max Otte, Amerika für Geschäftsleute, Verlag Ullstein, 1999, 2.Auflage, Paperback, 250 S.*

Zu allen Fragen bei der Gründung eines der genannten Unternehmen und zur unterschiedlichen Besteuerung sollten Sie sich bei den entsprechenden Behörden näher erkundigen *(County Clerk's Office, Department of Labor, Department of Business Services / Business Administration, Department of State, Small Business Administration Offices)*. Über das statistisch untersuchte Käuferverhalten in Ihrem Zielgebiet erhalten Sie Hinweise durch das *U.S. Census Bureau*, auch unter der Website *http://factfinder.census.gov/java prod/dads.ui.homePage.HomePage*

Publikationen des BfAI

Die *Bundesstelle für Außenhandelsinformation (BfAI)*, eine nachgeordnete Behörde des Bundesministeriums für Wirtschaft und Technologie, hat eine Liste von 253 Publikationen für Geschäftsleute aller möglichen Branchen vorrätig, die sehr nützliche Informationen für einen geschäftlichen Start in den USA geben:

Bundesstelle für Außenhandelsinformation
Agrippastr.87-93
50676 Köln
Postfach 10 05 22
50445 Köln
Tel.0221-2057-0, Fax 0221-2057-212
E-Mail: bfai@geod.geonet.de, Internet: www.bfai.com

Wir können hier aus Raumgründen nur einen kleinen repräsentativen Ausschnitt aus der Fülle des Materials wiedergeben:

Geschäftspraxis:
Exportieren in die USA, 2000, 110 S.
Marktforschung in den USA, 2. überarb. Aufl. 1995, 80 S.
Qualitäts- u. Umweltmanagement in Amerika, 1996, 94 S.
Zahlungsverkehr u. Inkassopraxis – USA, 1999, 50 S.

Geschäftskontakte:
Liste von Rechtsanwälten und Patentanwälten im Ausland, Teil III, Amerika, Australien, Ozeanien, 16.Aufl.2000, 156 S.
Tochtergesellschaften deutscher Unternehmen in den USA, 1999/2000, 24. Aufl.,328 S.

Wirtschaftsklima:
Wirtschaftsdaten – USA (ständig fortgeschrieben), 4 S.
Wirtschaftstrends – USA (ständig fortgeschrieben), 54 S.

Regionen und Sektoren:
Forschung und Technologie (Ausgabe 1995), 32 S.
Industriestandorte in den USA, 1995, 100 S.
Standort Alabama – USA, 1996, 36 S.
Standort Colorado, Kalifornien, Kentucky, Maine, Michigan, New Hampshire, North Carolina, Tennessee, Vermont und Virginia sind ebenfalls erhältlich, alle 20 bis 40 S.

Marktanalysen:
Aktuelle Trends im Maschinenbau – USA, 2000, 116 S.
Arzneimittel – USA, 1997, 48 S.
Betreibermodelle weltweit – Infrastruktur, 4 Bände, 1999, 554 S.
Betreibermodelle weltweit – Umwelttechnik, 1999, 240 S.
Biotechnische Produkte – USA, 2000, 40 S.

Elektromotoren und Generatoren – USA, 2000, 40 S.
Kfz-Reifen – USA, 1997, 48 S.
Lampen und Leuchten – USA, 1999, 40 S.
Sanitärkeramik und keramische Fliesen – USA, 2000, 40 S.
Spielwaren – USA, 1997, 44 S.
Weinexport in die USA, Nov. 1999, Hrsg.: WKÖ, 16 S.

Recht, Einfuhrverfahren, Zoll:
Einfuhrvorschriften für Nahrungs- u. Genussmittel in den USA, Mai 1998, Hrsg.: Wirtsch.Kammer Österreich, 16 S.
Exportleitfaden Elektrohausgeräte – USA, 5.Neuaufl. Aug. 1995, 4 S.
Franchising in den USA, Jan. 1999, Hrsg. WKÖ, 18 S.
Immobilienerwerb – USA, 1998, 46 S.
Produkthaftung – USA, 1999, 42 S.
Visa und Arbeitserlaubnis für die USA, 1999, Hrsg. AHK New York, 280 S.
Zolltarif – USA, Hrsg. Intern. Büro für Zolltarife, 790 S.

Kontaktanschriften:
Anschriften der 40 größten Lebensmittelhändler, engl., frz., 1998, 37 S.

Wirtschaftsentwicklung, Branchen:
Amerikanisch-Koreanisches Kfz-Abkommen, engl.,10/1998, 26 S.
Kostenvergleichsrechnung USA-Kanada, engl.,3/1995, 122 S.

Nichttarifäre Handelshemmnisse:
Energieverbrauchskennzeichnung, engl., 1.1.97, 72 S.
Kennzeichnung von Textilien, engl., 21.3.96, 2 S.
Kunstfasererzeugnisse-Kennzeichnung, engl., 2000, 23 S.
Medical Device Reporting (MDR-Vorschriften), engl.,1996, 35 S.
Medizinische Geräte: Registrierung, engl.,1998, 7 S.
Nutzholz und sonstige unbearbeitete Holzartikel, engl.,1995, 18 S.
Textil und Bekleidung – Ursprungsrichtlinien (in einem Land), engl., 8/1996, 8 S.
Verfahrensweise von Anträgen gegen unlautere Bedingungen im Einfuhrhandel, engl., 1996, 19 S.

Steuern und Zölle:
Antidumpingregelungen, engl.,1996, 17 S.
Aufdeckung unrichtiger Angaben und deren Behandlung im Zolleinfuhrverfahren, engl.,1998, 19 S.
Checkliste für Einfuhrwaren, engl., 1998, 14 S.

Einfuhrregelung für Kraftfahrzeuge, engl., 2000, 10 S.
Einfuhrverbote und Beschränkungen (VuB), engl., 1998, 40 S.
Einreihung von Waren in den US-Zolltarif, engl., 1997, 33 S.
Export gebrauchter Kfz aus den USA, engl., 1999, 7 S.
Festsetzung von zollrelevanten Schwellenpreisen, engl., 1995, 10 S.
Grundsätze des »Sicheren Hafens« zum Datenschutz, deutsch, 2000, 42 S.
Liste der Verkaufssteuern (Sales Tax) zum 1.1.2000, engl., 5 S.
Neufestsetzung der Einfuhrgüter für Tiere und Erzeugnisse davon, engl., 2000, 15 S.
Sonderzölle gegenüber EG-Waren ab 1.2.1999, engl., 1998, 8 S.
Transferpreisregelung (1994), engl., 62 S.
Unverzichtbare Angaben auf Zolldokumenten, engl., 1998, 31 S.
Zolltarifregelungen bei Motoren und Teilen davon, engl., 1998, 23 S.
Zollwertermittlungen bei Kommissionszahlungen, engl., 1996, 13 S.

Wirtschaftsrecht:
Forderungseintreibung, engl., 1995, 6 S.
Gesellschaftsrecht, Genehmigungsbehörden, engl., 1997, 10 S.
Investitionsförderung in Florida, deutsch, 1997, 9 S.
Patentrecht, engl., 1999, 14 S.

2. Die neue Heimat

2.1 Auf sich selbst vertrauen

Zugegeben – die Überschrift klingt vielsagend – oder auch nicht. Ganz wie man will. Aber dennoch steckt ein Körnchen Wahrheit in diesem Satz, denn Selbstvertrauen ist die Grundlage für alles Neue, was wir schaffen. Ob also die Vereinigten Staaten von Amerika wirklich zu Ihrer neuen Heimat werden, kommt ganz überwiegend auf Sie selbst an. Ihr ganz persönlicher amerikanischer Traum kann zu Ihrer persönlichen amerikanischen Realität werden. Setzen Sie Ihre Spielräume dafür aber nicht zu eng. Flexibilität und Mobilität sind ganz wichtige Eigenschaften, um zu überleben und schließlich zum Erfolg zu kommen.

Nachdem Sie die erste Hürde genommen und Ihr Einwanderungsvisum erhalten haben, gilt es nun, wie man so schön sagt, »Nägel mit Köpfen zu machen«. Werden Sie über die Kategorie *employment based immigration* einwandern, dann verfügen Sie bereits über einen Arbeitsplatz. Kommen Sie hingegen über die *Diversity Lottery*, also die Greencard-Lotterie ins Land oder über die *family based immigration*, dann müssen Sie sich noch auf die Suche nach einem Arbeitsplatz begeben. Schauen Sie sich unter den Kapiteln 1.6 und 1.8 an, was Sie tun können.

Wir möchten Ihnen auch wünschen, dass Sie recht genau wissen, wie Sie mit Ihren neuen Mitmenschen umgehen sollten, von denen Sie ja in gewisser Weise auch mehr oder minder abhängig sein werden, denn gerade am Anfang benötigen Sie viel Hilfe. Einfühlungsvermögen, Taktgefühl, Zurückhaltung, wo es angebracht ist, und Mut und Entscheidungsstärke, wo sie hingehören, das alles sind sehr pauschale, aber doch wichtige Ratschläge, die für jedes Land der Welt gelten, auch für Ihre und unsere Heimat in Mitteleuropa. Es ist auch nicht verkehrt, dieses oder jenes weiterführende Buch über Amerika und seine Menschen zu lesen, bevor man einwandert. Detailliertere Angaben, als sie dieses Buch enthält, sind für jeden einzelnen Fall gewiss hilfreich, würden den Rahmen dieses Ratgebers aber sprengen, so dass wir gern auf solche Lektüre weiterverweisen.

Wenn Sie dann nach einem halben oder nach einem Jahr in den USA Bilanz ziehen und sich sagen: So habe ich mir das doch nicht vorgestellt, dann verzagen Sie nicht, sondern verfolgen Sie unnachgiebig und in Auflehnung gegen alle menschengemäße Bequemlichkeit Ihr Ziel weiter. Sie haben die Möglichkeiten, denn Sie verfügen über eine gute Schul- und Berufsbildung. Und sollte es mit der amerikanischen Sprache nicht so klappen wie gewünscht, dann lernen Sie weiter. Nicht jeder passt sich gleich schnell an den neuen Klang der Sprache an, nicht jeder ist sprachlich begabt. Aber er kann es dennoch schaffen und braucht sich nicht zu isolieren. An dieser Stelle möchten wir Ihnen ein Buch sehr ans Herz legen, von einer klugen Frau geschrieben, die als Kind mit ihren Eltern in die USA kam, die später erfolgreich ein Studium in den USA absolviert hat und bereits mit Auftritten im Fernsehen von sich reden machte: Raimonda Mikatavage, Immigrants & Refugees – Create Your New Life in America (siehe auch Literaturliste). Hier erhalten Sie viel psychologische Anleitung für ein erfolgreiches amerikanisches Leben.

Erfolg lässt sich auch nicht immer in Heller und Pfennig, in Euro oder in Dollar messen. Erfolg bedeutet auch, durchzuhalten, harte Zeiten zu überstehen, in der Familie und/oder mit Freunden zusammenzuhalten. Da kann der hart erarbeitete Erfolg des »kleinen Mannes« durchaus schwerer wiegen als die durch gute Anlagekenntnis gewonnenen Geldbeträge eines reichen Investors. Dies gilt auch und gerade im Bereich der selbständigen Tätigkeiten. Seien Sie also – getreu den Zehn Geboten (»The Ten Commandments«) – nicht neidisch auf die Erfolge anderer. Viele haben mehr riskiert oder haben schon einen längeren Weg hinter sich als Sie. Und außerdem – Geld allein macht nicht glücklich...

2.2 Amerikaner sind anders

Menschliches Miteinander
Die offene, hilfsbereite und freundliche Art, mit ihren Mitmenschen umzugehen, fällt auch dem Touristen sehr schnell auf. Hier könnten wir uns eine Menge abschauen. Auch der geschäftliche Konkurrent ist kein persönlicher Feind, man gönnt ihm seinen Erfolg, denn dafür hat er fast immer hart gearbeitet. Außerdem verfügt der amerikanische Binnenmarkt weiterhin über freie Kapazitäten. Dies beruht unter anderem auch darauf, dass die Situation des Marktes durch die ständig vorhandene Nachfrage nach immer neuen Gütern und Dienstleistungen in Bewegung gehalten wird.

Wenn auch das Tempo in Großstädten wie New York etwas hastiger ist als im Landesdurchschnitt, der Mitmensch liegt dennoch im

Blickfeld des Amerikaners, wird beachtet und respektiert. Dies zeigt sich zum Beispiel in der Geduld, mit der man sich ebenso in eine Warteschlange einreiht wie auch in die Autoschlange auf dem Highway, wo Überholen kein Sport, sondern langsames Vorbeifahren ist und Raserei nicht stattfindet. Auch der Besitz eines Sportwagens nötigt hier nicht zur Angeberei, wie sie sich in Europa häufig in rücksichtslosem Gebrauch des Fortbewegungsmittels Auto ausdrückt. Der Amerikaner nimmt das Auto tatsächlich als Gebrauchsgegenstand und nicht als Statussymbol. Vorsicht geboten ist allerdings bei den häufig besonders schnell fahrenden langen Container-Sattelschleppern. Hupsignale als Zeichen des Unwillens aber haben wir nie feststellen können. Trotz eiliger Auslieferung scheint man nicht im Stress zu sein.

Auch im allgemeinen täglichen Umgang wird die mitmenschliche Hilfsbereitschaft immer wieder deutlich. Eine Nachfrage nach dem Weg oder einem bestimmten Artikel im Geschäft wird immer mit freundlichem Gesicht und zuvorkommend beantwortet. Stehe ich z.B. im Supermarkt vor dem Regal, weil ich dort nach einem bestimmten Produkt suche, und es geht jemand vor mir – meine Blickrichtung unterbrechend – durch, so entschuldigt diese Person sich durch ein kurzes »excuse me«. Dies passiert nicht nur ein Mal, sondern es ist schlicht die Regel.

Konkurrenz und Freundschaft
Trotz starker Konkurrenz auf den Märkten herrschen in den USA Teamgeist und sportliche Fairness. Und das ist auch kein Naturwunder, denn diese Charakterhaltung, wie sie in der Identifikation mit der Gruppe, der Abteilung, der Firma in Erscheinung tritt, wird ja schon in den vielen sportlichen Aktivitäten während der Schulzeit eines jungen Menschen trainiert. Viel mehr als bei uns. So tut man auch als Einwanderer gut daran, sich nicht als Einzelkämpfer zu isolieren, sondern eine Gruppe um sich herum aufzubauen, der man vertrauen kann. Dies gilt sowohl geschäftlich als auch privat.

Bewerten Sie deshalb aber den Begriff *friend* in den USA nicht über, denn als solche(r) wird meist ein(e) gute(r) Bekannte(r) bezeichnet. Es gelingt aber leichter, Freunde zu gewinnen, da die Anforderungen an eine Freundschaft nicht so tief und umfassend, sondern mehr spezialisiert sind. So hat man einen »buddy« für den Basketball, einen für die Kneipe, einen, der sich ebenfalls für eine bestimmte Art von Jazz interessiert und so weiter. Wirklich tiefe Freundschaften, bei denen sich die Freunde auch in den persönlichsten Bereichen austauschen, erfordern viel längere Anläufe und sind dementsprechend selten.

Sprache als Werkzeug
Typisch ist der Hang der Amerikaner zu Abkürzungen. Das fängt schon bei den Vornamen an, die man möglichst auf zwei oder drei Buchstaben reduziert (zum Beispiel Dan statt Daniel, Pat statt Patricia, Ed statt Edward). Diese Eigenart findet sich auch in den Straßenbezeichnungen auf Adressen wieder (Ave für Avenue, St für Street, Pl für Place und so weiter). In den letzten Jahren hat sich diese Vereinfachungstendenz bis in die Schriftsprache der Werbung und sogar in den privaten Schreibbereich hinein fortgesetzt, wenn man an Beispiele denkt wie *cu* an Stelle von see you oder *nite* statt night, die man sowohl auf billboards (Werbetafeln) als auch in E-Mails etc. wiederfindet. Auch das Internet gibt mit seiner Abkürzungssprache hier seinen Einfluss weiter. Der Amerikaner macht sich alles so einfach, kurz und schnell wie möglich. Dies ist ebenso wie *fastfood* letztlich auch Ausdruck eines *fast and easy going life*.

Sex wird verdeckt
Auffällig in den Neuenglandstaaten ist die relativ strenge äußere Moral, die sich in der Zurückhaltung in Bezug auf die Darstellung oder besser Zurschaustellung des nackten menschlichen (besonders des weiblichen) Körpers in der Werbung zeigt. Dies erschien uns positiv, verglichen mit dem, was hierzulande Einzug gehalten hat. Das heißt nicht, dass in diesem Teil der USA kein Sex in der Werbung eingesetzt würde, dies aber eben nur mit Maßen und nicht so hüllenlos wie in Europa. Hauptursache hierfür ist der Einfluss und die Bedeutung alter christlicher Werte, die noch aus den Zeiten des Puritanismus stammen.
Es ließen sich noch weitere Facetten bei Verhaltensunterschieden finden, die wir an dieser Stelle aber nicht erschöpfend wiedergeben können. Eine umfangreiche und sehr tiefsinnige Darstellung amerikanischen Verhaltens und amerikanischer Sitten gibt uns zum Beispiel Dieter Thomä in seinem Buch »Unter Amerikanern – eine Lebensart wird besichtigt« (siehe Literaturliste).

2.3 Erste Unterkunft finden

Den Punkt »erste Unterkunft in den USA« sollten Sie auf jeden Fall schon von Ihrer alten Heimat aus geregelt haben. Da Hotelaufenthalte in den Vereinigten Staaten kein billiger Spaß sind, bleibt nur die rechtzeitige Anmietung einer Wohnung mit Hilfe amerikanischer Freunde oder, falls der Platz und das Angebot dafür vorhanden sind, das direkte Wohnen bei dieser Familie. Theoretisch könnte man vorübergehend auch in einem Wohnwagen oder Mobilheim wohnen, wenn man in einer wärmeren Gegend der USA ist. Hierbei ist wichtig, wo die betreffende Unterkunft steht, zum Beispiel auf dem Grundstück von Freunden.

Ein Hauskauf erscheint dann problematisch, wenn Sie nicht mit aus Europa transferiertem Geld bezahlen können, sondern auf ein Darlehen (home loan) angewiesen sind. Dieses werden Sie von einer US-Bank nur erhalten, wenn Sie eine »credit history« (s. 2.5 »Geld und Bankkonto«) vorweisen können, die Sie als Tourist aber nicht haben. Ansonsten können Sie natürlich mit herübergebrachtem Geld ohne Probleme ein Haus kaufen.

Genauso wichtig, wenn nicht noch wichtiger, ist die »social security number«, die fast den gleichen Rang hat wie bei uns ein Personalausweis, den die USA in der Form nicht kennen. Diese Nummer erhalten Sie erst nach Einreise auf Antrag bei der Behörde. Details dazu geben wir weiter unten.

Auf der anderen Seite ist es natürlich auch empfehlenswerter, von einem ersten, vorübergehenden Stützpunkt aus in Ruhe den amerikanischen Immobilienmarkt (s. 2.6 »Haus kaufen«) zu studieren, bevor man sich für ein Objekt entscheidet.

2.4 Erste wichtige Schritte

Wenn Sie nun noch nicht über eine Mietwohnung verfügen und vom Hotel oder von der Wohnung Ihrer Freunde aus Ihre ersten wirklichen »amerikanischen Schritte« tun, gehen Sie folgendermaßen vor:

Social Security Card
Beantragen Sie als erstes im nächstgelegenen »Social Security Office« (im Telefonbuch unter »United States Government« zu finden) eine *Social Security card*. Diese kommt in ihrer Bedeutung nämlich einem deutschen Personalausweis sehr nahe und ist eine unabdingbare Voraussetzung für die Aufnahme einer Arbeit und die Eröffnung eines Bankkontos. Für die Beantragung bringen Sie Ihren Reisepass, die Geburtsurkunde sowie Ihr Visum beziehungsweise die Greencard mit. Innerhalb kurzer Zeit wird Ihnen dann diese wichtige Karte, auf der Ihre SSN (Social Security Number) steht, zugeschickt.

Wer einen Grund, zum Beispiel die Eröffnung eines Bankkontos, angeben kann, der kann in einigen US-Staaten sogar als Tourist eine SSN erhalten.

Wohnung suchen
Nun gehen Sie, falls erforderlich, auf Wohnungssuche. Schauen Sie in die Anzeigenseiten der regionalen Tageszeitung und suchen Sie unter der Rubrik »real estate«. Hier finden sich sowohl private Inserate wie auch solche von Maklern (real estate agents). Bei letzteren müssen Sie mit einer Vermittlungsprovision von 15 Prozent der Jahresmiete rechnen.

Sie können auch auf Anschlagtafeln (bulletin boards) beziehungsweise Pinnwänden (pin walls) in Universitäten, Wohnheimen, kirchlichen Institutionen und im Supermarkt Wohnungsangebote finden. Für Einzelpersonen sind sicher auch Angebote von Wohngemeinschaften (sharing) interessant.

Die Höhe der Miete richtet sich wie bei uns auch nach der Größe, der Lage und dem Zustand des Objekts. Ganz grob: Rechnen Sie mit einer Spanne von 500 bis 3000 $ pro Monat.

Wichtig:
- Bei der Angabe der Zimmeranzahl bezieht sich diese immer auf die Anzahl der Schlafräume. Wohnzimmer, Esszimmer und Küche bilden eine räumliche Einheit und werden nicht extra erwähnt. Somit laufen auch Kinderzimmer unter »bedrooms«.
- Die Grundfläche, falls angegeben, wird in *Quadratfuß* ausgewiesen, nicht in Quadratmeter. Ein Quadratfuß beträgt nur zirka ein Zehntel eines Quadratmeters!
- »tenant, lessee« bedeutet Mieter, »landlord« oder »lessor« ist der Vermieter.

Mietvertrag abschließen
Erschrecken Sie nicht über das Misstrauen und die Neugier der Amerikaner hinsichtlich Ihrer persönlichen und Ihrer Einkommensverhältnisse. Oftmals wird ein sogenannter *credit report* verlangt, der aber für Sie als Einwanderer noch nicht erstellt werden kann, Sie hatten ja noch keine US-Kredite. Günstig wäre es dann, wenn Sie Näheres über Ihren Job und das aktuelle oder zu erwartende Einkommen sagen können. Auch eine Referenz der Bank, bei der Sie Ihr neues US-Konto (bank account, checking account) haben, kann nützlich sein. Sollten Sie schon einmal eine Mietwohnung gehabt haben, bitten Sie Ihren früheren Vermieter um einen *letter of reference*

(Empfehlungsschreiben). Ebenso sollten Sie Ihren Pass, die Geburtsurkunde (engl.), Ihren amerikanischen Führerschein (falls schon erworben) sowie die schon erwähnte *social security card* dabeihaben.

Grundsätzlich sind in den USA zwei Formen des Mietvertrags üblich. Der eine nennt sich *month-to-month rental agreement* und wird jeweils nur für die Dauer eines Monats geschlossen. Meist werden solche »Verträge« nur mündlich abgesprochen. Der Vorteil liegt darin, dass man für eine relativ kurze Zeit eine Bleibe hat. Für solche Fälle wäre es auch günstig, dass die Wohnung möbliert ist. Bei Monatsverträgen könnte der Vermieter die Miete auch monatlich heraufsetzen, wenn er dies einen Monat vorher ankündigt.

Ein *lease*-Mietvertrag dagegen wird für längere Zeit – meist ein Jahr – abgeschlossen. Nachteil hierbei ist, dass Sie diesen Vertrag, anders als bei uns, nicht vorzeitig durch Kündigung beenden können. Auch die Miethöhe ist für den vereinbarten Zeitraum festgeschrieben.

Fertigen Sie auf jeden Fall vor Abschluss eines Vertrages im Beisein von Zeugen ein Mängel- beziehungsweise Übergabeprotokoll an und lassen sich dieses vom Vermieter unterschreiben, um sich vor Schadenshaftung für Altschäden zu bewahren. Achten Sie wie bei uns auch darauf, ob die Adresse, der monatliche Zahlungstermin, alle vereinbarten Leistungen sowie eventuelle Verpflichtungen hinsichtlich Renovierung oder Reparaturen von elektrischen und sanitären Installationen sowie Nebenkosten im Vertrag ausgewiesen sind. Rechnen Sie mit der Forderung einer Mietkaution.

Auf der Website *http://tenant.net* finden Sie Informationen über die Rechte von Mietern.

Führerschein machen

Ihr europäischer Führerschein gilt in den USA maximal noch ein Jahr, in dieser Zeit sollten Sie sich also um den US-Führerschein bemühen. Viele, die diese Prüfung schon absolviert haben, bezeichnen sie als einfach. Man sollte sich aber bewusst sein, dass US-Verkehrszeichen vielfach anders aussehen als europäische. Auch in den Verkehrsregeln gibt es manche Unterschiede. Da man meist einen praktischen wie auch einen theoretischen Test absolvieren muss, empfiehlt sich die Vorbereitung darauf mit Hilfe eines Buches. Dieses nennt sich *Driver's manual* und kann aus dem Internet von den Websites der *Departments of Motor Vehicles* als PDF-file kostenlos heruntergeladen werden. Auf diesen Sites finden Sie häufig auch »sample tests« mit Multiple-Choice-Fragen, ganz ähnlich aufgebaut wie der spätere Test. Diese kann man dann zur Probe ausfüllen und sein Ergebnis sofort danach sehen.

Merken Sie sich Wörter wie zum Beispiel:

intersection	Kreuzung
(to be) alert	Achtung (= wachsam sein)
to yield	Vorfahrt achten (= gewähren)
merge	einfädeln
right of way	Vorfahrt
soft shoulder	unbefestigter Seitenstreifen
road work	Straßenbaustelle
detour	Umleitung
rest area	Raststätte
train track	Eisenbahngleis, auch für: Bahnsteig (track 1,2,...)
driveway	Einfahrt
to pass	überholen
to turn	abbiegen
curb	Bordsteinkante
crossing gate	Eisenbahnschranke
walkway, sidewalk	Fußweg
pavement	Straßenoberfläche

Sofern eine praktische Prüfung von Ihnen verlangt wird, fällt diese – wie viele berichten – recht einfach aus und lässt sich von dem Besitzer eines europäischen beziehungsweise deutschen Führerscheins unter Anwendung der hier erlernten Fähigkeiten und Kenntnisse sicherlich leicht bestehen. Der Fahrprüfer achtet besonders darauf, ob Sie sich rechtzeitig umgucken, in den Rückspiegel sehen und blinken, wenn Sie aus der Parklücke oder Einfahrt herausfahren oder die Fahrspur wechseln.

Da der amerikanische Führerschein auch eine Art Personalausweis ist, erleichtert dieses Dokument auch den Zugang zu Krediten und Versicherungen. Im Falle eines Umzugs meldet man sich beim örtlichen »Department of Motorvehicles« ab beziehungsweise an.

Nicht-Führerscheinbesitzer können dort auch eine einfache *Identity Card* bekommen. Aber dies dürfte die ganz große Ausnahme sein, denn ein Leben in den USA ohne Führerschein ist so wie ein Ofen ohne Brennstoffe.

Weitere Details zum Führerscheinerwerb finden Sie in Kapitel 2.7 »Autofahren«.

2.5 Geld und Bankkonto

Münzen, Scheine, Kreditkarte
Nachdem die alten Zeiten, als Münzen noch tatsächlich den Wert besaßen, den sie als Metallwert von Gold oder Silber darstellten, endgültig vorbei waren, sind Münzen heute eigentlich nicht mehr als eine verkleinerte Form des Papiergeldes. Der aufgedruckte Wert ist lediglich ein vereinbarter. So finden Sie in den USA heute überwiegend nur noch den Vierteldollar (Quarter Dollar), das 10-Cent-Stück (so genannter »Dime«), das 5-Cent-Stück (so genannter »Nickel«) und das 1-Cent-Stück (so genannter »Penny«), letzter auch in seiner kupfernen Farbe unserem ehemaligen Pfennig nicht unähnlich, nur größer.

Im alltäglichen Gebrauch am wichtigsten sind die Quarter-Dollar-Münzen, denn sie werden bei allen Gelegenheiten verwendet, zum Beispiel an Automaten, bei kleinen Käufen, bei Bustickets, als Telefonmünzen, als kleines Trinkgeld (so genannter »tip«). Ansonsten ist es nicht nur üblich, sondern auch notwendig, sich mit einem Bündel von Papiernoten auszurüsten, angefangen von der geradezu massenhaft auftretenden One-Dollar-Note bis hinauf zur 50-Dollar-Note. Alle Dollarnoten sehen gleich aus, unterscheiden sich nicht in Form und Farbe, sondern nur in der Abbildung des Kopfes und der Wertangabe. Alle Noten, die über 50 Dollar liegen (zum Beispiel schon die 100-Dollar-Note), können manchmal Misstrauen beim Bezahlen erwecken, da es eine große Zahl von gefälschten großen Banknoten gibt, vor denen man sich lieber vorsieht.

In den letzten Jahren hat sich die Bezahlung mit der Kreditkarte mehr und mehr auch zur Begleichung von kleinen Beträgen verbreitet. Mehrere Kreditkarten zu haben, ist normal. Allerdings ist diese Zahlart nicht bei Postämtern, bei öffentlichen Verkehrsmitteln, bei Kleinkäufen am Imbissstand, wie zum Beispiel für eine Schachtel Zigaretten, eine »chocolate bar«, Kaugummi, eine Zeitung oder auch für Taxifahrten möglich. Wenn Sie allerdings keine Kreditkarte besitzen, werden Sie immer wieder Probleme bekommen, da Ihre finanzielle Vertrauenswürdigkeit angezweifelt wird.

Als Barzahler sind Sie gewissermaßen ein unbeschriebenes Blatt, dem man kein Vertrauen entgegenbringt. Dazu muss man wissen, dass es in den USA umgekehrt ist wie bei uns: Nicht der Barzahler erweckt den Eindruck der Zuverlässigkeit und Ehrlichkeit, sondern derjenige, der im Laufe der Zeit durch pünktliche und regelmäßige Rückzahlung verschiedener Kredite seine Zahlungsfähigkeit bewiesen hat. Bar bezahlen könnte ja bedeuten, dass man auf diese Weise eine Art Geldwäsche durchführen will, also Geld, das man auf kriminelle Weise bekam, in den legalen Markt bringen. Also besorgen Sie sich eine Kreditkarte. Wie aber, wenn die betreffende Bank Ihnen keine Kreditwürdigkeit zutraut? Dazu hilft Ihnen vielleicht der folgende kurze Bericht.

Wie baut man Kreditwürdigkeit auf?
Hans Beckmann (Name geändert), der vor einigen Jahren in Arkansas einwanderte, berichtet, wie er seine Kreditwürdigkeit aufgebaut hat:
»Bei der Bank, bei der wir unser Konto eingerichtet hatten, bekamen wir eine Kreditkarte mit 500 $ Limit. Wir haben sie fleißig genutzt und sofort die volle Summe (für die mit der Kreditkarte gekaufte Ware) bezahlt, sobald wir unseren Kartenauszug (Kontoauszug des Kreditkartenkontos) erhielten. Dann bot das Kaufhaus 'Sears' Sonderpreise an, wenn man mit der Sears-Karte bezahlt. Also hin und eine Karte beantragt, um damit unseren Kühlschrank billiger zu kaufen, hat auch geklappt. Die Karte hatte aber nur 500 $ Kreditrahmen. Diese Karte haben wir so oft wie möglich benutzt und die aufgelaufene Kreditsumme nach Erhalt des Auszugs immer sofort bezahlt (nicht etwa nur die erforderliche Mindestrückzahlung!). Das gleiche machten wir mit einer 'Wal-Mart'-Karte, und das über die ersten zwei Jahre unseres Hierseins.

Nach zwei Jahren wollten wir uns einen anderen, neuwertigen Minivan (Kombiwagen) zulegen. Wir gingen zu unserer Bank, um ihn finanzieren zu lassen, um damit auch unsere 'credit history' aufzumotzen. Durch unsere saubere Kontoführung bei der Bank (keine geplatzten Schecks, Visa-Schulden, Überziehungen – man kennt hier keinen Dispositionskredit!) und die Tatsache, dass ich regelmäßiges Einkommen habe, bekamen wir die gewünschte Finanzierung dann ohne Probleme. So haben wir nun 'reports' von Visa, Sears, Wal-Mart und von unserer Hausbank, die von den drei 'Schufa'-Unternehmen kontrolliert werden und damit unsere Kreditwürdigkeit beweisen. Wie hoch der mögliche Rahmen durch unsere doch noch recht kurze Kreditgschichte ist, weiß ich natürlich nicht, aber die 15 000 $ für das Auto waren schon recht beachtlich.«

Daten darüber, wie und ob der Einzelne nun seine Kreditschulden bedient hat, werden durch drei große Agenturen (Equifax, Experian, Trans Union) gesammelt, gespeichert und in sogenannten *credit reports* – ähnlich wie bei uns die Schufa – den Banken zugänglich gemacht. Jedermann kann seinen »credit report« einsehen, was in manchen US-

Staaten gebührenpflichtig ist. Ab und zu sollte jeder in seine Kreditgeschichte einblicken, um festzustellen, ob dort eventuell ungerechtfertigte, falsche und versehentliche Einträge gemacht wurden.

Geldtransfer in die USA
Erspartes als Auswanderer mit in die Staaten zu bringen, ist nicht nur vorteilhaft, sondern häufig auch bitternötig, wenn Sie drüben noch kein Einkommen haben. Für den Geldtransfer von Europa nach USA bieten sich verschiedene Möglichkeiten an:
- Bargeld mitnehmen (sicherheitshalber nicht mehr als $10.000);
- Die gleiche Summe (oder auch zusätzlich) in Reiseschecks mitnehmen;
- Noch größere Beträge bargeldlos transferieren.

Für Letzteres bieten sich wieder mehrere Möglichkeiten:
- Falls ein US-Konto vorhanden, eine Auslandsüberweisung tätigen (Name, Adresse und Bankcode der US-Bank erforderlich);
- Falls noch kein Konto vorhanden, überweist Ihre Heimatbank den Betrag an eine Bank, mit der diese in geschäftlicher Verbindung steht; dort bekommen Sie dann Ihr Geld in Form eines Schecks ausgehändigt und können damit bei dieser oder einer anderen Bank ein Konto eröffnen;
- Sie nehmen Ihr Geld in Form eines Euroschecks mit und eröffnen damit Ihr US-Konto; informieren Sie ihre Heimatbank vorher über die geplante Abhebung eines großen Betrages.

Internationale Geldtransfers erfolgen in der Regel mit dem SWIFT-System, welches die Übertragung eines angeforderten Betrages noch am selben Tag ermöglicht. Außer dieser Möglichkeit gibt es noch den Service von »Western Union«, die mit allen größeren deutschen Postfilialen zusammenarbeitet. Dieser Dienst kostete im Juli 2001 für eine Summe bis zu umgerechnet 250 Euro eine Gebühr von 25 Euro. Von 250 Euro aufwärts kamen für je 250 Euro weitere 7,50 Euro Gebühr hinzu. Dies ist die schnellste Geldüberweisungsmethode, da sie innerhalb von Minuten bis zu höchstens einer Stunde funktioniert. Der Einzahler in Europa erhält eine Codenummer, die er dem Empfänger in den USA telefonisch mitteilt. Dann geht dieser zur nächsten Bank beziehungsweise zum Western-Union-Partner und erhält dort gegen Nennung der Codenummer den Betrag.

Bankkonten
Banken tragen entweder die Bezeichnung »Loan Bank« oder »Savings Bank«. Suchen Sie sich zur Eröffnung eines Kontos auf jeden Fall eine renommierte Bank. Dies erfragen Sie am besten bei

Freunden, Bekannten oder Geschäftsfreunden. Es gibt die Möglichkeit, ein Girokonto (»checking account«) oder ein Sparkonto (»Savings account«) zu eröffnen, manche Banken bieten eine Kombination aus beiden Kontoarten. Es ist nicht ungewöhnlich, wenn der Bankangestellte Sie nach Ihrer »Social Security Number« (s.o.) fragt. Die Starteinzahlungen für ein Konto liegen bei 100 bis 200 $. Achten Sie auf einen stets ausreichenden Kontostand (»minimum balance«), um hohe Zinskosten zu vermeiden. Manche Banken erheben Scheckgebühren oder Kontoführungsgebühren, andere wieder nicht.

Wenn Sie einen Scheck zur Bezahlung eines von Ihnen gekauften Produktes ausschreiben und Ihr Kontostand ist dafür schon zu klein, so ist der Scheck »geplatzt«, geht an den Einreichenden zurück und von Ihnen wird eine Gebühr von bis zu 30 $ erhoben(!). Zusätzlich erhebt der Einreichende, wenn dies eine Firma ist, bei der Sie etwas mit Ihrem Scheck kaufen wollten, eine zusätzliche Gebühr von Ihnen. Also sorgen Sie durch einen ausreichenden Kontostand vor, um gegen solche Fälle gewappnet zu sein.

Wenn Sie ein Scheckbuch bei Ihrer Bank beantragen, so können Sie dies ebenfalls gegen Gebühr tun. Auf Wunsch wird ein privates Logo beziehungsweise persönliches Symbol o.Ä. mit eingedruckt. Einen eingelösten Scheck bezeichnet man als »cancelled check«. Diese Schecks bekommen Sie von Ihrer Bank anschließend zugeschickt und haben so einen Überblick über Ihrer getätigten Scheckgeschäfte.

Vergessen Sie das (gute, aber leider auch schon wieder ehemalige) europäische Euro-Scheck-System mit automatischer Deckung bis zu einem gewissen Betrag. So etwas gibt es in den USA nicht.

Banküberweisungen mit sogenannten Einzahlungs- beziehungsweise Überweisungsträgern, wie Sie bei uns alltäglich sind, kennt man ebenfalls nicht. Für solche Vorgänge werden ebenfalls Schecks benutzt. Auch Ihr wöchentlicher Lohn oder Ihr monatliches Gehalt wird Ihnen als Scheck zugestellt.

Geld anlegen

Um die »Ware« Geld ertragreich anzulegen, gibt es mehrere Wege, die wir im Folgenden kurz darstellen wollen.
- Das *Certificate of Deposit (CD)* stellt eine zeitlich befristete Anlage dar, für welche die betreffende Bank einen festen Zinssatz garantiert. Zinsen werden monatlich gutgeschrieben. Nach Ablauf der Laufzeit verlängert sich der Vertrag automatisch um eine zweite Laufzeit,

wenn Sie über Ihr Geld nicht verfügen wollen. Will man die Anlage also kündigen, dann legt man das Certificate vor und füllt zur Vermeidung von Steuern ein Formular aus. Benötigt man das Geld jedoch vor Ablauf der Laufzeit, so sind Strafgebühren (sogenannte »penalty«) für den der Bank entgangenen Gewinn fällig. Laufzeiten sowie Zinssätze schwanken von Bank zu Bank.

- *Annuities* sind Rentenbriefe und damit langfristige Kapitalanlagen bei Lebensversicherungen, jedoch keine Lebensversicherung selbst. Die Laufzeiten bewegen sich zwischen 10 und 30 Jahren. Einzelheiten sollten Sie erfragen und dann die Angebote der Gesellschaften miteinander vergleichen. Bei solchen Verträgen legt das jeweilige Unternehmen einen Mindestzinssatz fest, wobei der wirksame Zinssatz meistens höher liegt. Er richtet sich nach dem alljährlich neu festgelegten Diskontsatz. Annuities werden ohne Gebühren sowohl von Banken als auch von »Brokern« (Geldanlage-Agenten) vertrieben. Das eingesetzte Kapital wird überwiegend durch staatliche Fonds(»funds«) abgesichert.
- Den *Mutual Fund* kann man mit dem deutschen Begriff »Fonds« übersetzen. Er ist eine Kapitalanlage, durch Broker oder Bank vermittelt, welche sich auf verschiedene Branchen der Wirtschaft im In- und Ausland verteilt. Auch Aktien und Schuldverschreibungen können darin enthalten sein. Es gibt mehr als 6000 solcher Fonds, welche an der Börse gehandelt werden und damit einem Schwankungsrisiko unterliegen. Um für Zeiten wirtschaftlichen Rückgangs gewappnet zu sein, empfiehlt es sich, unterschiedliche Fonds in einem Portfolio (Depot) einer Bank halten zu lassen. Dadurch mindert sich das Risiko. Die Laufzeit von Fonds ist meist unbeschränkt. Einzelne Fondanteile können beliebig ge- oder verkauft werden. Man ist mit mindestens $100 bei einer Fondanlage dabei.
- *Bonds* sind Kapitalanlagen bei großen Unternehmen der Industrie, bei Versorgungsunternehmen, bei Städten und Gemeinden oder Landkreisen (Counties). Sie erstrecken sich über eine längere Laufzeit. Die Zinsen fallen oder steigen je nach Marktlage. Solche Papiere werden auch an den Börsen gehandelt. Das Konkursrisiko eines Bond-Herausgebers ist gering. Es gibt halb- oder ganzjährige Zinsgutschriften. Zu erhalten bei Brokern oder Banken, jederzeit ohne Gebühren verkäuflich.

Prinzipielle Unterschiede zwischen europäischen und US-amerikanischen Anlageformen gibt es nicht. Es wechseln nur die Begriffe und die praktische Handhabung vor Ort.

2.6 Haus kaufen

2.6.1 Amerikanische Häuser

Amerikaner bevorzugen, ähnlich wie auch Australier, das offene Wohnen. Wenn Sie also ein typisch amerikanisches Haus betreten, befinden Sie sich, meist ohne durch einen echten Flur gegangen zu sein, direkt im Wohn-, Ess- und Küchenbereich. Eine räumliche Trennung gibt es hier nicht. Häufig ist dieser »Lebensraum« auch ohne Zwischendecke ausgeführt, wenn das Haus einstöckig ist, da man auch keinen Dachboden kennt. Man blickt also, was durchaus den Charakter von Blockhausgemütlichkeit hat, bis zur Dachschräge empor. Diese ist mehr oder weniger aufwendig mit Brettern verschalt, oder die Balken sind direkt sichtbar. Man erkennt unschwer, dass sich Amerikaner auf Funktionalität beschränken und sich in ihren Häusern auch nicht »einmauern« oder »wegschließen«.

Ganz überwiegend wird das traditionelle amerikanische Haus auch heute noch in Holzbauweise erstellt. Viele werden die holzbeplankten und in meist hellen, freundlichen Farben gestrichenen Gebäude aus Filmen kennen. Bei Häusern neueren Jahrgangs ist die Beplankung nicht mehr aus Holz, sondern in Kunststoff ausgeführt, was zu größerer Wetterfestigkeit führt und preiswertere Herstellung ermöglicht. Dennoch sieht die Beplankung aus größerem Abstand echtem Holz täuschend ähnlich.

Die Fenster sind fast immer und traditionell als Mehrfachschiebefenster ausgeführt, welche in den kühleren Regionen zwei Glasschiebefenster plus ein Fliegenfenster umfassen. Im Sommer wird eines der beiden oder beide Glasfenster nach oben weggeschoben. Auch Fensterrahmen werden zunehmend aus Kunststoff hergestellt.

Bade- oder Duschwannen sind ebenfalls häufig in Vollkunststoff ausgeführt und bilden oft – anstelle von Fliesen – mit der daneben liegenden Wandbedeckung gleichen Materials eine komplette Einheit. Wasserhähne und Armaturen sind bedienungstechnisch häufig anders gestaltet, als man dies von Europa gewöhnt ist. Wir fanden über der Badewanne fast immer einen großen zentralen Drehknopf, der sowohl zum Aufdrehen und Abstellen des Wassers als auch zur Temperaturregelung da ist, sowie – darunter sitzend – einen kleinen Hebel beziehungsweise Schieber, mit dem man den Wasserzulauf von Hahn auf Dusche umstellt.

Einige Fachausdrücke aus der Immobilienwelt:
Apartment, unit   Wohnung
condo (oder:
condo apartment)   Eigentumswohnung in einer Wohnanlage (condominium)
condo townhouse   Reihenhaus, meist zweistöckig
condo detached   einzelnstehendes Haus in einer Siedlung gleichartiger Häuser
condo semi detached   Häuser grenzen nur durch die Garagen aneinander
attached townhouse   Reihenhaus
cottage   kleines Haus
duplex   zweistöckiges Doppelhaus
triplex   drei zweistöckige Häuser aneinander
store with apt/office   Laden mit zugehöriger Wohnung/Büro
vacant land   unbebautes Gelände
farm   Bauernhaus, evtl. mit Wirtschaftsgebäuden

Fast immer werden in Kleinanzeigen Abkürzungen und Begriffe verwendet wie zum Beispiel

BR   bedroom (Schlafzimmer)
bths   bathrooms (Bäder)
kit   kitchen (Küche)
bldg   building (Gebäude)
1st flr   1st floor (1. Stockwerk, entspricht unserem Erdgeschoss!)
new flr   new floor (neuer Fußboden)
fplc   fireplace (Kamin)
gar   garage
porch   Veranda
skylite   Dachfenster, Oberlicht
renov   renovated (renoviert)
pvt   private

2.6.2 Erwerb eines Hauses / einer Wohnung

Wenn Sie als Neueinwanderer keine hohe Summe aus ihrem Heimatland für den Kauf eines Hauses in die Staaten transferieren können, sind Sie aus Sicht amerikanischer Banken wie jeder andere unbekannte Kreditnehmer ein Risiko, wenn Sie ein Darlehen haben wollen, um damit Wohneigentum zu kaufen, denn Sie haben, wie schon oben erwähnt, noch keine »credit history«. Bauen Sie sich diese zunächst mit

Mehr oder weniger typischer Grundriss eines Hauses in den USA, hier mit 159,79 Quadratmetern Wohnfläche.

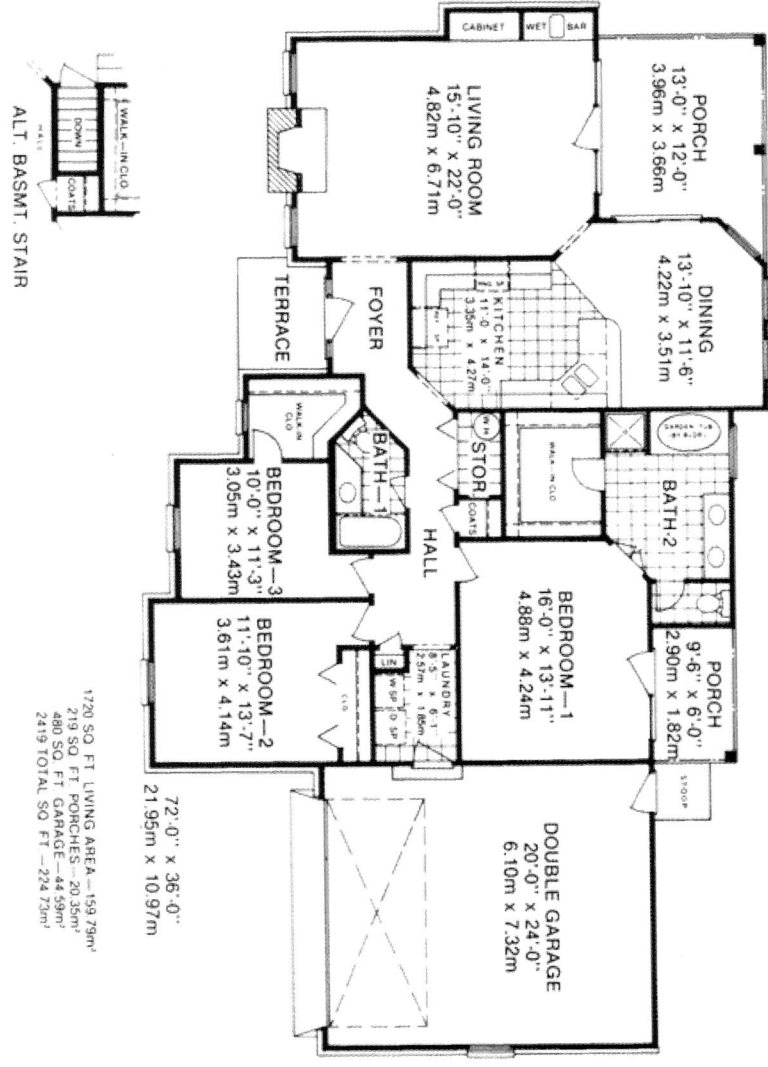

einer kleinen Ratenzahlung bei irgendeinem Geschäft auf, zum Beispiel um Möbel oder ein Auto zu kaufen. Sie können sich dann bei ihrer Bank um eine sogenannte »pre-qualification« kümmern, die Ihnen dann die Zusage einer »mortgage« beziehungsweise eines »home loans« (Hauskredit) eröffnet. Auch ein »real estate agent« (Makler) kann Ihre Kredit-Qualifikation begutachten.

Erst jetzt sollten Sie mit der Objektsuche beginnen. Wenn Sie von Ihrem Kreditgeber die Zusage für eine Hypothek bekommen haben, rutschen Sie in den Status des »pre-approval« (Vorbestätigung).Wenn Sie mit einer Ihnen zusagenden Immobilie fündig geworden sind, ziehen Sie zunächst einen Anwalt (wenn nicht Makler) zu Rate, bevor Sie eine Kaufzusage beziehungsweise ein Angebot (binder, agreement, purchase offer, o.Ä.) unterschreiben. Prüfen Sie das Objekt ausgiebig, um versteckte Mängel herauszufinden. Als jemand, der sich nicht mit amerikanischen Häusern auskennt, sollten Sie auch hier wieder einen Fachmann (»home inspector«) einschalten. Bei einer Eigentumswohnung (»condo«) ist es wichtig, dass Sie sich über die Rechte aller Wohnungsinhaber, über die finanzielle Gesamtlage und die laufenden Verwaltungskosten des Kondominiums informieren.

Kreditgeber in den USA verlangen, wie schon erwähnt, bei Neukunden ungewöhnlich viele Informationen, bevor ein Kredit gewährt wird. Je höher der prozentuale Anteil von der Kaufsumme ist, den Sie finanzieren müssen oder wollen, desto neugieriger hinsichtlich Ihrer finanziellen Lage wird man sich anstellen.

Nehmen Sie auf jeden Fall nur eine größere Bank für Ihr Darlehen in Anspruch, um sicher zu gehen, dass diese das Darlehen aus eigener Kraft bereitstellt und nicht nur mitverdienende Durchgangsstation für eine größere Bank hinter den Kulissen ist. Kleine Kreditgeber handeln regelrecht mit solchen Verträgen.

So genannter »Title«

Das Besitzrecht an einer Immobilie (»title«) kann mit bestimmten Lasten belegt sein, wie zum Beispiel noch nicht zurückgezahlte Hypotheken, noch ausstehende Steuerzahlungen oder bestimmte Pfandrechte. Dies kann zu Schwierigkeiten bei der Übertragung der Besitzrechte vom Verkäufer auf den Käufer führen. Der Besitztitel muss übertragbar sein. Um herauszufinden, ob er das auch wirklich ist, nehmen Sie sich einen Anwalt oder die Dienste einer sogenannten »Title Company« in Anspruch. Um allen Eventualitäten vorzubeugen, empfiehlt sich der Abschluss einer »title insurance« (Besitztitel-Versicherung), die Sie für sich selbst abschließen sollten. In einer sogenannten »warranty deed«

(Garantieurkunde) versichert der Verkäufer dem Käufer, dass es keine Ansprüche Dritter auf die Immobilie oder andere, Sie als Käufer schädigende Interessen daran gibt.

Kaufvertrag
Wie auch in Deutschland üblich sollten im Vertrag enthalten sein:
- Anschrift der Immobilie
- Beschreibung der Immobilie
- Evtl. zusätzlich mitverkaufte Einrichtungen oder Geräte
- Vertragsparteien
- Kaufpreis
- Art der Bezahlung
- Die Qualität des Besitztitels
- Kauf- und Übernahmedatum

Vorsicht ist bei Objekten geboten, welche »as is« (wie besehen) angeboten werden. Hier sind wahrscheinlich mehr oder weniger verdeckte Mängel vorhanden.

Die Modalitäten des Vertragabschlusses belaufen sich darauf, dass Sie vom Immobilienagenten oder Ihrem Anwalt einen Vertragsentwurf erhalten (»offer«), der dem Verkäufer zur Kenntnisnahme vorgelegt wird. Ist er mit dem Inhalt nicht einverstanden, kann er einen Gegenvertrag anfertigen (»counter offer«). Ist man sich dann einig, wird zunächst eine Anzahlung als Sicherheit (»security deposit«) bei einem Treuhänder hinterlegt. Innerhalb eines Monats hat der Käufer nun noch die Möglichkeit, Mängel zu beanstanden. Danach erfolgt dann der Vertragsabschluss (»closing«).

Grundbucheintragungen wie in Deutschland gibt es nicht. Der Eigentümerbrief (deed) gibt die Rechte des Verkäufers an den Käufer weiter. Dieser Vorgang wird rechtskräftig, wenn die Umschreibung beim zuständigen Gericht eingereicht und vollzogen wurde.

Zusätzliche Kosten
Außer der Anzahlung, die sich meist bei einem Fünftel der Kaufsumme bewegt, kommen weitere Kosten auf Sie zu, die wir zum Teil oben schon erwähnten. Als in den Kaufvertrag eingeschlossene Kosten (closing costs), für die Käufer wie Verkäufer gleichermaßen verantwortlich sind, kämen in Frage: *state/local fees, attorney fees, title search costs, transfer taxes, document fees, fees for credit report, document preparation fees, land survey fees, lender's attorney fees, lender's mortgage insurance, lender's title insurance, owner's title insurance, escrow account fee, inspection fees, loan discount points, application fees.*

Hypotheken

Im April 2001 lagen die Kreditzinsen für Immobilien – je nach Laufzeit – bei 6 bis 7 Prozent. Da Häuser häufig billiger sind als in Deutschland, sieht man einmal von den guten Lagen am Rande der amerikanischen Großstädte ab, können auch die Laufzeiten der Rückzahlung kürzer ausfallen. Schauen Sie, um sich aktuell über Immobilien, Preise und Finanzierungen zu informieren, in die Immobilienteile der großen Tageszeitungen (zum Beispiel *New York Times*) und ins Internet.

Obwohl man durch eine Vorab-Zusage (pre-approval) des Kreditgebers ein gutes Gefühl beim Kauf einer Immobilie hat, bedeutet diese keine Garantie, den Kredit auch tatsächlich zu bekommen. Dazu muss erst Ihre finanzielle Situation genau geprüft werden (s.o.). Warten Sie also mit anderen größeren Anschaffungen ab, bis Sie den Hypothekenkredit auch tatsächlich haben.

Solche Kredite bekommt man bei Banken, Federal Credit Unions, Savings and Loan Associations, Mortgage Companies und anderen. Um sich für eine bestimmte Kreditstelle zu entschließen, vergleichen und sprechen Sie bitte über die angebotenen Konditionen, zu denen nicht nur die monatlichen Zinsen, sondern auch die »closing costs« (s.o.) und eventuelle andere Gebühren gehören. Entweder suchen Sie in den gelben Seiten der Telefonbücher unter »mortgages«, oder Sie nehmen die Dienste eines sogenannten »mortgage brokers« (Finanzierungsmakler) in Anspruch, um den für Sie geeigneten Kreditgeber zu finden.

2.7 Berufsleben

2.7.1 Arbeitsbedingungen und die Gewerkschaften

Wie schon weiter oben erwähnt, ist man in den USA gewohnt, mehr und länger zu arbeiten als in Deutschland beziehungsweise in Europa. Manche Quellen sprechen davon, dass Arbeitszeiten oft durch Überstunden, Wochenendarbeit oder teilweisen Urlaubsverzicht verlängert werden müssen, um einen Job behalten zu können. Dies mag sicher nicht für alle Branchen gelten, man sollte aber auf so etwas gefasst sein.

Es gibt in den Vereinigten Staaten etwa 20 Millionen in den Gewerkschaften organisierte Arbeitnehmer. Dabei muss man wissen, dass das Selbstverständnis der Gewerkschaften sowie deren Verhältnis zur Basis von dem in Deutschland und Europa Üblichen abweicht. Mehr dazu weiter unten.

Das »LabourNet Germany« dokumentiert eine Reihe von Erscheinungen aus dem US-amerikanischen Arbeitsleben, die unsere Aufmerksamkeit auf sich ziehen. Wir können uns hier für nichts verbürgen, möchten aber dennoch Ausschnitte daraus sinngemäß wiedergeben.

So gibt es in den USA einen öffentlich bisher nicht zugegebenen ökonomischen Nationalismus, wie er in dem Buch »Buy American – die nie erzählte Geschichte des ökonomischen Nationalismus« von Dana Frank dargestellt wird, erschienen bei Beacon Press 1999. Dana Frank ist Professorin für Germanistik an der Universität von Kalifornien in Santa Cruz.

Dabei ist in den letzten Jahren das Paradoxon entstanden, dass zwar weiterhin viele US-Waren auf dem Binnenmarkt angeboten werden, diese aber zunehmend außerhalb der USA in Billiglohnländern Süd- und Mittelamerikas sowie Asiens hergestellt wurden. Die großen amerikanischen Firmen verlagern ihre Produktion aus Profitgründen mehr und mehr in diese Regionen, eine Erscheinung, die es aber auch in Europa gibt. Hier ist es besonders interessant zu verfolgen, wie die großen US-Gewerkschaften zu diesen Vorgängen Stellung nehmen, zumal sie anderen historischen Bedingungen entsprungen sind als die europäischen und deswegen auch ein etwas anderes Rollenverständnis im großen Prozess der Ökonomie entwickelt haben.

Besonders die Gewerkschaft »UE« (Vereinigte Elektro-, Radio- und Maschinenarbeiter von Amerika) hat diesen Prozess kritisch verfolgt und betont, dass man nicht den Arbeitern in den Billiglohnländern die Schuld an Lohnsenkungen beziehungsweise Verschlechterungen der Arbeitsbedingungen in den USA geben und diese ausländischen Arbeiter nicht als verursachende Konkurrenten sehen darf, da sie auch nur ihren Job ausüben wollen und Geld verdienen müssen.

Ein anderes Beispiel ist der Pakt des »Amerikanischen Arbeiterbundes / Kongress der Industriegewerkschaften (AFL-CIO)«, in welchem die Gewerkschaften sich mit den Zielen der Unternehmer, also ihrer eigentlichen Gegner, einverstanden erklärten und sich für eine Expansion von US-Unternehmen in Übersee sowie eine Liberalisierung des Handels einsetzten. Dies führte in den 70er Jahren zu einer Krise, da die Gewerkschaften nichts gegen die Massenentlassungen in den Großunternehmen taten, die durch den Niedergang der US-Automobilindustrie infolge der Massenimporte besserer und preiswerterer japanischer Fahrzeuge hervorgerufen worden waren. Schließlich erklärte sich Ende der 70er Jahre die Automobilarbeitergewerkschaft (UAW) mit den Unternehmern solidarisch und zu Lohnverzicht bereit, um Firmen wie General Motors, Chrysler und Ford aus dem Dilemma zu helfen.

Die »UE« allein bewahrte weiterhin eine kritische Haltung zu den Bossen. Sie hatte bereits in den 60er Jahren, als es eine Beschäftigungskrise in der Elektroindustrie gab, die 35-Stunden-Woche, die Kontrolle der Kapitalflucht ins Ausland und ein Ende jener Steuergesetzgebung gefordert, die das Produzieren im Ausland auch noch unterstützte.

Das Buch macht deutlich, dass die Gewerkschaften in den USA ihre Rolle neu überdenken müssen, um drohenden zukünftigen Entwicklungen rechtzeitig Einhalt zu gebieten und letztlich eine Rückkehr zu frühkapitalistischen Verhältnissen zu verhindern. Frank empfiehlt hierfür grenzüberschreitende Solidarität, internationale Arbeitsstandards, Kampf gegen Rassismus, Kontrolle der Kapitalflüsse und vor allem eine neue Wirtschaftsdemokratie.

Des weiteren wollen wir kurz von den Ergebnissen einer Konferenz berichten, welche von der gewerkschaftlich orientierten Zeitung »Labor Notes« vom 23. bis 25. April 1999 in Detroit abgehalten wurde. An diesem Treffen nahmen mehr als 1100 Gewerkschafter aus Nord- und Südamerika und aus Europa teil, hierunter auch Beschäftigte des Daimler-Chrysler-Konzerns aus Deutschland.

Das Leitthema der Konferenz lautete »Demokratie ist Macht« und sollte neue Perspektiven für die Gewerkschaftsbewegung in den USA aufzeigen, die zuvor zu klagen hatte über den Niedergang der Gewerkschaften in den 80er und 90er Jahren des 20. Jahrhunderts, den Rückgang der Mitgliederzahlen, eine Zeit industrieller Restrukturierung und das so genannte »outsourcing« von Arbeitern in Betriebe ohne gewerkschaftliche Organisation, wo niedrigere Löhne, schlechtere Arbeitsbedingungen und sogenannte schlankere Produktion herrschten.

Es wurde berichtet, wie der 1995 neugewählte Präsident der AFL-CIO, John Sweeney, »...ein neues, gegen die bisherige Politik der freiwilligen Zugeständnisse an die Unternehmen gerichtetes Selbstverständnis und die Organisation der wachsenden Masse der zumeist aus Immigrantinnen aus Lateinamerika und Asien bestehenden Arbeiterinnen in den gewerkschaftlich nicht organisierten Niedriglohnindustrien...« propagierte. (aus: Heiner Köhnen, Bericht über die Labor-Notes-Konferenz, www.labournet.de/diskussion/gewerkschaft/heiner.html)

Die bisher Unorganisierten sollten sich nach Sweeneys Meinung in der Gewerkschaft organisieren und für bessere Arbeitsbedingungen kämpfen. So wurde »Gewerkschaft« kurzfristig wieder ein Thema in den Medien. Leider musste man feststellen, dass die Erneuerungskampagne auf sehr schwachen Füßen stand. Auch die neue AFL-CIO-Führung war auf Unterstützung durch die Partei der Demokraten aus, ließ wichtige Produktionssektoren wie die Autozulieferer- und die Computerindustrie unberücksichtigt und hielt weiterhin freundschaftliche Beziehungen zu den Unternehmensführungen aufrecht. Mit Partnerschaftsprogrammen und Konzessionen biederte sie sich bei den Bossen an, in der Hoffung, auf diese Weise zu höheren Löhnen, höherer Produktivität und Qualität und damit auch zu höheren Unternehmensgewinnen zu kommen.

Auch die demokratische Organisation innerhalb der Gewerkschaften ließ zu wünschen übrig. Die Gewerkschaftsführung nötigte ihre Mitglieder zu einer Führung von oben, die Aktionen waren nicht basisdemokratisch beschlossen, sondern die Mitglieder wurden von »oben« zu den geplanten Aktionen »gerufen«.

Ohnehin ganz unbeeindruckt von dem, was in den Gewerkschaften ablief, verfolgten die US-Unternehmen auch in den 90er Jahren weiter ihre Politik des »downsizing« (abspecken, herunterfahren) und des »union busting« (=Gewerkschaften kaputtmachen).

Die Organisatoren der Labor-Notes-Konferenz kamen zu der Auffassung, dass sich Mitte der 90er Jahre die größten Veränderungen der Arbeitsorganisation seit Beginn der Massenproduktion beobachten lassen, die in einer massiven Verdichtung der Arbeit, der Entwertung von Qualifikationen und der Zunahme prekärer Arbeitsverhältnisse zum Ausdruck kommen. »Die Lohnarbeit ist heute in der Regel wesentlich stressiger, härter, gefährlicher und dauert länger als vor 10 Jahren.« (Quelle: s.o., zitiert nach Kim Moody, The Transformation of US Unions, 1999)

Seither gibt es eine steigende Unruhe in vielen Betrieben, eine Zunahme von Streiks ist zu beobachten, zum Beispiel bei GM, Dunlop, Boeing und UPS. Im Mittelpunkt der Unzufriedenheit der Beschäftigten steht der Kampf gegen die so genannte »schlanke Produktion« mit der Art ihrer Personalbemesssung, ihrem Outsorcing (Fremdvergabe), ihrer zu hohen Arbeitsbelastung, der nicht ausreichenden Gesundheitsversorgung, den zu niedrigen Renten und zu wenigen Neueinstellungen. Dieser Kampf könne nur erfolgreich sein, so die Konferenz, wenn es zu einer »Kultur der direkten Kontrolle der Gewerkschaften durch die Mitglieder« komme.

Soweit unser Exkurs zur Situation der Arbeiter in den USA aus Sicht von Teilnehmern der Labor-Notes-Konferenz von 1999.

2.7.2 Arbeitsmarkt-Statistik

Mitunter kann es für manche von Ihnen bedeutsam sein, sich ein Bild über die Verhältnisse auf dem amerikanischen Arbeitsmarkt zu machen, bevor Sie zu weiterreichenden Entscheidungen kommen. Deswegen geben wir hier ausschnittsweise Daten wieder, welche die wichtigsten Berufsgruppen betreffen. Eine ganze Menge weiterer spezialisierter Berufsbezeichnungen finden Sie auf der Website des statistischen Amtes der USA (Bureau of Statistics), aus der auch die nachfolgenden Auszüge stammen.

Jobs mit der schnellsten Wachstumsrate, 1998 und 2008 (geschätzt), alle Jobziffern x 1000:

Beruf	1998	2008
Arzthelfer	66	98
Büroangestellte	3021	3484
Computer-Ingenieure	299	622
Computer-Support-Spezialisten	429	869
Datenbasis-Verwalter	87	155
Desktop Publishing Assistenten	26	44
Einzelhandelsverkäufer	4056	4620
Generalmanager und leitende Angestellte	3362	3913
Hauskrankenpfleger und Betreuer	746	1179
Kassierer	3198	3754
Krankenschwestern	2079	2530
Lastwagenfahrer	2970	3463
Lehrer-Assistenten	1192	1567
Medizinische Assistenten	252	398
Sozialassistenten	268	410
System-Analytiker	617	1194

Beschäftigungsentwicklung der wichtigsten Berufsgruppen, von 1988 über 1998 bis 2008 (hochgerechnet), alle Ziffern x 1000:

Berufsgruppe	1988	1998	2008
Sämtliche Berufsgruppen	120 010	140 514	160 795
Leitende Angestellte und Manager	12 330	14 770	17 196
Hochspezialisierte Berufe	15 035	19 802	25 145

Techniker u.Ä.	3880	4949	6048
Marketing und Verkauf	12 390	15 341	17 627
Verwaltung, einschließlich kirchliche	22 251	24 461	26 659
Land- und Forstwirtschaft, Fischerei	4224	4435	4506
Präzisionstechnik, Handwerk und Reparatur	14 333	15 619	16 871
Anlagenbedienung und Fabrikation, Arbeiter	17 012	18 588	20 341

Arbeitslosigkeit und Durchschnittseinkommen
Die Entwicklung der Arbeitslosenrate, verfolgt man diese vom Jahr 1989 an, lag bis Anfang 1991 bei 5 bis 5,5 Prozent, machte 1991 einen Sprung auf knapp 7 Prozent, stieg bis Mitte 1992 weiter auf fast 8 Prozent, fiel ab dann jährlich um zirka 0,5 Prozent ab und erreichte Ende 2000 ihren tiefsten Stand bei etwa 4 Prozent. Seitdem steigt sie langsam wieder an und lag im April 2001 bei etwa 4,5 Prozent. (Alle Angaben sind saisonal bereinigt.)

Der durchschnittliche Stundenlohn lag 2001 bei etwa 14 US$. Das durchschnittliche Jahreseinkommen entwickelte sich von 17 176 $ im Jahre 1990 auf 25 379 $ im Jahre 2000. Das Durchschnittseinkommen einer Familie pro Jahr wuchs von 35 353 $ auf 48 950 $ im gleichen Zeitraum. 1999 lag das Einkommen von 32 300 000 Menschen (= 11,8 Prozent) unter der Armutsgrenze.

Die drei Staaten mit dem höchsten Durchschnitts-Pro-Kopf-Einkommen waren im Jahre 1999 Connecticut (37 452 $), New Jersey (34 525 $) und Massachusetts (34 168 $), die mit dem niedrigsten Durchschnittseinkommen 1999 waren Mississippi (19 608 $), West Virginia (19 973 $) und New Mexico (21 097 $). Man sieht an diesen Zahlen unschwer, wie groß das Wohlstandsgefälle von Region zu Region ist.

Mit in diesen Vergleich gehört eigentlich noch der Regierungsdistrikt »District of Columbia« (Washington, D.C), der 1999 über das zweithöchste Pro-Kopf-Einkommen der USA verfügte.

(Quelle: U.S. Census Bureau, www.census.gov)

Wo sind Amerikaner beschäftigt?
Um sich ein genaueres Bild über die binnenwirtschaftliche Situation eines so großen Landes wie die USA zu machen, vergleichen wir nun einmal, in welchen Sektoren die Menschen in welchen Berufen arbeiten. Wenn man

die entsprechenden Branchen addiert, kommt man natürlich zu dem zu erwartenden Ergebnis, dass die USA ein *Dienstleistungsland* par excellence sind. Wir haben des Platzes wegen bei weitem nicht alle ausgeübten Tätigkeiten aufgeführt, sondern uns auf die wichtigsten beschränkt.

Alle Beschäftigtenzahlen sind mit dem Faktor 1000 zu multiplizieren, womit wir auf eine Gesamtbeschäftigtenzahl von ziemlich genau 140 Millionen kommen (bei einer Einwohnerzahl von zirka 280 Millionen). Um die mit dem aktuellen Sprachgebrauch sich teilweise ändernden Berufsbezeichnungen nicht verfälschend zu gestalten, haben wir auf die Übersetzung ins Deutsche verzichtet. In der weiter unten aufgeführten Liste finden Sie jedoch die wichtigsten Begriffe in deutsch wieder.

Beruf	Anz. (x 1000)	Prozentsatz
Sämtliche Beschäftigten	140 514	100
Executive, administrative and managerial occupations	**14 770**	**10,5**
Managerial and administrative occupations	10 139	7,2
Management support occupations	4631	3,3
Professional speciality occupations	**19 802**	**14,1**
Engineers	1462	1,0
Architects and surveyors	163	0,1
Life Scientists (agricultural, food, biological,...)	173	0,1
Computer, mathematical, operations research occ.	1653	1,2
Physical Scientists (physicists, chemists, geologists,...)	200	0,1
Religious workers	304	0,2
Social scientists	321	0,2
Social and recreation workers	1303	0,9
Lawyers and judicial workers	752	0,5
Teachers, librarians, counselors	6939	4,9
darunter:		
Teachers, elementary school	*1754*	*1,2*
Teachers, secondary school	*1426*	*1,0*
Health diagnosing occupations	892	0,6
darunter:		
Chiropractors	*46*	
Dentists	*160*	

Optometrists	*38*	
Physicians	*577*	
Podiatrists	*14*	
Veterinarians	*57*	
Writers, artists, entertainers	1996	1,4
Technicians and related support occ.	**4949**	**3,5**
Health technicians and technologists	2447	1,7
Engineering and science technicians and technologists	1351	1,0
Other technicians	1152	0,8
Marketing and sales occupations	**15 341**	**10,9**
Cashiers	3198	2,3
Marekting and sales worker supervisors	2584	1,8
Retail sales persons	4056	2,9
Administrative support occupations, incl. clerical	**24 461**	**17,4**
Adjustors, investigators, collectors	1237	0,8
Computer operators	251	0,2
Information clerks	1910	1,4
Receptionists and information clerks	1293	0,9
Material recording, scheduling, dispatching and distribution occ.	4183	3,0
darunter:		
Shipping, receiving and traffic clerks	*1000*	*0,7*
Stock clerks and order fillers	*2331*	*1,7*
Records processing occupations	3731	2,7
darunter:		
Financial records processing occupations	*2698*	*1,9*
darunter:		
Bookkeeping, accounting and auditing clerks	*2078*	*1,5*
Secretaries, stenographers		

and typists	3764	2,7
darunter:		
Secretaries	*3195*	*2,3*
Other clerical and administrative workers	8436	6,0
darunter:		
Office clerks, general	*3021*	*2,1*
Service occupations	**22 548**	**16,0**
Cleaning and building service occ., except private household	3623	2,6
darunter:		
Janitors and cleaners, incl. maids and housekeeping cl.	*3184*	*2,2*
Food preparation and service occupations	8735	6,2
darunter:		
Chefs, cooks and other kitchen workers	*3306*	*2,4*
Food and beverage service occupations	5150	3,7
darunter:		
waiters and waitresses	*2019*	*1,4*
Health service occupations	2309	1,6
darunter:		
Nursing and psychiatric aides	*1461*	*1,0*
Personal service occupations	2934	2,1
darunter:		
Barbers, cosmetologists and related workers	*723*	*0,5*
darunter:		
Hairdressers, hairstylists and cosmetologists	*605*	*0,4*
Private household workers	928	0,7
darunter:		
Child care workers, private household	*306*	*0,2*
Cleaners and servants, priv. h.	*600*	*0,4*
Protective service occupations	2769	2,0
Law enforcement occupations	1147	0,8
Agriculture, forestry, fishing and related occ.	**4435**	**3,2**

Farm operators and managers	1483	1,1
darunter:		
Farmers	*1308*	*0,9*
Farm workers	851	0,6
Forestry, conservation and logging occ.	120	0.1
Landscaping, grundskeeping, nursery, greenhouse, lawn service occ.	1285	0,9
Precision production, craft and repair occupations	**15 619**	**11,1**
Blue-collar worker supervisors	2198	1,6
Construction trades	4628	3,3
darunter:		
Carpenters	*1071*	*0,8*
Mechanics, installers and repairers	5176	3,7
darunter:		
Electrical and electronic equipment mechanics, install. and rep.	*409*	*0,3*
Telecommunication equipment mechanics, install. and rep.	*125*	*0,1*
Machinery mechanics, installers and repairers	*1850*	*1,3*
Vehicle and mobile equipment mechanics and repairers	*1612*	*1,1*
Other mechanics, installers and repairers	*1305*	*0,9*
darunter:		
Heating, air conditioning and refrigeration mechanics	*286*	*0,2*
Production occupations, precision	**2971**	**2,1**
Assemblers, precision	422	0,3
Food workers, precision	310	0,2
darunter:		
bakers, manufacturing	*55*	*0,1*
butchers and meatcutters	*216*	*0,2*
Metal workers, precision	707	0,5
Printing workers, precision	138	0,1

Textile, apparel and furnishing workers, precision	234	0,2
Woodworkers, precision	229	0,2
Plant and system occupations	403	0,3
Operators, fabricators and laborers	**18 588**	**13,2**
Machine setters, set-up operators, operators and tenders	5139	3,7
Handworkers, including assemblers and fabricators	**3092**	**2,2**
Transportation and material moving machine and vehicle operators	**5125**	**3,7**
Motor vehicle operators	4084	2,9
darunter:		
Taxi drivers and chauffeurs	*132*	*0,1*
Truck drivers	*3274*	*2,3*
Material and moving equipment operators	808	0,6
darunter:		
Excavating and loading machine operators	*106*	*0,1*
Helpers, laborers and material movers, hand	**5142**	**3,7**
Freight, stock and material movers, hand	822	0,6
Hand packers and packagers	984	0,7
Helpers, construction trades	576	0,4

2.6.3 Berufsbezeichnungen

Die folgende Liste stellt natürlich nur eine kleine Auswahl gängiger Berufsbezeichnungen aus einer weitaus größeren Zahl dar.

Arzt	physician, doctor
Augenarzt	ophthalmologist, eye-doctor
Arzt, praktischer	general/medical practitioner
Agraringenieur	agricultural engineer
Apotheker	pharmacist
Arbeiter	laborer, worker
Autoelektriker	car electrician

Automechaniker	car mechanic
Chirurg	surgeon
Bäcker	baker
Bankangestellter	bank clerk
Berater	adviser, counselor
Bergwerksarbeiter	miner
Berufsberater	employment counselor
Betriebswirtschaftler	industrial management expert
Bibliothekar	librarian
Blechschlosser	sheet metal worker
Blumenhändler	florist
Buchhalter	book keeper, accountant
Buchhändler	bookseller
Büroangestellter	clerk
Busfahrer	bus driver
Chemiker	chemist
Dekorateur	decorator; window dresser
Diätspezialist	dietician
Einkäufer	purchasing agent
Elektriker	electrician
Fleischer	butcher, meat cutter
Fliesenleger	tile setter
Forscher	researcher, inquirer, scientist
Frauenarzt	gynecologist
Friseur	hairdresser, hairstylist
Fußpfleger	podiatrist
Altenpfleger	care worker
Handelsvertreter	mercantile agent
Handwerker	craftsman
Haushälterin	homemaker, servant
Hausmeister	janitor, porter
Herrenfriseur	barber
Immobilienmakler	real estate agent, realtor
Kellner(in)	waiter (waitress)
Kinderarzt	pediatrician
Klempner	plumber
Koch	cook, chef
Kosmetikerin	cosmetologist
Kranführer	crane driver, crane operator
Krankenpfleger(in)	male (female) nurse
Küchenhilfe	kitchen help

Kühlmaschinentechniker	refrigeration mechanic
Künstler	artist
Lagerverwalter	store keeper, warehouseman
Landvermesser	surveyor
Landwirt	farmer, agriculturist
Lebensmitteltechnologe	food technologist
Lehrer	teacher
Leichenbestatter	mortician
LKW-Fahrer	truck driver, trucker
Maler, Lackierer	painter
Maurer	mason, bricklayer
Maschinenbauingenieur	mechanical engineer
Maschinenschlosser	machinist
Med.-tech. Assistentin (MTA)	medical laboratory technician
Monteur (Reparatur)	maintenance person, fitter
Notar	notary public
Optiker	optician, optometrician
Orthopäde	orthopedist
Polsterer	upholsterer
Rechtsanwalt (höhere Gerichte)	barrister
Rechtsanwalt (sonst)	lawyer, attorney
Redakteur	editor
Revisor, Buchprüfer	auditor
Schlosser	locksmith
Schneider	tailor
Schreiner, Tischler	cabinet maker, joiner
Schweißer	welder
Sekretär(in)	secretary
Sozialarbeiter	social worker
Spediteur	haulage contractor
Stenotypist(in)	stenotypist
Systemanalytiker	system analyst
Tankwart	gas station operator
Tapezierer	paperhanger
Tierarzt	veterinarian
Trockenbaumonteur	drywaller
Verkäufer	salesperson, shop assistant
Versicherungsagent	insurance agent
Verwaltungsbeamter	administrative officer
Verwaltungsangestellter	administrative assistant
Wachmann	security guard

Werbedesigner	advertising designer
Uhrmacher	watchmaker
Umzugsunternehmer	mover
Volkswirtschaftler	economist
Zahnarzt	dentist
Zahnarzthelferin	dentist assistent
Zahntechniker	dental technician
Zeichner	draftsman, designer
Zimmermann	carpenter
Zimmermädchen	chambermaid

2.8 Autofahren und Transportmittel

Die USA sind nicht nur eine autofahrende, sondern geradezu eine autoabhängige Nation. Im Jahre 1999 waren rund 216 Millionen Fahrzeuge registriert. Auf je 1000 Einwohner kommen 600 private Fahrzeuge, in Deutschland nur 480. Im Durchschnitt verbraucht jeder Amerikaner die stolze Menge von 1250 kg Benzin im Jahr, was einen beträchtlichen Anteil an der höchsten Kohlendioxid-Belastung aller Länder der Erde ausmacht.

Beobachtet man den Lebensstil der Amerikaner, so bekommt man sehr schnell die Gewissheit, dass die Behauptung nicht übertrieben ist, Amerikaner machten nichts zu Fuß, sondern erledigten alles mit dem Auto. Hiervon erzählen vor allem die vielen drive-in-Schalter der Banken und der Schnellrestaurants. Wenn man Fußgänger auf der Straße sieht, so sind dies fast ausschließlich alte Menschen, Kinder oder sozial Unterprivilegierte. Dementsprechend fehlen meist auch in den Teilen des Stadtgebietes die Fußwege, in denen sich die Anwesen der hausbesitzenden Bevölkerung befinden.

2.8.1 US-Führerschein

Die wesentlichen Angaben, wie man den US-Führerschein (driver's license) erlangt, finden Sie bereits im Kapitel 2.4. Hier wollen wir noch ein wenig in die formalen Details gehen, um Sie auf alles gut vorzubereiten. Zunächst einmal muss bemerkt werden, dass jeder Bundesstaat leicht abweichende Bedingungen an den Führerscheinbewerber stellt, so dass wir uns hier aus Platzgründen auf ein Beispiel beschränken müssen.

Gehen wir also für unser Beispiel in den Bundesstaat Connecticut, der wegen seiner guten Beschäftigungschancen, seines Bildungsstandes, seines gemäßigten Klimas, seiner europäisch geprägten Traditionen und seiner Nähe zum Weltzentrum New York ein beliebtes Einwandererziel ist.

In den »Licensing Requirements for New CT Residents« heißt es unter anderem, dass jeder neu hinzugezogene Einwohner Connecticuts eine Frist von 30 Tagen hat, um seine derzeitige Fahrerlaubnis auf die Benutzung in Connecticut übertragen zu lassen. Der Bewerber muss eine gültige Fahrerlaubnis vorweisen, die mit dem Ausstellen eines Connecticut-Führerscheins ungültig wird.

Zusätzlich benötigt er ein Dokument aus der »Primary or Secondary list of acceptable identification«. Diese Liste kann man auf der Website *http://dmvct.org/opoutsl.htm* nachlesen. Darin werden unter anderem aufgezählt: Geburtsurkunde, vorhandene Fahrerlaubnis mit Foto und für Ausländer und Einwanderer: INS-Dokumente (hierzu gehören entweder eine Naturalisierungsbescheinigung, eine Staatsbürgerschaftsbescheinigung, ein gültiger ausländischer Pass mit einem »1-551-Stempel« oder einem »1-94 and Visa«- Typ, eine Bestätigungskarte für eine Beschäftigung (Employment Authorization Card) bei B1/B2-Visa, eine Ausländer-Aufenthaltsbestätigung (Resident Alien Card), eine temporäre Aufenthaltserlaubnis oder ein Flüchtlings-Reisedokument (Refugee Travel Document). Ausdrücklicher Hinweis: Es werden nur Originaldokumente, keine Fotokopien anerkannt! Der Bewerber muss sich außerdem einem Sehtest unterziehen.

Touristen mit einem Besuchervisum dürfen in Connecticut bis zu einem Jahr lang ein Fahrzeug mit einer gültigen Fahrerlaubnis ihres Heimatlandes **und** einem internationalen Führerschein fahren.

Der Bewerber muss seine Wohnadresse in CT unter Beweis stellen. Dies kann durch eine utility bill (Stromrechnung o.Ä.), ein Hausdarlehensdokument oder einen Mietvertrag geschehen. Auch ein durch die Post zugestellter Brief mit übereinstimmender Adresse wird anerkannt! Seit dem 1. Oktober 2000 ist es außerdem erforderlich, dass die »Social Security Number« (s.o.) jedes Führerscheinbewerbers auf dem Formular R229 (Application for a Non-Commercial Drivers License) steht, welches für die Ausstellung der neuen CT-Fahrlizenz auszufüllen ist. Die Bearbeitungsgebühr beträgt $36. (Stand: Juni 2001)

Die Gebühr schwankt zwischen $28,50 und $43,50, was von der Gültigkeitsdauer des neuen Führerscheins (3 bis 5 Jahre) abhängt, die wiederum vom Geburtsdatum des Antragstellers beeinflusst wird. Man erkennt daran: US-Führerscheine müssen von Zeit zu Zeit erneuert werden. Dazu findet man im Internet genügend Informationen, auf die wir her wiederum aus Platzgründen nicht eingehen wollen.

Fahrtest
Um festzustellen, ob Sie in der Lage sind, ein Fahrzeug sicher und den Vorschriften gemäß zu führen, führt die Behörde (Department of Motor Vehicles) einen Fahrtest (driving test) mit Ihnen durch. Es gibt dafür keine festgelegten Routen, sondern der Prüfer (inspector) fährt mit Ihnen (beziehungsweise Sie mit ihm!) sowie mit einer weiteren fahrtüchtigen Person Ihres Vertrauens eine beliebige Strecke ab. Dazu stellen Sie Ihr eigenes beziehungsweise von Freunden geliehenes Fahrzeug zur Verfügung. Gehen Sie auf Nummer Sicher und seien Sie auf jeden Fall mit diesem Fahrzeug vertraut. Natürlich muss Ihr Auto verkehrssicher sein, d.h. alle Funktionen müssen auch vorschriftsmäßig arbeiten (Scheibenwischer, Defroster, Blinker, Bremsen, Beleuchtung, Hupe).

Und darauf kommt es bei der Prüfung an: Zu Beginn des Fahrtests sind die üblichen Einstellungen und Handgriffe im Fahrzeug vorzunehmen (Innen- und Außenspiegel, Sitz, Lenkrad, Gurt). Dann kommt es darauf an, dass Sie vor dem Starten die unmittelbare Umgebung Ihres Wagens richtig eingeschätzt haben (Hindernisse, parkende Autos, Fußgänger...) Die Handbremse bleibt so lange angezogen, bis der Wählhebel des Automatikgetriebes von P (Park) auf D (Drive) geschaltet ist. Schauen Sie in die Spiegel, sehen Sie sich vor dem Ausfahren aus der Parklücke um und blinken Sie zum Herausfahren. Beschleunigen Sie nicht zu schnell und vor allem gleichmäßig. Halten Sie den Sicherheitsabstand ein. Beim Abbiegen setzen Sie die Geschwindigkeit deutlich herunter, achten sichtbar auf andere Verkehrsteilnehmer und vergessen auf keinen Fall zu blinken (!). Dasselbe beim Spurwechsel. Ebenso müssen Sie in der Wahl der richtigen Fahrspur sicher sein und die Vorfahrtsregeln beachten. Beim STOP-Schild bringen Sie das Fahrzeug auch wirklich zum Halten. Sie müssen Ihr Auto auch in eine Parklücke fahren können und den Bordstein (curb) dabei beachten. Weiterhin müssen Sie ein Wendemanöver durchführen und am Berg parken können.

2.8.2 Straßenverkehrsregeln
Die den Straßenverkehr ordnenden Regeln und Vorschriften, besonders auch die von Deutschland und Europa abweichenden Farben und Formen der Verkehrszeichen, können den aus dem Internet herunterladbaren

Handbüchern (»Driver's Manual«) entnommen werden. Sie sind von Bundesstaat zu Bundesstaat unterschiedlich, vor allem hinsichtlich der Geschwindigkeitsbegrenzungen auf den Highways. Höchstgeschwindigekiten in geschlossenen Ortschaften liegen meist bei 20 bis 25 mph, in Schulzonen bei 15 mph, auf den Highways bei 55 bis 65 mph. Auf Interstate Highways können sogar 70 oder 75 mph erlaubt sein. Die Praxis zeigt jedoch, dass diese Limits oft um 10 bis 20 Prozent überschritten werden. Denken Sie aber daran, dass die Highway Police überall auftauchen kann. Oft sieht man Polizeiwagen auf dem Seitenstreifen stehen, mal mit, mal ohne erwischte Autofahrer. Werden Sie von der Polizei angehalten, bleiben Sie auf jeden Fall im Wagen sitzen, steigen Sie nicht aus.

Es ist auch generell verboten, Abfälle aus dem Fahrzeug hinauszuwerfen. Strafe bis 1000 $. Eigentlich sollte es eine Selbstverständlichkeit sein, keinen Müll hinauszuwerfen, doch scheint das leider nicht in allen Teilen der Bevölkerung auch so zu sein. *Achtung:* Transportieren Sie keine geöffneten Flaschen mit alkoholischen Getränken im Auto. Dies verstößt ebenfalls gegen die Gesetze der meisten Bundesstaaten. Bewahren Sie alkoholische Getränke in geschlossenen Flaschen und im Kofferraum Ihres Wagens.

Wollen Sie Ihr Fahrzeug parken, so suchen Sie sich am besten einen gewerblichen Parkplatz, auf dem Sie eine Gebühr von 5 bis 10 $ pro Tag entrichten. Es kann auch Stundenkontingente geben, die preiswerter sind. Nie vor einem Hydranten parken!

Es gibt auch verschieden eingefärbte Bordsteine, die folgende Bedeutung haben: rot = absolutes Parkverbot, grün = Wartezone, blau = Parken nur für behinderte Personen erlaubt, gelb = Ladezone für Lastwagen, weiß = nur zum Halten. Dies sind nur Beispiele, denn die Farbgebungen können ebenfalls von Staat zu Staat unterschiedliche Bedeutungen aufweisen. Man findet in manchen Staaten auch Straßen, die im Winter für die ungehinderte Durchfahrt von Schneepflügen freizuhalten sind.

Ganz allgemein gilt außerdem: Es herrscht in den USA Rechtsverkehr. Fast überall sind Sicherheitsgurte und Kindersitze vorgeschrieben. An haltenden Schulbussen, aus denen Kinder aussteigen, darf **nicht** vorbeigefahren werden. Es besteht Gurt- und Anschnallpflicht. Man findet hier und da erinnernde Schilder entlang den Highways, zum Beispiel »Buckle up – it's the state law« (Schnall dich an – es ist Staatsgesetz).

2.8.3 Autoversicherung

Bevor man in den USA ein Fahrzeug versichert, sollte man sich eingehend über Eigenarten und Bedingungen der Versicherungsgesellschaften informieren. Wir haben für Sie ausführlich recherchiert und stießen dabei auf bemerkenswerte Dinge.

Zunächst sei gesagt, dass es schwierig werden kann, manche Fahrzeugtypen zu vernünftigen Preisen und Bedingungen versichern zu lassen. Hierzu zählen in erster Linie besonders begehrte **Sportwagen**, die von manchen Versicherungsgesellschaften gar nicht erst versichert werden, da man ein zu hohes Diebstahlrisiko befürchtet. Andere Gesellschaften verlangen für bestimmte Autotypen das Vorhandensein einer Garage plus Alarmanlage.

Leicht kann man zu monatlichen Versicherungskosten von über $100 kommen. Deswegen wird ein gründlicher Vergleich verschiedener Gesellschaften und ihrer Leistungen unumgänglich. Bekannte Namen sind Allstate, State Farm, AAA u.v.m. Im Internet gibt es bei der weiter unten angegebenen Adresse »Vergleichs-Maschinen«, die man nutzen sollte.

Schadenfreiheitsrabatte aus Deutschland/Europa werden von manchen Gesellschaften anerkannt, zum Beispiel AAA, so dass man auch hier gleich mit Rabatten (discount) beginnen kann. Ermäßigungen auf die Beiträge gibt es wie in der Heimat auch mit zunehmender unfallfreier Versicherungsdauer.

Passen Sie bei sehr günstig erscheinenden Versicherungsbeiträgen auf, da dies ein billiger Trick sein könnte, um Sie reinzulotsen. In diesem Fall käme dann nach einiger Zeit mit der Post eine Aufforderung, dass Sie auf Grund eines »company rate error« (Beitragsbemessungsfehlers) noch $200 nachzuzahlen haben. Ein solches Verhalten nennt man »low balling«, und es ist leider keine Seltenheit. Also Vorsicht.

Was überaus wichtig ist, nicht so sehr für den Neueinwanderer als vielmehr für den schon länger in den USA Ansässigen, ist das persönliche **Punktekonto** (**»driving record«**), auf dem wie hierzulande in Flensburg alle Verstöße und Bußgelder registriert werden. Sie können sicher sein, dass sich ihre Gesellschaft, bevor sie mit Ihnen einen Vertrag eingeht, dort erkundigt.

Nun kann es leider vorkommen, dass man trotz längst bezahlter Strafen und eventueller Nachschulung dennoch einen schlechten Punktestand aufweist, nur weil die betreffende Behörde (zum Beispiel das Gericht) die längst überfällige Revidierung noch nicht vorgenommen hat. Daher wird empfohlen, alle Bestätigungen und Quittungen für abgeleistete Bußen sorgfältig aufzubewahren (möglichst 3 Jahre), sonst könnte es passieren, dass man bei der nächsten Polizeikontrolle zu einer Haftstrafe verdonnert wird, weil man mit einem »suspendierten« (für ungültig erklärten) Führerschein erwischt wird, ohne sich dessen überhaupt bewusst zu sein! Und dies nur, weil anstehende Revidierungen an die zentrale Erfassungsstelle nicht weitergemeldet wurden.

Um ganz sicher zu gehen, frage man nach der **Klassifizierung** (»**rating**«) der jeweiligen Versicherungsgesellschaft, eine Art Güteklassen-Ordnung. Prüfen Sie dies auch nach und entscheiden Sie sich dann möglichst für die rating-Klasse »A«, eventuell auch »B«, aber keine schlechtere.

Nun ein Wort zu den **Schadensabdeckungen** (»**coverage**«). Grundsätzlich wird empfohlen, so viele Risiken wie möglich zu versichern, um keine bösen Überraschungen zu erleben:

Bei der **Bodily Injury and Liability** handelt es sich um die Abdeckung von Personenschäden im gegnerischen Fahrzeug, wobei noch zwischen zwei Maximalsummen unterschieden wird, nämlich der maximalen Schadensabdeckung pro verletzter Person und derjenigen für alle in den Unfall verwickelten Personen.

Die Sparte **Collision** deckt alle selbstverschuldeten Unfallschäden am eigenen Fahrzeug, also auch zum Beispiel durch Aufprall auf Hindernisse hervorgerufene Schäden.

Comprehensive Coverage kann mit »umfassender Abdeckung« übersetzt werden und meint alle Schäden, die durch Einflüsse von außen am Fahrzeug entstanden sind. Dazu zählen Wirbelstürme, Hochwasser, Wildunfälle, Diebstahl und willkürliche Beschädigungen.

Full Glass deckt Glasschäden an Ihrem Fahrzeug ab. In dieser Sparte ist in manchen US-Staaten keine Selbstbeteiligung möglich, da dort das Fahren mit einer defekten Windschutzscheibe ungesetzlich ist.

Mit der **Medical Coverage** sind Fahrer und alle mitfahrenden Personen gegen die Arzt- und Behandlungskosten versichert. Die Schuldfrage ist nicht relevant.

No-Fault and Personal Injury Protection deckt Arzt- und mögliche Rehabilitierungskosten, Kosten für Beerdigung und andere Schäden, die Ihnen, Ihrer Familie, Ihren Fahrzeuginsassen oder beteiligten Fußgängern durch den Unfall entstanden sind, wieder ohne Frage der Schuld. Deswegen die Bezeichnung »no-fault«.

Liability Coverage bedeutet »Verantwortliche Abdeckung« und tritt für Schäden ein, die der gegnerischen Seite durch Ihre Schuld entstanden sind, zum Beispiel beschädigte Fahrzeuge, Zäune, Rasenflächen, Torpfosten, Laternenpfähle oder Ähnliches.

Preisnachlässe zahlen Ihnen Autoversicherungen für Airbags, Fahrzeug-Alarmanlagen, ABS, Absolvieren einer Fahrschule (für alle unter 25 J.), längerfristig straffreies Fahren (driving record!), besonders sichere Autotypen und Versicherung mehrerer Fahrzeuge gleichzeitig.

Warnung:
Leider gibt es eine Reihe von Amerikanern/innen, die ihr Fahrzeug überhaupt nicht oder aber unterversichert haben. Es wird davon berichtet, dass dieser Missstand in manchen US-Staaten bereits eine Landplage darstellt. Verursachen solche Personen einen Unfall, so befindet sich die geschädigte Seite sehr im Nachteil, da die erforderlichen Geldsummen zur Schadensabdeckung nicht zur Verfügung stehen.

2.8.4 Fahrzeug anmelden

Bei einem Neuwagenkauf oder Gebrauchtwagenkauf beim Händler übernimmt der Autoladen das Registrierenlassen Ihres Wagens, kaufen Sie jedoch ein gebrauchtes Auto privat, müssen Sie sich selbst um die Anmeldung kümmern. Dies tun Sie beim »Department of Motor Vehicles (DMV)«. Vorhandene Nummernschilder können übernommen werden, wenn das Fahrzeug im selben Bundesstaat verbleibt. Es kann aber auch eine neue Nummer beantragt werden. Werden Fahrzeuge aus anderen Bundesstaaten eingeführt, muss das Kennzeichen innerhalb einer bestimmten Frist oder sofort durch ein aktuelles ersetzt werden (je nach Bundesstaat). Sie können auch ein sogenanntes »Vanity Plate« (Eitelkeitsschild) nach Ihren eigenen Vorstellungen bekommen, auf dem dann Ihr Vorname, Kosename oder eine andere Phantasiebezeichnung oder Kurzbotschaft stehen kann, zum Beispiel Surviver, Smoking Joe, Keep cool... Die Kosten für die Kfz-Registrierung liegen zwischen 10 und 50 $.

2.8.5 Autokauf

Sie werden nicht lange damit warten können, ein Fahrzeug zu kaufen, denn es stellt, wie schon erwähnt, nicht immer die einzige, meist aber die schnellste und einfachste Form des Transportes dar.

Die preiswertere Lösung ist zunächst der Erwerb eines Gebrauchtwagens. Dabei gibt es verschiedene Wege. Sie können die Kleinanzeigen (classifieds) der Tageszeitungen studieren, um einen privaten Kauf vorzunehmen. Dabei ist jedoch Vorsicht geboten, denn es lauern überall Betrug und Wucher.

Für den Gebrauchtwagenkauf ist auch das amerikanische Pendant zur deutschen »Schwacke-Liste« sehr nützlich, dessen neueste Ausgabe Sie sich besorgen sollten. Hierzu finden Sie Näheres unter *www.kbb.com*.

Nehmen Sie das Fahrzeug, für das Sie sich interessieren, genauer unter die Lupe und achten Sie auf Folgendes:

- Lesen Sie den Kilometerstand ab
- Prüfen Sie Reifenprofil und Radaufhängung bzw. Radlager (am Rad wackeln)
- Sind Motor und Getriebe unterwärts verölt?
- Sind die Stoßdämpfer noch in Ordnung? (Wagen an allen vier Kotflügeln kräftig herunterdrücken und prüfen, ob er nur wieder nach oben schnellt ohne erneut nach unten zu federn. Dann ist alles in Ordnung)
- Gibt es ein anormales Auspuffgeräusch oder Qualmentwicklung?
- Ist irgendetwas bei der Probefahrt auffällig?
- Ist die Bremswirkung sofort und voll vorhanden?
- Funktionieren Beleuchtung, Blinker, Scheibenwischer und Hupe?
- Funktionieren die Automatikgurte? (Sehr schnell mit der Hand unter den angelegten Gurt schlagen und prüfen, ob er einrastet)

Um sich ein weitergehendes Bild davon zu machen, welchen Zustand das ausgewählte Fahrzeug aufweist, reichen die optische und die Funktionskontrolle allein nicht aus. Es ist gut, sich einen »vehicle history report« zu besorgen, den man bequem über das Internet bekommt. Die Eingabe der »Vehicle Identification Number (VIN)« (Fahrzeug-Identifikationsnummer) sowie der für Sie zutreffenden Postleitzahl (zip code) ermöglichen Ihnen den Zugriff auf eine Datenbank, die US-weit zur Verfügung steht. Es wird Ihnen von dem betreffenden Fahrzeug die komplette Vorgeschichte aufgelistet, um Sie vor folgenden Tatbeständen zu warnen:

- salvage history (wurde es bereits einmal verschrottet oder verwertet?)
- multiple owners (Anzahl der Vorbesitzer)
- odometer fraud (Kilometerzähler frisiert?)
- fire damage (Brandschaden?)
- flood damage (Hochwasserschaden?)
- major accident damage (größerer Unfall?)

Diese Nachforschung lässt sich jedoch nur für Fahrzeuge durchführen, die nicht älter als Baujahr 1981 sind, da vor dieser Zeit keine standardisierten VIN-Nummern existierten. Nutzen Sie dazu die Dienste der Internet-Websites »CarFax« oder »EZ Title Search – Vin Check« (über *www.carbuyingtips.com* anklicken).

Um etwaigen Versäumnissen und Fehlern vorzubeugen, wird ein Standardkaufvertrag empfohlen, den man ebenfalls bei der obigen Adresse herunterladen kann.

Achtung! Die Formulierung »Being sold *as is*« (Gekauft wie besehen) in Kaufverträgen lässt jede Garantie des Verkäufers für verdeckte Schäden wegfallen. Sie als Käufer tragen das Risiko allein. Es kann auch so ausformuliert sein: »No repairs are to be paid by seller. The buyer hereby assumes all financial responsibility.« (Der Verkäufer kommt nicht für Reparaturen auf. Die finanzielle Verantwortung liegt allein beim Käufer.)

Entscheiden Sie sich dagegen für einen Fahrzeugkauf bei einem Autohändler, so seien Sie bitte nicht weniger vorsichtig. Auch hier könnte Betrug, sogar professioneller Betrug lauern. Deswegen wollen wir Ihnen folgende Tipps mit auf den Weg geben:

Ein Bundesgesetz macht die Anbringung eines sogenannten »Buyers Guide«-Aufklebers an jedem Gebrauchtwagen erforderlich. Er sitzt meist an der Windschutzscheibe und gibt darüber Auskunft, ob der Händler eine Garantie für bestimmte Reparaturfälle übernimmt oder nicht. Weiterhin weist der Aufkleber darauf hin, dass Sie um eine Überprüfung des Autos durch einen unabhängigen Automechaniker nachsuchen sollten, bevor sie es kaufen. Verlangen Sie auch eine schriftliche Bestätigung aller Versprechungen hinsichtlich des Fahrzeugzustandes sowie Hinweise auf mögliche größere Probleme, die grundsätzlich bei allen Gebrauchtfahrzeugen auftreten können. Schauen Sie auch nach dem Kleingedruckten und lesen Sie alles genau durch, ob Sie nicht irgendwo einen Fallstrick erkennen. Entdecken Sie, dass die Fahrzeuge auf dem Platz des Händlers keine solchen Aufkleber haben, verlassen Sie diesen Ort wieder, ohne etwas zu kaufen.

Wie man mit einem Gebrauchtwagenhändler verhandeln sollte

Als Erstes sollten Sie auch hier auf jeden Fall nach dem »vehicle history report« fragen. Da Autohändler auch nicht dumm sind, besorgen sie sich schon aus Eigeninteresse die Reports aller Wagen, bevor sie diese ankaufen. Folglich wissen sie auch, ob ein Fahrzeug bereits einmal schrottreif gefahren, ob es restauriert oder schon einmal gestohlen wurde oder ob Teile daraus entfernt wurden. Wenn Sie als Kunde also um einen solchen Bericht bitten und der Händler will ihn Ihnen nicht zeigen, so nehmen Sie unter allen Umständen von einem Kauf Abstand.

Fällt dies aber positiv aus, so beweisen Sie Verhandlungstalent und sagen Sie frei heraus, dass der Händler den betreffenden Wagen schon um einige Tausend Dollar unter Marktwert eingekauft hat (andernfalls würde es sich gar nicht für ihn lohnen), warum sollten Sie dann also den vollen Marktwert bezahlen? Machen Sie deutlich, dass Sie über diese Dinge Bescheid wissen. Wenn der Händler dann hart bleibt und als Gegenleistung eine Garantie anbietet, so sagen Sie, dass der Wagen sowieso eine Dreimonats-Garantie besitzen sollte, wenn er wirklich so gut ist, wie der Händler es verspricht. Lassen Sie sich auch nicht davon

beeindrucken, wenn der Händler davon spricht, er würde sowieso nichts an einem Wagen verdienen, der so »preiswert« ist wie dieser. Das ist nur ein alter Trick.
Und nun viel Erfolg beim Gebrauchtwagenkauf!

Es gibt umfangreiche Tipps für den Kauf eines Neuwagens, von der Wahl der richtigen Zeit im Jahr über die Wahl des passenden Händlers bis zum Herunterhandeln des Preises und zur richtigen Finanzierung. Diese finden Sie unter der oben schon angegebenen Web-Adresse (siehe Seite 89 unten).

2.8.6 Straßen in den USA

Die Vereinigten Staaten sind das Land der Straßen schlechthin. Erschloss man in früheren Zeiten den riesigen Kontinent zuerst noch ausschließlich durch die Hilfe des Pferdes und später dann des feurigen Pferdes, also der Eisenbahn, so hat sich das im Laufe des 20. Jahrhunderts gewandelt. Die Bahn spielt bei weitem keine so große Rolle mehr und ist längst vom Verkehrsmittel »Auto« abgelöst worden. Im Zuge dieser Entwicklung wurde in den USA nach und nach ein Straßennetz aufgebaut, das trotz der Größe des Kontinents seinesgleichen sucht. Vor allem die vielen Highways sind es, die den Verkehr am Fließen halten, auch wenn sich dieser in den Ballungsräumen zur »rush hour«, oft aber auch zu normalen Zeiten, nur noch im Schritttempo bewegt. Dies erlebten wir oft um New York herum und bis weit nach Connecticut hinein.

Highways (auch »Freeways«)werden mit geraden und ungeraden Ziffern gekennzeichnet. In den großen Interstate-Highway-Systemen bedeuten gerade Zahlen immer Ost-West-Verbindungen, ungerade Nord-Süd-Strecken. (Beispiel: I-80, New York-San Francisco, I-95 Miami-Maine). Weiterhin kennzeichnet man einen Interstate-Highway durch eine Großstadt hindurch mit einer vorangestellten ungeraden Zahl. Umgeht er aber eine Großstadt, so wird eine gerade Zahl vorangestellt (Beispiel: I-295, I-395).

Daneben gibt es die normalen Straßen (roads), die ebenfalls Nummern tragen, jedoch nur regionale Bedeutung haben.

Auffällig ist die Anzahl der Fahrspuren, die sehr oft drei bis vier Stück umfasst, dies aber häufig nur in der Nähe der Städte. Man muss auch darauf achten, rechtzeitig auf den richtigen Fahrstreifen zu wechseln, wenn man abbiegen will, da dieser keineswegs schon lange vor der eigentlichen Ausfahrt als Abbiegespur erkennbar ist, sondern wie eine normale Fahrspur wirkt. Überall weisen aber große grüne Hinweistafeln auf die verschiedenen Orte, Abbiegemöglichkeiten und Fahrtrichtungen hin, denen man tunlichst rechtzeitig Beachtung schenkt, um nicht plötzlich mehrere Fahrstreifen diagonal kreuzen zu müssen, weil man seine Ausfahrt (»exit«) noch erreichen will. Dennoch brauchen Sie nicht mit Gehupe, Lichthupensignalen und anderen nervigen Reaktionen der anderen Autofahrer zu rechnen. Man fährt halt gesittet und nur mäßig schnell, so dass keinerlei Stress entsteht. Ausnahmen bestätigen allerdings auch diese Regel.

Übrigens heißt auch die Einfahrt in den Highway »exit« und nicht etwa »entrance«, so dass man exit einfach mit »Zufahrt« übersetzen muss.

Wenn man so über amerikanische Highways fährt, spürt man doch oft einen Unterschied zu Europa beziehungsweise zu Deutschland. Der Zustand der Straßenoberfläche lässt häufig zu wünschen übrig. Stoßfugen, kleinere Schlaglöcher und Risse in der Straßenoberfläche sind nichts Ungewöhnliches und tragen so auf ihre Weise dazu bei, dass Teile des Fahrzeuges oder aber das gesamte Fahrzeug des öfteren ersetzt werden muss. Sicherlich ist auf Grund des ungleich größeren Netzes als in unseren Ländern ein höherer Kostenfaktor bei der Erhaltung der Straßen gegeben. Bei den vielen »toll bars« (Gebührenschranken), welche die ungehinderte Fahrt nicht selten unterbrechen, sollte man allerdings meinen, dass die Finanzierung gesichert sei. Ist aber anscheinend nicht so. Es gibt sogar Programme für Privatpersonen, sich an der Erhaltung zu beteiligen (»adopt a highway«).

An den Schranken kann man entweder bar bezahlen oder man ist im Besitz eines sogenannten »EZ-Pass« (= easy pass, leicht durchfahren), den man an der Windschutzscheibe hochhält, womit ein elektronisches Signal ausgelöst und die ungehinderte Weiterfahrt ermöglicht wird. Mit diesem Pass werden die fälligen Straßengebühren turnusmäßig über das Bankkonto abgerechnet. Gebührenpflichtige Highways werden mitunter auch als »turnpikes« bezeichnet.

2.8.7 Automobilclubs

Der alles beherrschende Autofahrer-Club der USA ist die »AAA« (American Automobile Association) mit über 1000 Büros landesweit. Ähnlich wie bei deutschen Clubs werden breitgefächerte Dienstleistungen wie Routenplanung, Karten, Unterkunftsvermittlung, Kfz-Versicherung u.v.m. angeboten. Man spricht das AAA übrigens »triple A«, und jeder weiß, was gemeint ist.

Im Internet zu finden unter *www.aaa.com*

Eine ähnliche Organisation, die für die Motorradfahrer da ist, ist die »AMA« (American Motorcyclist Association). Adresse: 13515 Yarmouth Drive, Pickerington, Ohio 43147, Tel. (614)856 1900, Fax: ...1920

Im Internet zu finden unter *www.ama-cycle.org*

2.8.8 Werkstätten

Es kann natürlich vorkommen, dass bei einem Schadensfall eine Autowerkstatt aufgesucht werden muss. Achten Sie aber darauf, dass es keine »Klitsche« ist, in der möglicherweise mit unqualifiziertem Personal gearbeitet wird. Bei näherem Hinsehen, durch Fragen nach einer eventuellen Werksvertretung oder durch Fragen bei der nächsten Polizeistation oder Tankstelle wird man schlauer.

Die Bezeichnung »Werksvertretung« garantiert natürlich auch nicht, dass alles hundertprozentig ist. Vor allem geben Sie einen genauen Auftrag (schriftlich fixiert), welche Teile repariert oder gewartet werden sollen, sonst könnten Sie beim Abholen Ihres Wagens erleben, dass man an Ihrem Fahrzeug allerhand gefunden hat, was angeblich kaputt war und ersetzt werden musste. Weshalb man Ihnen natürlich auch eine Riesenrechnung präsentiert . Auf diese Art und Weise hat schon manche Werkstatt einen schönen Verdienst mit einem Unerfahrenen gemacht. Im Nachhinein beweisen können Sie nämlich meistens gar nichts.

2.8.9 Straßenentfernungen

Alle Angaben in Meilen, gerundet

von New York nach...

Atlanta	900	Miami	1300
Boston	200	Minneapolis	1200
Chicago	800	New Orleans	1300
Cincinnati	700	Philadelphia	100
Dallas	1600	Phoenix	2500
Denver	1800	St. Louis	1000
Detroit	600	Salt Lake City	2200
Houston	1700	San Francisco	3000
Kansas City	1200	Seattle	2900
Los Angeles	2800	Washington	240
Memphis	1100		

Viele andere Entfernungen, aber auch Telefonnummern von Diensten mit Straßenzustandsberichten, Adressen von Touristeninformationszentren sowie vor allem Autokarten finden Sie in dem allseits bekannten »Rand McNelly – Travel Atlas«, den man für wenige Dollars an Tankstellen, in Supermärkten und Buchhandlungen und anderen straßenbezogenen Geschäften bekommt.

2.8.10 Alternative zum Auto: Eisenbahn

Obwohl der Löwenanteil im Personenfernverkehr innerhalb der USA durch das Flugzeug abgedeckt wird, wollen wir an dieser Stelle näher auf das amerikanische Eisenbahnwesen eingehen.

In den 30er Jahren des 20. Jahrhunderts kauften die mächtigen Ölgesellschaften die unwirtschaftlich gewordenen Eisenbahnunternehmen auf und legten große Teile der Strecken still. Es schien, als hätte das letzte Stündlein für das einst so siegreiche Dampfross im Personenverkehr (dann aber: Dieselross) geschlagen. Die ersten Highways wurden gebaut, Benzinverkauf und Autoverkehr waren angesagt.

Diese Entwicklung setzte sich über Jahrzehnte fort, bis... ja, bis die Verkaufszahlen und der Benzinverbrauch stagnierten. Schon vor der sogenannten »Ölkrise«, die ja keine war, sondern durch die OPEC-Staaten künstlich hervorgerufen worden war, schon vor 1973 also entstand in den USA im Jahre 1971 eine neue Eisenbahngesellschaft, die AMTRAK. Diese hatte die Aufgabe, die Bahn zu reformieren. Luxusbeladene Pullman-Waggons gehörten ab jetzt der Vergangenheit an. Wirtschaftlichkeit und Praxisnähe sollten nun die bestimmenden Faktoren bei der Bahn werden. Die Angebotspalette wurde erweitert, der Wagenpark erneuert und die Strecken modernisiert. Dennoch gibt es noch heute auf vielen Streckenabschnitten eine Geschwindigkeitsbegrenzung auf 100 km/h.

Es gelang, typische Ausstattungsmerkmale aus dem Flugzeug auf die Bahnwaggons zu übertragen, die nun die Bezeichnung »Coach-Class« (Reisebusklasse) erhielten. Für die Fernstrecken sind Schlafabteile unumgänglich. Man kann 1-, 2- und 4-Bett-Abteile buchen. Dort, wo Ausblicke in die herrliche Landschaft lohnend sind, setzt die AMTRAK auch Panoramawagen mit Glasdächern ein. Prinzipiell gehört immer ein Gepäckwagen zum Zug, bei Fernstrecken auch ein Speisewagen. Großes Gepäck wird nicht mit ins Abteil genommen, sondern wie im Luftverkehr vorher abgegeben. Auf den Linien Los Angeles–San Diego und New York–Washington sind Schnellstrecken eingerichtet, sogenannte »Metroliner Services«.

Das Schienennetz gliedert sich in vier große Ost-West-Küstenstrecken, von denen dann andere Strecken abzweigen. Ganz oben im Norden verläuft eine Strecke nahe der kanadischen Grenze, ganz unten im Süden eine solche entlang der Grenze zu Mexico. In der Mitte verlaufen die Strecken Chicago – Denver – Salt Lake City – San Francisco sowie Chicago – St. Louis – Kansas City – Santa Fé – Albuquerque – Los Angeles.

In Nord-Süd-Richtung gibt es sechs Hauptlinien, zwei in der Westhälfte und vier in der Osthälfte der USA. Knotenpunkt ist wiederum Chicago. Im Zentrum des Kontinents ist auf Grund der dünnen Besiedelung eine Lücke im Eisenbahnnetz vorhanden. Besonders dicht ist das Streckennetz in den nordöstlichen Industriegebieten.

AMTRAK hat seit seiner Gründung erhebliche Umsatzsteigerungen erzielt, so dass man weiter auf steigenden Zugverkehr hoffen kann, um die energiefressenden Autos und überfüllten Highways sowie auch den energieaufwendigen Flugverkehr zu entlasten.

Trotz längerer Fahrzeiten (zum Beispiel New York–Miami: 26 Stunden, 38 Haltestellen, 2200 Kilometer) ist die Bahn für den Personenverkehr attraktiv, liegt doch der Preis unterhalb des Preises für ein Flugticket. Mehrere Zugbegleiter und moderne Einrichtungen ermöglichen einen sehr guten Service, preiswertes Essen und ein Gefühl von Sicherheit.

Was den Güterverkehr auf der Schiene betrifft, so wurde dieser auch durch das Aufkommen des Autoverkehrs nie in Frage gestellt. Es ist einfach wirtschaftlicher, wenn man Langstreckenfracht in großen Mengen auf Zügen bündelt und nicht einzeln transportiert. Weil das Streckennetz ausgesprochen arm an Kurven ist, kann man riesige Züge von mehr als 100 Waggons zusammenkoppeln, die von zwei bis drei Diesel-Lokomotiven gezogen werden.

Alles, was man nicht mit der Bahn erreichen kann, wird in den USA von Buslinien bedient. Das bedeutendste Fernbus-Unternehmen der USA ist »Greyhound«, welches über ein flächendeckendes Liniennetz verfügt. Außerdem gilt: Wer viel Zeit hat und wenig Geld oder wer verkehrsungünstig wohnt, der fährt mit Greyhound.

Größenordnungen
Vergleicht man einmal die Länge der jeweiligen Transportnetze miteinander, so fällt sofort die herausragende Größe des Straßennetzes auf: Das Straßennetz der USA umfasst 6,3 Millionen Kilometer, wovon nur 1,3 Millionen Kilometer auf Highways entfallen. 5 Millionen sind normale zweispurige Nah- und Fernstraßen.

Demgegenüber ist das Schienennetz nur etwa 250 000 Kilometer lang. Das Wasserstraßennetz, hierunter das Mississippi-Flusssystem allein mit 62 Prozent Anteil, umfasst rund 40 000 Kilometer. Seit der Erstellung des »St.-Lorenz-Seewegs« können vier Fünftel aller Hochseeschiffe in das Gebiet der Großen Seen einlaufen. Mehr als 500 Städte werden von den Flugzeugen der rund 40 inneramerikanischen Fluggesellschaften angeflogen.

2.9 Essen und Trinken

Fastfood
Über die amerikanische Esskultur herrschen weit verbreitete Vorurteile. Das Klischee von Hamburgers, Pizza, Hotdogs und Coca Cola als Hauptnahrungskomponenten der Amerikaner findet man aber in vielen Filmen und Werbespots wieder, wo es realistisch dargestellt wird. Und bis zu einem gewissen Grad trifft das Klischee vom schnellen Essen auch zu, denn Amerikaner haben tagsüber und in der Woche einfach keine Zeit zum Essen. Sie sind entweder Workaholics (»time is money«) oder aber tatsächlich auf jeden Dollar und jeden Job angewiesen, um zu überleben. Auch Schüler und Studenten bedienen sich bevorzugt der schnellen Nahrung, denn Fastfood ist nicht nur weit verbreitet und schnell zu haben, sondern auch preiswert. Als Tourist werden auch Sie dies feststellen. In den Raststätten (rest areas) der Highways ist Fastfood die gängige Mahlzeit. Bekannte Anbieter sind McDonalds, Burger King, Pizza Hut, Wendy's und Kentucky Fried Chicken (KFC). Nebenbei bemerkt, haben wir nirgends so viele übergewichtige Menschen auch jüngeren Alters gesehen wie in den USA.

Wichtig: Gehen Sie nie schnurstracks ins Restaurant hinein, um nach freien Tischen zu suchen. Schon im einfachen Fastfood-Restaurant wartet nämlich eine Hostess darauf, Ihnen einen freien Tisch anzuweisen. Ist alles besetzt, kann es vorkommen, dass sich eine geduldige Warteschlange bildet. Sie können aber auch signalisieren, dass Sie erst an der Bar etwas trinken wollen, um die Wartezeit zu überbrücken. Manchmal werden Sie auch danach gefragt.

Restaurants
Aber weg vom Fastfood, es gibt in den USA auch eine Vielzahl unterschiedlichster Restaurants, sowohl, was die Organisation, als auch, was die Eigenart der Küche betrifft.

Stolzes Wappentier: Der Weißkopfadler.
(Foto: Illinois Department of Commerce and Community Affairs)

Freundlicher Polizist in Hartford, Connecticut.
(Foto: Ulrich F. Sackstedt)

Einsatzbereit: Feuerwehr in New York.
(Foto: Mangum PR)

Haus in Bridgeport, Connecticut.
(Foto: Ulrich F. Sackstedt)

Kaum zu glauben: Straßenzug in Greenwich Village, einem Stadtteil von New York.
(Foto: Jürgen Donath)

Bekannt aus vielen Filmen: Feuerleitern an den Wohnhäusern in New York.
(Foto: Mangum PR)

Die Innenstadt von Phoenix, Arizona.
(Foto: Arizona Office of Tourism)

Einsam, aber wahrhaft idyllisch: Abgelegenes Wohnhaus in North Carolina.
(Foto: NC Division of Tourism, Film and Sports Development)

Ausblick von der Terrasse eines Wohnhauses in Edenton, einer Kleinstadt in North Carolina.
(Foto: NC Division of Tourism, Film and Sports Development)

Anders als andere US-Städte: Seattle im Bundesstaat Washington. Seine Einwohner gelten als besonders sympathisch, sozial und politisch engagiert.
(Foto: Washington State Tourism)

Wintersportort: Breckenridge im US-Bundesstaat Colorado.
(Foto: B. Winsett /Vail Resorts)

Beeindruckende Skyline: Chicago.
(Foto: Mike Gustafson / Illinois Department of Commerce and Community Affairs)

US-Postauto.
(Foto: Ulrich F. Sackstedt)

Brooks Shaw & Son Old Country Store in Jackson, Tennessee.
(Foto: Tennessee Tourism, Bielefeld)

Sehr bekannt sind die sogenannten »Diners«, die z.T. überreichliche Portionen zu sehr gemäßigten Preisen anbieten und über eine recht vielfältige Speisekarte verfügen. Hier wird man bedient. Man kann sagen, dass es sich bei ihnen um eine Art Familienrestaurants handelt, ein Mittelding zwischen Fastfood und dem teureren Restaurant.

Es gibt aber auch Familienrestaurants mit Selbstbedienung, die einen Pauschalbetrag pro Person erheben, der zum Verzehr aller angebotenen Speisen und (nichtalkoholischer) Getränke ohne Mengenbegrenzung berechtigt.

Kommen wir nun zu den spezialisierten Restaurants. Hier findet man Steakhäuser, Seafood-Restaurants (Fisch und andere Meerestiere) sowie Restaurants, die sich in ihrer Küche an der nationalen Herkunft ihres Besitzers orientieren, also vornehmlich oder ausschließlich thailändisch, griechisch, vietnamesisch, philippinisch, argentinisch, brasilianisch, indisch, jugoslawisch etc. kochen.

Deutsche Gaststätten sind schwer zu finden, und wenn, dann nur in Ballungsgebieten mit überwiegend deutsch-, österreichisch- oder schweizerischstämmiger Bevölkerung. Wir kennen die Gründe nicht, warum die mitteleuropäische und deutsche Küche keinen breiten Einzug in den USA gehalten hat, wahrscheinlich sind deutsche Gastwirte in ihrer Heimat immer so gut zurechtgekommen, das es keinen Grund für sie gab, auszuwandern. Hingegen gibt es in den Staaten eine gewisse Anzahl von deutschen Bäckern und Schlachtern, aber auch nicht so verbreitet. Ein Grund für diesen Mangel könnte auch in der übergroßen Anpassungsbereitschaft deutschstämmiger Bürger sein, die sehr schnell die Gewohnheiten ihrer neuen Heimat angenommen und einen schnellen Identitätswechsel vollzogen haben. Andere Völker und Nationen halten da wohl mehr an ihren kulturellen Gebräuchen fest, was zum Beispiel auch in der Großfamilienstruktur zum Ausdruck kommt.

Essgewohnheiten

Gegessen wird wie bei uns dreimal am Tage. Das Frühstück heißt »breakfast«, das Mittagessen »lunch«, das Abendessen »dinner«. Warm wird überwiegend abends gegessen, wenn nach getaner Arbeit Zeit zum Essen vorhanden ist. Gekocht wird viel mit Halbfertigprodukten, aber auch herkömmlich. Die Supermärkte bieten eine Fülle von vorbereiteten Nahrungsprodukten in unterschiedlichen Mengenabfüllungen und Größenordnungen an, für jeden Haushalt das Richtige, ungleich vielfältiger als in Europa.

Das amerikanische *Frühstück* gestaltet sich recht vielseitig, wenn man es zum Beispiel in einem Coffee Shop einnimmt. Spiegeleier (fried eggs) oder Rühreier (scrambled eggs) mit gebratenem Speck oder Schinken, mitunter auch kleine Würstchen (hot sausages), Maisbrei (corn mush) oder Bratkartoffeln (fried potatoes) sind vielleicht zum Frühstück nicht jedermanns Sache, es ist aber eine alte Tradition aus den Zeiten berittener Viehtransporte, als die Cowboys morgens eine solide Grundlage für einen langen Tag im Sattel herzustellen hatten.

Weißbrot, Muffins (kleine, runde, weiche, semmelartige Gebäckstücke), auch Donuts (eigentlich »dough nuts«), als Aufstrich Butter und Marmelade, nicht zu vergessen das legendäre und typisch amerikanische Erdnussmus (»peanut butter«). Auch Pfannkuchen in Ahornsirup (»maple syrup«) sind landesüblich. Als Abschluss eventuell noch einen Becher Yoghurt. Man erhält aber auch Müsli, Cornflakes und Milch. Dazu trinkt man Kaffee oder Tee sowie ein Glas Orangen- oder Grapefruitsaft. Kaffee wird in Restaurants häufig »bottomless« gereicht, d.h. es wird beliebig oft nachgeschenkt.

Vermissen werden Sie richtige deutsche Brötchen, dunkles oder graues Brot. Dies bekommt man nur bei deutschen Bäckern, oder man macht es selbst.

An freien Tagen und am Wochenende ist der »Brunch« sehr beliebt, welcher ab etwa 11 Uhr eingenommen wird. Hier findet man reichhaltig bestückte Büffets und für jeden Geschmack etwas.

Der mittägliche *Lunch* erstreckt sich auf die Einnahme kleinerer Mengen, denn er stellt nicht die Hauptmahlzeit dar. Dazu zählen Hamburger (auch »Sandwich«) genannt, echte Sandwiches mit verschiedensten Einlagen wie Hühnchenfleisch, Fisch, Shrimps, Käse, Blattsalat und anderem mehr. Vielleicht isst man aber auch nur eine Portion Pommes Frites (»french fries«), einen »Chef Salad«, »Cesar Salad« oder Ähnliches. Auch Suppen sind als Lunch denkbar.

Das *Dinner* ist reichhaltig, auf Sandwichs und Burgers wird jetzt verzichtet, dafür gibt es Backkartoffeln (»baked potatoes«), Spaghetti oder Reis sowie Gemüse oder Salat als Beilagen. Als Hauptbestandteile werden Fleisch, Meeresgetier oder Geflügel gereicht. Zum Fleisch zählt vor allem das nicht knapp bemessene amerikanische Steak, aber auch Schweinefleisch (»pork«) ist üblich. Auch Vorspeisen (»appetizer«) und Nachtisch (»dessert«, gesprochen: diesört) sind üblich.

In den Haushalten isst und kocht man so, wie man es traditionell gewohnt ist. Befindet man sich im Restaurant und kann nicht die gesamte Portion aufessen, so bekommt man auf Wunsch den Rest als »doggy pack« oder »dog pack« mit nach Hause, so genannt, auch wenn er nicht für den Hund bestimmt ist! Dies erscheint als sehr vernünftig, auch wenn es hierzulande noch nicht so üblich ist.

In manchen Lokalen gibt es bestimmte Gerichte an einem Tag in der Woche zum Festpreis ohne Mengenbegrenzung. Auch Kaffee oder Tee wird dann häufig ohne Begrenzung nachgeschenkt.

Amerikanische Küche
Auch wenn der Ruf der amerikanische Küche durch den Einzug des Fastfood in die Bewirtungsmöglichkeiten im Ausland gelitten hat, wäre es ein Vorurteil, würde man diese als langweilig, eintönig, einseitig oder ungesund hinstellen.

Auch »Hamburgers« können, bestellt man diese in einem normalen Restaurant, sehr schmackhaft, vielseitig belegt und von beinahe riesigem Ausmaß sein. Man findet diese Möglichkeit inzwischen auch in Deutschland vor. Es muss ja nicht immer ein »Kentucky Fried Pizza Burger McChicken« sein, den man sich eben mal schnell »reinzieht«.

In den USA sind viele regionale Speisen bekannt, die man als Tourist so auf Anhieb überhaupt nicht wahrnehmen würde. Nehmen wir als Beispiele die »Creole- und Cajunküche« der Südstaaten, wo Hühnchen, Reis, scharfe Gewürze, aber auch Seafood sowie Maisbrot allgegenwärtig sind. Oder nehmen wir die sogenannte »Tex-Mex-Küche« des Südwestens, die eine Mischung traditioneller amerikanischer und mexikanischer Gerichte anbietet. Dann wäre die vom Seafood geprägte Küche der Neuengland-Staaten zu nennen, wo Hummer (Lobster), Garnelen (Shrimps) und Krabben (Crabs) immer auf der Speisekarte zu finden sind. Nicht nur Seefisch und Meeresgetier, sondern auch Süßwasserfische aus den Gewässern des Hinterlandes werden hier angeboten. Schließlich last but not least die Küche der Westküste, auch »California Cuisine« genannt. In dieser spiegelt sich besonders stark die Vielfalt der ethnischen Gruppen wieder, die sich im Zuge der Besiedelung hier niedergelassen haben. Man bevorzugt viel frische Zutaten, klar erkennbaren Inhalt und gute Verträglichkeit. Man könnte es »Californian light« nennen.

Vergessen wir nicht den »Thanksgiving Day« (Erntedankfest Ende November),der landesweit durch das Truthahn-Essen (Turkey) ein Ereignis von nationaler Bedeutung darstellt. Um jeder Familie eine Truthahnmahlzeit zu ermöglichen, werden sogar von wohltätigen Organisationen Truthähne für arme Familien zur Verfügung gestellt!

Trinkgeld
Da Restaurantbedienstete meist nur über kleine Löhne verfügen, ist es üblich (und wird auch erwartet), dass der Gast ein angemessenes Trinkgeld (»tip«) gibt. 15 Prozent sind normal, wer mehr gibt, kann dies

tun, wenn er besonders zufrieden war. Von diesen Trinkgeldern leben Kellner und Serviererinnen hauptsächlich.

In touristischen Zentren ist es inzwischen wie bei uns üblich geworden, Trinkgeld von vornherein mit in den Preis des Essens einzurechnen. Dies steht dann kleingedruckt auf der Rechnung vermerkt. In einem solchen Fall reicht es, den Betrag etwas nach oben aufzurunden.

Getränke
Cola, ob nun Coca Cola, Pepsi Cola oder andere Cola-Getränke, steht in den USA natürlich ganz oben in der Statistik des Verbrauchs. Kein Wunder, hier wurden diese Getränke ja auch erfunden.

Bier ist aber auch sehr beliebt, worunter als bekannteste Marken und große Brauereien die Marken »Budweiser«, kurz auch »Buddy« genannt, »Coors«, »Busch« und »Miller« rangieren. Buddy ist übrigens auch die Bezeichnung für einen guten Freund. Das amerikanische Bier lässt sich natürlich, wie übrigens weltweit so gut wie alle Biere, im Geschmack nicht mit dem deutschen Bier vergleichen. Es ist irgendwie säuerlicher, aber dennoch mit Genuss trinkbar, besonders, wenn man Durst hat. Auch sein Alkoholgehalt ist niedriger (3 bis 3,5 Prozent). Immer mehr setzen sich sogenannte »light beers« durch, deren Alkoholgehalt sich auf nur 1 bis 1,5 Prozent beläuft. Wer sucht, findet aber auch importierte deutsche Biere in den Regalen der Supermärkte, zu deftigen Preisen versteht sich. Uns fiel die Marke »Becks« recht schnell auf.

Bier vom Fass gezapft wird »draft« genannt. Lassen Sie sich nicht von dem Wort »Root Beer« verwirren. Es ist kein Bier, sondern ein künstliches Getränk, das aus Wasser, Farbstoff und Aromastoffen besteht.

Wein wird in guten Restaurants getrunken, sofern diese eine Alkohollizenz besitzen. Weine, besonders die aus Kalifornien, sind weltweit anerkannt und von hoher Qualität. Die Staaten gehören mittlerweile zu den führenden Weinproduzenten dieser Erde. Die Namen bekannter Anbaugebiete Kaliforniens lauten: Sonoma Valley, Napa Valley, Livermore, Mendocino, Santa Rosa, Santa Clara, Monterey, San Joaquín und San Benito.

Auch im Bundesstaat New York sowie in einigen anderen Staaten gibt es Weinbaugebiete.

Nicht zu vergessen der gute amerikanische Bourbon-*Whisky*, der in unterschiedlichen Altersklassen und Qualitäten auf den Markt kommt. Auch andere Whiskysorten werden hergestellt (Scotch, Irish, Canadian und andere mehr).

Klaren *Schnaps* kennt man nur als Gin oder weißen Rum, allenfalls noch als importierten Wodka. Der deutsche Korn ist unseres Wissens unbekannt oder jedenfalls nicht verbreitet, von ihm wird mancherorts aber als »german snaps« erzählt.

Überall wird auch viel *Mineralwasser* getrunken, besonders in den heißen Sommermonaten. Zum Essen wird in den Restaurants eiskaltes (Leitungs)wasser gereicht. Wegen des mehr oder weniger starken Chemiegeschmacks auf Grund der Chlorierung (und Arsenierung!) des Trinkwassers ist Mineralwasser auch bei der Bereitung von Tee oder Kaffee zu empfehlen, man stirbt aber nicht gleich, wenn man dies mal mit Leitungswasser tut.

Obst, Südfrüchte und Gemüse
Ungleich größer in Vielfalt und Menge bei z.T. sehr günstigen Preisen werden Obst und Südfrüchte in den Supermärkten angeboten. Man kann nicht nur Bananen, Apfelsinen, Grapefruits, Honigmelonen, Kirschen, Aprikosen, Nektarinen und Pfirsiche, sondern auch viele exotische Früchte aus Mittelamerika und der Karibik bekommen.

Man erhält sämtliche Gemüsesorten, die wir auch hier in Europa kennen. Bei Kartoffelsorten gibt es eine große Auswahl, zum Beispiel werden viel Kartoffeln mit rötlicher Schale angeboten. Blattsalat wird durch ständiges automatisches Besprühen mit Eiswasser frisch gehalten. Melonen gibt es oft schon fertig in mundgerechte Stücke zugeschnitten und in Klarsichtfolie verpackt.

Oft locken die Märkte mit Sonderangeboten für all die Kunden, die im Besitz einer hauseigenen Einkaufskarte sind. Diese Karte, äußerlich einer Scheckkarte sehr ähnlich, ermöglicht darüber hinaus auch einen regelmäßigen Rabatt auf alle Waren, wenn man sie an der Kasse vor dem Bezahlen der Kassiererin gibt, um sie einscannen zu lassen.

2.10 Freizeit und Sport

Sport ist aus dem Leben der Amerikaner nicht wegzudenken, sei es Sport an der frischen Luft oder in Hallen, einzeln oder in einer Mannschaft, als Amateur oder als Profi, im Winter oder im Sommer, sei es zu Lande, zu Wasser oder in der Luft. Erweitert man den Begriff Sport einmal auf alle Bereiche der Freizeitgestaltung, so müsste man auch das Fliegen und das Autofahren dazuzählen. Beschränken wir uns im Folgenden auf die wichtigsten amerikanischen Sportarten.

2.10.1 Baseball

Ohne Übertreibung darf behauptet werden, dass der Baseball ganz oben an der Stelle der Beliebtheit steht. Er ist schlechthin *die* Freizeitbeschäftigung der US-Amerikaner. Er fußt auf einer langen Tradition und stellt tatsächlich einen bedeutenden Anteil an der Volkskultur. Baseball hält die Nation zusammen, ist eine Art Ersatzreligion, erfüllt die Funktion einer sozialen Klammer, ist psychisches Regulativ und ein Teil des amerikanischen Selbstverständnisses. Vergessen wir nicht die pädagogische Funktion des Baseball, lernen die »kids« in den »Little Leagues« doch ohne eigens aufgewendeten Zwang, Regeln zu beachten und ihr eigenes (soziales) Verhalten stetig zu verbessern. In jeder halbwegs erwähnenswerten und auf der Karte verzeichneten Ortschaft gibt es deswegen auch eine »Baseball League«.

Hier in aller Kürze die Grundregeln: Zwei Teams von je neun Mitspielern kämpfen auf einem quadratischen Feld von 90 Fuß Kantenlänge (dem »diamond«). In jeder Ecke befindet sich ein Mal (»base«). Der Werfer (»pitcher«) wirft nun den Ball von einem Wurfmal (»low mound«), welches in der Mitte des Feldes steht, über die Gummiplatte (»home plate«) zum Schlagmann (»batter«). Darauf schlägt der Schlagmann den Ball mit dem Schlagholz (»bat«), lässt dieses danach fallen und läuft zur ersten »base«. Bekommt das Team im Feld (»fielding team«) den Ball, bevor der Schlagmann, der jetzt Läufer ist, die base erreicht hat, ist der Läufer (»runner«) raus.

Ist dieser aber schneller, bedeutet das »safe on first«, und der nächste Schlagmann wartet auf den nächsten Werfer. War der Treffer gut oder konnte die Feldmannschaft den Ball nicht abfangen, kann der Spieler versuchen, zur nächsten »base« oder sogar noch weiter zu gelangen. Schafft er es, drei »bases« zu umrunden und zur »home plate« zurückzukommen, bedeutet das einen »home run«. Fängt die Feldmannschaft aber den Ball während des Fluges, so fliegt der Schlagmann hinaus.

Es kann vorkommen, dass der Schlagmann beim Schlagen den Ball nicht trifft. Das nennt man einen »strike«. Nach drei »strikes« ist er ausgeschieden. Ebenfalls zählt es als »strike«, wenn der Ball hinter der »base line« (Verbindungslinie zwischen den Malen) landet.

Auf weitere Details wollen wir der Kompliziertheit wegen lieber verzichten. Man erkennt wohl schon so unschwer, dass das Ganze ein kompliziertes System ist, in dem es darum geht, Punkte zu sammeln und gleichzeitig zu verhindern, dass Punkte verschenkt werden.

Was die Nation am meisten interessiert, ist das Abschneiden der Mannschaften in der »American League (AL)« und der »National League (NL)«, in denen jeweils 15 Teams spielen. Jede Mannschaft hat

162 (!) Spiele zu bewältigen, jede Woche fünf. Saison ist von April bis Oktober. Im Oktober werden in den »play-offs« die Gewinner jeder Liga ermittelt. Die Gewinner spielen dann gegeneinander in weiteren sieben Spielen (»world series«).

Die Trainingsspiele finden immer im März in Florida (»Grapefruit League«) und in Arizona (»Cactus League«) statt. Diese Trainings bedeutender Mannschaften und Stars können in den Parks der Städte für ein sehr niedriges Eintrittsgeld verfolgt werden.

Bekannte Austragungsorte der Endspiele sind das »Yankee Stadium« in New York, das »Wrigley Field« in Chicago, die »Camden Yards« in Baltimore und der »Fenway Park« in Boston.

2.10.2 Football

Die Ursprünge des amerikanischen Football wurzeln im britischen Rugby, jedoch ist davon heute nicht mehr allzu viel zu spüren.

Die beiden gegeneinander spielenden Teams zählen je elf Spieler, die auf einem 53 mal 100 yards großen Feld spielen. Begonnen wird mit einem »kick-off« in Richtung auf die angreifende Mannschaft, das »attacking team«. Diese muss den Ball anschließend im Feld auf die andere Seite bewegen, während die verteidigende Mannschaft (»defending team«) dies zu verhindern sucht. Hat die angreifende Mannschaft den Ball erfolgreich bis in die Endzone gebracht (»touch down«), erhält sie dafür sechs Punkte.

Köpfezusammenstecken heißt Beratung, zum Beispiel wenn während des Spiels ein Spieler der Angreifer zu Boden gerissen wurde und man die weitere Strategie bespricht. In diesem Fall formieren sich die beiden Teams zu beiden Seiten des Balles neu und das Spiel wird neu gestartet. Das erfolgt dadurch, dass der »Center«-Spieler des Angreiferteams den Ball durch seine Beine zum »Quarterback«-Spieler seiner Mannschaft befördert. Dieser führt den Angriff, läuft mit dem Ball los oder wirft ihn zum »Receiver«-Spieler. Jetzt beginnt die Attacke auf breiter Front, die sowohl von Taktik als auch Härte gekennzeichnet ist. Der Ball soll ja auf jeden Fall an den Verteidigern vorbeigeleitet werden. Kommt der Angriff ins Stocken und es geht nicht weiter, beginnt das ganze Spektakel von vorn. Wird der Ball von den Verteidigern abgefangen oder aber schaffen es die Angreifer auch mit vier »downs« (Angriffen) nicht, den Ball weiter als 10 yards nach vorn zu bewegen, geht der Ball zum gegnerischen Team über.

Beeindruckend ist American Football vor allem durch die kreative Vielfalt der Angriffs- und Abwehrzüge sowie durch die durchtrainierten, massigen, aber doch blitzschnell reagierenden Spieler. Obwohl Rangeleien vorkommen und das Spiel auf den unvorbereiteten Zuschauer häufig brutal wirkt, sorgt das Regelwerk doch für einen geordneten Spielablauf. Tätliche Auseinandersetzungen wie beim Eishockey sind die Ausnahme.

Ganz oben steht die »National Football League (NFL)«, wieder unterteilt in die »National Conference« und die »American Conference« mit je 16 Mannschaften. Einmal in der Woche, jeweils am Sonntag- oder Montagabend, findet ein Spiel statt. In der von August bis Dezember dauernden Saison der Profi-Teams trägt jede Mannschaft insgesamt 16 Spiele aus, gefolgt vom »Superbowl« im Januar.

In dieser Zeit versammeln sich viele Männer mit ihren Freunden vor den Fernsehern, um die Übertragungen der Spiele zu verfolgen. Dabei wird oft und viel Bier getrunken, während die Damen sich mit eigenen »Clubs« zu Videorunden versammeln, um die Filme zu sehen, die sie noch nicht oder schon lange nicht mehr geschaut haben.

2.10.3 Andere Sportarten
Hier sind vor allem zu nennen: Basketball, Eishockey, Tennis, Golf und Leichtathletik. Im Basketball steigen die Spitzenspieler der »National Basketball League (NBA)« zu Superstars auf und verdienen riesige Mengen Geld.

»Fußball« (oder auch Soccer) wie in Deutschland beziehungsweise Europa hat bei weitem nicht die Bedeutung wie hier. Obwohl viele eingetragene Mitglieder in örtlichen Vereinen spielen, erregt dieses Ballspiel kaum das Interesse breiter amerikanischer Schichten, wenn auch bei Endspielen wie beispielsweise 1994 beim Weltcup große Besucherzahlen zu verzeichnen sind.

2.11 Bevölkerung und Religionen

Die USA werden gegenwärtig von rund 280 Millionen Menschen bewohnt, und diese Zahl wächst immer noch weiter. Etwa 0,8 Prozent kommen jährlich neu hinzu, was 2,2 Millionen Menschen entspricht. Darin enthalten sind 675 000 zugelassene Einwanderer pro Jahr. Die Geburtenrate beträgt rund 16 pro 1000 Einwohner, die Sterberate etwas über 8 pro 1000. Durchschnittlich wohnen ca. 30 Menschen auf einem Quadratkilometer. 82,8 Prozent der Bevölkerung haben eigenen

Angaben zufolge die weiße Hautfarbe, 12,6 Prozent sind schwarz, 3,7 Prozent sind asiatisch gefärbt. Der Rest, also weniger als ein Prozent, ist noch indianischer Abstammung. Insgesamt sind es gegenwärtig etwa neun Prozent der Bevölkerung, die nicht in den USA geboren wurden, was in etwa den Quoten der Länder Westeuropas entspricht.

Man vermutet zwischen fünf und elf Millionen illegal zugewanderte Personen in den USA, hauptsächlich sogenannte Latinos (Südamerikaner). Aus diesen Zahlen erklären sich auch die zunehmend restriktiveren Einwanderungsbestimmungen sowie deren strenge Kontrolle.

Wer mehr und ständig aktualisierte Details zur Bevölkerung der USA erfahren möchte, schaue einmal unter *www.census.gov* nach.

Da vor der »Entdeckung« durch die weiße Rasse (offiziell durch Kolumbus) nur indianische Völker den nordamerikanischen Kontinent bewohnten, müssen wir hier zuerst die Naturreligionen dieser Völker und Volksgruppen erwähnen. Zum Teil werden die zutiefst im Respekt vor den natürlichen Kräften der Erde ankernden Vorstellungen und daraus resultierenden Rituale noch heute in sogenannten Stammesreservaten abgehalten. Die Metaphysik der so genannten »Indianer« war ohnehin in viel höherem Maße dem Erhalt der Umwelt und der natürlichen Kreisläufe verpflichtet, als es die Vertreter der später herübergebrachten so genannten christlichen Glaubensrichtungen waren. Diese waren vielmehr auf Unterwerfung, Eroberung und Vernichtung bestehender Ordnungen sowie Ausbeutung materieller Werte ausgerichtet. Dies sollten wir bei aller Anerkennung und gern geübter Selbstbeweihräucherung unserer eigenen kulturellen Leistungen nicht vergessen.

Im Zuge der frühen Kolonialisierungen brachten die Missionare der katholischen Kirche die für die vorhandenen indianischen Volksgruppen als verbindlich angesehenen Grundsätze der christlichen Lehre nach Nordamerika. Mit Erstaunen fragen wir uns heute, wie es überhaupt möglich war, eine Religion, die vor allem auf der Ausübung von Nächstenliebe basiert, mit brutalster Gewalt (»mit Feuer und Schwert«) durchzusetzen. Welchen Eindruck mögen diese Männer wohl auf die »Eingeborenen« hinterlassen haben? Indem sie den Indianern die Angst vor den Rache übenden »bösen Geistern« ihrer animistischen Naturreligion nahmen, boten sie ihnen im Tausch dafür eine neue Angst, nämlich die vor »Fegefeuer und Hölle«. Dies alles, um sich die naiven Menschen gefügig zu machen und unter dem Zeichen des Kreuzes im Missbrauch christlicher Symbolik neue Machtstrukturen aufzubauen, die dabei halfen, das zu etablieren, was wir heute »Kolonisation« nennen.

Es kamen aber nicht nur Vertreter der katholischen Kirche, sondern auch andere christliche Gruppen wie zum Beispiel die Abtrünnigen der Anglican High Church in England – kurz die »Pilgrim Fathers« genannt – als frühe Einwanderer ins Gebiet der heutigen Vereinigten Staaten. Heute sind die christliche Gruppen und Kirchen zahlenmäßig am stärksten unter allen Religionen in den USA vertreten, sie haben auch ganz wesentlichen Anteil an der kulturellen und zivilisatorischen Entwicklung der Nation und stecken bis heute mit ihren Traditionen den sozialen Rahmen für breite Bevölkerungsschichten ab. 81 Prozent aller US-Amerikaner gehören zum christlichen Bekenntnis. Jedoch gibt es keine Staatskirche und auch keine irgendwie geartete Verbindung zwischen Staat und Kirche wie in Deutschland, damit natürlich auch keine Kirchensteuer. Dafür existiert eine Unzahl von kleinen, selbständigen Glaubensrichtungen, Sekten und Gemeinden unter dem christlichen »Dach«. Es ist wie bei einem Verein, man ist dort (Beitrag oder Spenden zahlendes) Mitglied oder nicht. Jedoch stehen die Kirchen jedem Neuinteressierten zur Teilnahme an Gottesdiensten und anderen Aktivitäten offen.

56 Prozent der US-Bürger sind protestantisch, 25 Prozent katholisch ausgerichtet. Wer in den USA einmal an einem Gottesdienst teilgenommen hat, wird bestätigen können, mit wie viel Enthusiasmus die versammelte Gemeinde den Worten des Predigers folgt. Spontane Ausrufe der Freude, Aufstehen und Erheben der Arme als Ausdruck des bekennenden Glaubens und der Hingabe sind nicht selten. Mitunter fordert der Vortragende während des Gottesdienstes die Menschen auch auf, sich umzudrehen und ihren Banknachbarn, Vor- oder Hintermännern und -frauen die Hand zu schütteln (was heute allerdings in Deutschland durchaus auch schon üblich ist) oder aber auch nach vorn zu kommen und sich zum Beweis ihrer Gefolgschaft zu Jesus und Gott neben den Prediger zu stellen. Dem wird dann auch unbefangen Folge geleistet.

Der Prediger erzählt in einem gefühlvollen, manchmal auch sehr mitreißenden Ton und mit wechselnder Lautstärkedynamik. Dabei bezieht er immer wieder Vorkommnisse aus seinem privaten Erleben in seinen Vortrag mit ein, um so Beispiele für das Wirken Gottes im Alltag zu geben. Es findet ein regelrechter Dialog mit der Gemeinde statt. Glaube ist, wie auch andere Dinge, in den USA etwas sehr Praktisches ‚und man geht sehr pragmatisch damit um. Keine steifen, festgelegten Abläufe und Rituale wie zum Beispiel in deutschen Kirchen. Es geht alles sehr locker zu. Auch die gesungenen Kirchenlieder (»gospel songs«), mitunter von einer kleinen Band begleitet, sind fröhlich und erzeugen eine gute Stimmung.

Vielleicht ist dies alles mit ein Grund dafür, dass man in den amerikanischen Kirchen nicht nur ältere Menschen sieht, sondern auch erstaunlich viele Menschen jungen und mittleren Alters sowie Familien mit Kindern. Kleine Kinder, die dem Gottesdienst noch nicht folgen können, werden oft in separaten Räumen neben dem Versammlungsraum von Mitarbeitern der Gemeinde beaufsichtigt und beschäftigt. Der Vortragende fordert auch zu Beginn dazu auf, Kinder bitte in die dafür vorgesehenen Räumlichkeiten zu bringen. So gibt es keine wie auch immer geartete von Kindern hervorgerufene Unruhe während der Veranstaltung. Wir persönlich jedenfalls hatten einen sehr positiven Eindruck vom Ablauf eines amerikanischen Gottesdienstes.

Christliche Hauptrichtungen sind Lutheraner, Methodisten, Presbyterianer, Baptisten und Episkopale. Zwei Prozent der Bevölkerung sind jüdischen Glaubens, sechs Prozent vertreten andere Religionen und elf Prozent sind ohne Bekenntnis.

Auch die Medien haben die Kirchen seit langem entdeckt. Mehr als 1300 lokale Radio- und TV-Stationen übertragen regelmäßig Gottesdienste. Sie haben sich der Verbreitung des Evangeliums verschrieben und sorgen für ein entsprechendes Spendenaufkommen.

Eine wichtige Rolle im Leben der afroamerikanischen Bevölkerung der Vereinigten Staaten spielen Kirchenvereinigungen wie die »National Baptist Convention« mit acht Millionen, die »National Baptist Convention of America« mit dreieinhalb Millionen und die »African Methodist Episcopal Church« mit ebenfalls dreieinhalb Millionen Mitgliedern. Diese ausschließlich von der »schwarzen« Bevölkerung besuchten Kirchen haben für diese auch eine große Bedeutung bei der Bewahrung ihrer kulturellen Bräuche und Traditionen.

Zum großen Reigen der Religionen gehören auch die etwa vier Millionen in den USA lebenden Mohammedaner oder Moslems, von denen rund 100 000 in der »Nation of Islam« organisiert sind.

Eine Menge kleiner religiöser und weltanschaulicher Vereinigungen fand und findet in den USA ebenfalls ihre Heimat. Wir nennen nur die »Amish People« in Pennsylvania und Ohio, deren altertümliche Lebensweise bekannt ist, die »Latter Day Saints« (Heilige der letzten Tage), auch Mormonen genannt, die in Salt Lake City ihr Zentrum haben, die »Seventh-Day Adventists« (Siebentage-Adventisten), die »Christian Scientists« und die »Jehovah's Witnesses« (Zeugen Jehovas), die alle in den USA gegründet wurden.

2.12 Telefon und Post

Auch in den Vereinigten Staaten sind Post- und Telefondienst voneinander getrennt. Während der »United States Postal Service« ein rein staatliches Unternehmen ist, welches mit den typischen, kleinen weißen Zustellautos herumfährt, ist der Telefondienst in den Händen privater Gesellschaften. Eine Ausnahme von der rein staatlich betriebenen US-Post bilden die Paketzustelldienste, unter denen es ebenfalls private Firmen gibt. Der bekannteste unter diesen ist sicherlich der »United Parcel Service (UPS)«, mit seinen braunen Lieferwagen mittlerweile auch in Europa ein gewohntes Bild im Straßenverkehr.

2.12.1 Telefonieren
Für den Weitverkehr, also im Bereich der Ferngespräche, arbeiten in den USA mehrere große Unternehmen (»Long Distance Carriers«). Hier wären Namen zu nennen wie AT&T, Sprint und MCI. Im lokalen Bereich ist jeweils nur eine bestimmte Gesellschaft zuständig, die das Monopol für die jeweilige Gegend besitzt.

Münzfernsprecher
Das Telefonieren vom öffentlichen Münzfernsprecher ist gewöhnungsbedürftig, zumindest dann, wenn man ein Ferngespräch führen will. Achten Sie darauf, eine genügend große Menge von Vierteldollarmünzen bei sich zu haben, um den Automaten nachzufüttern.
   Der Vorgang selbst ist folgender: Sie nehmen den Hörer ab, achten auf den Dauerton und wählen, zunächst ohne Münzen einzuwerfen, die Nummer eines »Operators« (bitte vorher bei Bekannten oder in Geschäften erfragen beziehungsweise im Telefonbuch nachsehen). Die nun ertönende männliche oder weibliche Stimme fordert nun zum Wählen der gewünschten Nummer auf. Sie wählen und bekommen sogleich vom Operator den Startpreis für die gewählte Verbindung genannt, den Sie nun mit ihren »Quarters« einwerfen. Geht das Gespräch in einen anderen Vorwahlbereich, so wird es teuer und man braucht entsprechend viele Münzen.
   Kurz bevor das eingeworfene Geld verbraucht ist, meldet sich warnend der Operator. Nun müssen Sie nachwerfen. Wenn Sie feststellen, dass Sie nicht genügend Münzen bei sich haben, können Sie den Operator durch das Wählen einer Null in die Leitung holen und ein Rückgespräch (»Collect Call«) anmelden. Sie nennen dem Operator

nun die gewünschte Nummer, und er fragt jetzt dort an, ob der anzusprechende Telefonpartner einverstanden ist und die Gebühren für das Gespräch übernimmt. Wenn ja, wird das Gespräch nun in umgekehrter Richtung für Sie geschaltet.

Das Ganze hört sich ein bisschen nach Telefonieren wie zu Großmutters Zeiten an, als man ebenfalls erst ein »Amt« anzuwählen hatte, bevor eine Verbindung zu Stande kam. Diese wurde dann mittels Stecker und Buchse von Hand geschaltet. Das Operator-Telefonieren funktioniert aber einwandfrei und hat den beschriebenen Vorteil, der in der Möglichkeit liegt, R-Gespräche zu führen.

Einfacher ist das Telefonieren mit dem Münzgerät im Ortsbereich, was wie bei uns funktioniert. Hier ist kein Operator dazwischengeschaltet.

Telefonkarten
Für alle Ferngespräche, beispielsweise auch nach Übersee, empfiehlt sich der Kauf von »phone debit cards«. Sie kaufen eine solche Karte für einen bestimmten Preis (von $5 bis $50 erhältlich) und haben dann ein bestimmtes Kontingent von Einheiten, die Sie verbrauchen können. Die Karten sind an Tankstellen, Kiosken, bei kleineren Läden, auch in Hotels und anderswo erhältlich.

Der Vorgang ist folgender: Sie nehmen die gekaufte Karte aus dem verschlossenen Umschlag und lesen zunächst die für Ihren Aufenthaltsbereich gültige Zugangsnummer ab. Diese wählen Sie mit jedem gerade zur Verfügung stehenden Telefon an. Es ertönt eine Ansage, die Sie zur Eingabe der auf Ihrer Karte stehenden PIN-Nummer auffordert. Wenn Sie dies getan haben, kommt eine Ansage wie zum Beispiel »dial the number you wish to call now«. Jetzt wählen Sie die eigentliche Rufnummer, mit der Sie verbunden werden wollen, zum Beispiel bei Deutschland die 011-49-Vorwahl(ohne Null)-Anschlussnummer. Jetzt kommt wieder eine Ansage, die Ihnen sagt, wie viel Zeit Sie zur Verfügung haben.

Tipp: Benutzen Sie diese Karten nicht oft hintereinander für viele kurze Gespräche, sondern nur für wenige längere Gespräche, da jedes Mal als Startgebühr für ein neues Gespräch relativ viel Geld verbraucht wird.

Die andere Art von Telefonkarten sind die »phone credit cards«, die Sie aber nur benutzen können, wenn Sie bereits einen eigenen Telefonanschluss haben. Für diese Karten gibt es eine besondere Vorwahl- und eine PIN-Nummer, die Sie besser vor den Blicken Unbefugter schützen sollten. Die Kosten für Ihre Gespräche werden regelmäßig von Ihrem Konto abgebucht. Man kann die Karte auch an Apparaten unabhängig vom eigenen häuslichen Telefon benutzen, also im Hotel, am Flughafen und so weiter.

Mobiles Telefonieren
Auch in den USA kann man mit einem sogenannten »Handy« fernsprechen. *Achtung:* Der Ausdruck »Handy« ist nur in Deutschland beziehungsweise im deutschsprachigen Raum eingebürgert, in USA heißt es »mobil phone« oder »cellular phone«, kurz »cell phone«. Beachten Sie aber, dass in den USA andere Frequenzbereiche benutzt werden, so dass Sie mit Ihrem deutschen Handy nichts ausrichten können, wenn es sich dabei nicht um ein so genanntes Triple-Band-Handy (Handy für drei verschiedene Frequenzbereiche) handelt.

US-Telefonnummern
Alle amerikanischen Telefonnummern sind wie folgt aufgebaut: Dreistellige Vorwahl (»area code«) + siebenstellige Anschlussnummer (»phone number«). Die Vorwahlnummer wird natürlich wie auch bei uns nur bei Anrufen nach außerhalb des eigenen Vorwahlgebietes mitgewählt.
  Wichtig: Bei allen Gesprächen mit Vorwahl muss noch die »1« (Landeskennung für USA) vorweg gewählt werden. Von Übersee aus nach USA wird entsprechend die »001« gewählt. Bei Gesprächen von den USA nach Übersee dagegen kommt die »011« + Landeskennung zur Anwendung.
  Beachten Sie bitte immer, dass die Null vor der deutschen Vorwahl (zum Beispiel **0**421) bei einem Anruf aus anderen Ländern nach Deutschland stets wegfällt. Sie ist nur für den innerdeutschen Gebrauch da.
- Beispiel 1 (von Deutschland nach USA): 001-914-111 1111
- Beispiel 2 (von USA nach Deutschland): 011-49-421-112233

Telefonauskunft
Die (überregionale) Auskunft nennt sich »directory assistance«, zu erreichen unter 1 + area code + 555 1212. Auch im Internet unter *www.555-1212.com*
Örtliche Auskunft bekommt man unter »411«.

800er und 900er Nummern
Telefonnummern, die mit »800« beginnen, sind gebührenfrei. »900er«-Nummern dagegen kosten Gebühren, die zum Teil erheblich sind. Vergewissern Sie sich vorher, wie viel Kosten entstehen.

Beiden Nummernarten ist ebenfalls wieder die »1« voranzustellen.

Übersicht über die US-Staaten und deren Vorwahlnummern

State	Area Code
Alabama (AL)	205
Alaska (AK)	907
Arizona (AZ)	602
Arkansas (AR)	501
California (CA)	203, 213, 310, 408, 415, 510, 619, 707, 714, 805, 818, 909, 916, 925
Colorado (CO)	303, 719
Connecticut (CT)	203
Delaware (DE)	302
District of Columbia (Washington D.C.)	202
Florida (FL)	305, 407, 813, 904
Georgia (GA)	404, 706, 912
Hawaii (HI)	808
Idaho (ID)	208
Illinois (IL)	217, 309, 312, 618, 708, 815
Indiana (IN)	219, 317, 812
Iowa (IA)	319, 515, 712
Kansas (KS)	316, 913
Kentucky (KY)	502, 606
Louisiana (LA)	318, 504
Maine (ME)	207
Maryland (MD)	301, 410
Massachusetts (MA)	413, 508, 617
Michigan (MI)	313, 517, 616, 810, 906
Minnesota (MN)	218, 507, 612
Mississippi (MS)	601
Missouri (MO)	314, 417, 816
Montana (MT)	406
Nebraska (NE)	308, 402
Nevada (NV)	702
New Hampshire (NH)	603
New Jersey (NJ)	201, 609, 908
New Mexico (NM)	505
New York (NY)	212, 315, 516, 607, 716, 718, 914, 917

North Carolina (NC)	704, 910, 919
North Dakota (ND)	701
Ohio (OH)	216, 419, 513, 614
Oklahoma (OK)	405, 918
Oregon (OR)	503
Pennsylvania (PA)	215, 412, 610, 717, 814
Rhode Island (RI)	401
South Carolina (SC)	803
South Dakota (SD)	605
Tennessee (TN)	615, 901
Texas (TX)	210, 214, 409, 512, 713, 806, 817, 903, 915
Utah (UT)	801
Vermont (VT)	802
Virginia (VA)	703, 804
Washington (WA)	206, 509
West Virginia (WV)	304
Wisconsin (WI)	414, 608, 715
Wyoming (WY)	307

2.12.2 Post

Jedem, der schon einmal Gelegenheit hatte, in den USA eine Postsendung zu verschicken, werden die preiswerten Gebühren aufgefallen sein. 2001 kostete eine Postkarte 20 cents, ein normaler Brief 33 cents (bis 1 Unze). Die Luftpostgebühren (außer Mexiko und Kanada) liegen bei 60 ct bei einem Briefgewicht von 1/2 Unze sowie bei 1 $ bei 1 Unze. (1 Unze = 28,35 Gramm). Eine Postkarte per Luftpost kommt auf 50 cents.

Briefe von den USA nach Mexiko und Kanada liegen bei 40 cents beziehungsweise 46 cents bei 1/2 Unze und werden ohnehin als Luftpost versendet.

Ein Paket per Luftpost innerhalb der USA kostet 3,20 $ bei 2 lbs. Gewicht (1 lb., d.h. 1 pound, = 453 Gramm). Darüber liegen die Kosten jeweils bei 1 $ pro zusätzlichem lb.

Richtig adressieren: Um Fehlern bei der Adressierung einer Postsendung nach oder in den USA vorzubeugen, geben wir hier ein Beispiel:
Mrs. Linda Turner
Malibu Beach, CA 90265 USA
233 Honeymoon Place

Postleitzahlen sind fünfstellig, mancherorts ergänzt durch einen Bindestrich und eine weitere vierstellige Zahl. Diese dient der noch genaueren Identifizierung des Wohngebiets beziehungsweise der Straße. Bezeichnungen für die Bundesstaaten sind als Abkürzungen üblich, wie in den USA ja alles abgekürzt wird, was möglich ist.

2.13 Schule und Ausbildung

Das amerikanische Schulsystem
Die weitaus meisten aller Schulen in den USA sind öffentliche Schulen. Private Schulen geben zwar eine bessere Ausbildung (so wird gesagt), sind aber häufig konfessionell gebunden (»parochial schools«). Oft sind diese auch nicht koedukativ, d.h. es gehen entweder nur Mädchen oder nur Jungen auf diese Schulen. Das Curriculum (Lehrplan) dieser Schulen weicht nicht sehr von dem in öffentlichen Schulen ab.
Wie gliedert sich nun das Schulsystem?
Bevor die eigentliche Schulpflicht beginnt, ist es den Eltern anheim gestellt, ihre Kinder schon mit 3 Jahren in eine »Nursery School« oder »Pre-School« und anschließend (oder stattdessen) in einen »Kindergard(t)en« (Alter: 4 bis 5 Jahre) zu schicken. Die Pre-Schools liegen häufig in der Nähe der Wohnung. Die »Kindergardens«, die vor allem auch zum Kennenlernen der zukünftigen Mitschüler dienen, sind mancherorts organisatorisch und räumlich der Schule (Grundschule) zugeordnet. Nursery-/Pre-Schools kosten Beiträge, Kindergardens nicht.
Beim eigentlichen Schulsystem finden wir, ähnlich wie in Deutschland, eine Abstufung in drei Bereiche vor:
1. die Grundschule (»elementary education«)
2. die Sekundarschule (secondary education, auch »High School« genannt)
3. die Hochschule, Fachhochschule, Universität (»higher education«)
Unterschiede liegen in einigen organisatorischen und inhaltlichen Details. Außerdem gibt es Abweichungen von Schulstandort zu Schulstandort. So unterscheidet man drei Aufbauschemata, nach denen sich die Abfolge der Schuljahre pro Schulstufe unterscheiden kann.
a. Schema 6-6: Die Klassen 1 bis 6 gehören zur Elementary School, anschließend folgt die High School mit den Klassen 7 bis 12
b. Schema 8-4: Die Klassen 1 bis 8 gehören zur Elementary School, darauf folgt die High School mit den Klassen 9 bis 12
c. Schema 6-3-3: Die Elementary School umfasst die Klassen 1 bis 6,

darauf folgt die Junior High School (Klassen 7 bis 9), darauf die Senior High School (Klassen 10 bis 12)
Die Klassen werden nicht als »classes«, sondern als »grades« bezeichnet, also Klasse 3 heißt »grade 3« beziehungsweise »3rd grade«. Der Schulabschluss (wie bei uns die mittlere Reife oder das Abitur) heißt in USA »graduation«. Er wird im Alter von 17 oder 18 gemacht.

Besonderheiten der High School
Je nachdem, nach welchem Schema die High School aufgebaut ist, umfasst sie einen Zeitraum von vier oder sechs Jahren, wobei der sechsjährige Typ sich in Junior High und Senior High aufgliedert.

Ähnlich der in Deutschland in verschiedenen Bundesländern vorhandenen Gesamtschule ist in der amerikanischen Secondary Education die High School eine Schule für alle Kinder, ganz gleich, welchen intellektuellen Stand diese besitzen. Zwangsläufig drückt diese »Gleichmacherei« das Bildungsniveau erheblich, kommt jedoch dem Ideal der amerikanischen Chancengleichheit für alle auch auf dem Sektor der Bildung sehr nahe. Bitte vergleichen Sie also die High School nicht mit dem deutschen Gymnasium. Eher wäre ein Vergleich mit einer Mischung aus Haupt- und Realschule angebracht, obwohl der Vergleich wegen der unterschiedlichen Lerninhalte in den USA hinkt.

Praxisorientiert wie die Amerikaner nun einmal sind, bieten sie den jungen Menschen in der High School wesentlich mehr Möglichkeiten, sich auf zukünftige Berufswünsche vorzubereiten. High-School-Lehrpläne sehen nicht nur allgemeinbildende Fächer vor, sondern auch berufsorientiertes Lernen in spezialisierten Kursen. Dies ist für all diejenigen besonders wichtig, die sich nicht für eine akademische Laufbahn entscheiden wollen.

Überblick über die Hauptkursgruppen
Der notwendige Fächerkanon für die akademische Ausrichtung umfasst die Fächer, English, Mathematics, Science (Naturwissenschaft), Social Studies, Foreign Language und Computer Science.
Schüler/innen mit praktischen Berufszielen wählen Kurse wie Agriculture (Landwirtschaft), Printing (Drucktechnik), Marketing (Verkaufs- und Marktkunde), Auto mechanics (Kraftfahrzeugtechnik), Cosmetology (Kosmetik), Architectural Drafting (Architektenzeichnen), Wood Working (Holzbearbeitung), Journalism/Newspaper Publication (Journalismus u. Zeitungswesen), Videoproduction, Photography, Psychology, Computer Programming, Arts (Kunst) oder Ähnliches.

Im Kaufmännischen Bereich werden zum Beispiel Typing (Maschinenschreiben), Book Keeping (Buchhaltung) und Shorthand (Stenographie) angeboten.

Bereits auf der Junior High School können Schüler bestimmte Kurse selbst wählen. Diese nennt man »Electives«, darunter fallen zum Beispiel die Teilnahme an der Schul-Musikband oder dem Chor. Aber auch eine bestimmte Fremdsprache käme in Frage.

Andere Kurse wiederum werden ohne Mitwirkung des Schülers durch gemeinsame Absprache zwischen Lehrer und Eltern festgelegt. Hierbei handelt es sich oft um sogenannte »Accelerated Courses« (Schnellkurse), die dem Schüler ein Überspringen der folgenden Klassenstufe in die übernächste ermöglichen sollen, eine Art Begabtenförderung.

Dass bei aller Freiheit, die man dem High-School-Schüler lässt, nicht alles freiwillig und buntgemischt sein kann, sondern auch bestimmte Standards zu erfüllen sind, zeigt das sogenannte »credit system« (Punktesystem). Damit werden gewisse Mindestanforderungen festgelegt, die im Laufe des Schulbesuchs zu erfüllen sind. So kann man während des Besuchs eines bestimmten Kurses beziehungsweise Lehrfachs pro Semester zum Beispiel 5 Punkte erwerben, die sich dann bei Fortsetzung im nächsten Semester zu 10 Punkten aufaddieren.

Beispiel:

Englisch	40 Punkte	Kunst	10 Punkte
Mathematik	20 Punkte	Erdkunde	10 Punkte
Sport	20 Punkte	Geschichte	10 Punkte
Biologie	10 Punkte	Politik	10 Punkte
Physik	10 Punkte	Wirtschaftskunde	5 Punkte

Fächer wie Geschichte und Politik richten sich inhaltlich vor allem an amerikanischer Geschichte und Politik aus.

Mit einem »proficiency test« (Fähigkeiten und Kenntnisse) werden zu Beginn der High-School-Zeit Lese- und Schreibfertigkeit sowie mathematische Grundlagenkenntnisse abgetestet, um damit dem Schüler die Möglichkeit an die Hand zu geben, sich nach seinen Fähigkeiten schwerpunktmäßig den richtigen Kursen zuzuordnen. Der Schüler / die Schülerin stellt sich also seinen/ihren persönlichen Stundenplan selbst zusammen. Dabei stehen ihm/ihr sogenannte »guidance counselors« (Laufbahnberater) hilfreich zur Seite.

Benotungssystem und Fehlzeiten
Dieses ist für Neueingewanderte ein wenig gewöhnungsbedürftig, da keine Bewertungen mit Zahlen gegeben werden, wie es in Deutschland

und Europa üblich ist. An die Stelle der Zahlennoten treten Buchstaben. Das Spektrum reicht von A bis F, wobei A die beste Bewertung darstellt und ein F für nicht teilgenommen steht.

Bleibt ein Schüler dem Unterricht fern, muss dieser sich, wenn er nach einem oder mehreren Tagen wieder im Unterricht erscheint, beim Sekretariat eine neue Teilnahmeerlaubnis holen(!). Als Voraussetzung dafür dient entweder ein ärztliches Attest oder ein elterliches Entschuldigungsschreiben. Liegt keines von beiden vor, gilt das Fehlen als unentschuldigt. Anrufe der Schule bei den Eltern dienen dazu, Flunkereien im Zusammenhang mit dem Fehlen aufzudecken.

In den oberen Schuljahrgängen werden die Fehlzeiten direkt mit der Bewertungsnote am Ende des Schuljahres verrechnet. Zu häufiges Fehlen ermöglicht dann zum Beispiel nur noch eine Einstufung in »B« in dem (den) betreffenden Kurs(en), in dem (denen) der Schüler öfters gefehlt hat.

Die Schulpflicht endet wie bei uns auch mit dem 16. Lebensjahr. Wer aber eine »graduation« nach Klasse 12 anstrebt, muss bis zum 18.Lebensjahr durchhalten. Die Graduation ist nicht nur eine Abschlussprüfung, sondern auch ein gesellschaftliches und familiäres Ereignis, das mit viel Aufwand in einem streng traditionell geprägten Rahmen gefeiert wird.

College und Universität
Wer die Hürde der Graduation genommen hat, wird in den seltensten Fällen direkt ins Berufsleben einsteigen. Meist hat er sich vorgenommen, seiner Bildungslaufbahn eine weitere Stufe, die post-secondary education, hinzuzufügen, in dem er das College und/oder die Universität besucht.
Hier gibt es mehrere Möglichkeiten:
1. Der Besuch eines zweijährigen »Junior (Community) College«
2. Der Besuch eines zweijährigen »Technical College«
3. Der Besuch eines vierjährigen »College of Liberal Arts«
   (Abschluss: »Bachelor Degree«)
4. Der Besuch der University, bestehend aus College und anschließenden Studiengängen für den Abschluss als Magister (Master Degree) und gegebenenfalls als »PhD« (Doctor of Philosophy)

So genannte »Gemeinschafts-Colleges« und »Junior Colleges« führen zweijährige Studiengänge allgemeinbildender und auch fachlicher Ausrichtung durch. Colleges mit technischer Ausrichtung bieten meist die Fachrichtungen Wirtschaft, Kraftfahrzeugtechnik und Elektronik an. Nach Abschluss eines dieser zweijährigen Studiengänge wird ein »associate's degree« oder ein anderes spezielles Zertifikat erworben.

Normale Colleges und Universitäten stellen eine große Anzahl an Studiengängen geistes- oder naturwissenschaftlicher Richtung zur Verfügung, die in vier oder fünf Jahren zu einem »bachelor's degree« führen. Darüber hinaus bieten viele dieser Einrichtungen weiterführende Kurse an, die dann zu einem »Master's Degree« und ggf. zu einem »Doctor of Philosophy (PhD)« führen. Spezielle fachliche Zweige wie Volks- oder Betriebswirtschaft, Hochschullehre, Ingenieurwissenschaften, Jura, Medizin, Zahnmedizin und andere werden ebenfalls von den meisten Universitäten angeboten.

Auch im Post-Sekundar-Bereich gibt es öffentliche wie auch private Hochschulen. Private Colleges und Universitäten bringen teilweise erhebliche Studiengebühren mit sich, genießen aber durch die hohe Qualifikation ihrer Absolventen und durch die dort geleistete Forschungsarbeit, die häufig wirtschaftlich eng mit industrieller Anwendung verknüpft ist (Auftragsarbeiten), oft auch ein hohes Ansehen. Dies führt dazu, dass Studenten bestimmter Unis von den Unternehmen der Privatwirtschaft frühzeitig umworben werden.

Die hohen Studienkosten können durch Inanspruchnahme staatlicher Hilfe (Stipendien) in gut begründeten Fällen reduziert werden. Wenn es kein Stipendium gibt, muss man versuchen, sein Studium mit Teilzeitjobs zu finanzieren, sofern man keine reichen Eltern hat. Während man bei öffentlichen Unis mit Kosten von 4000 $ pro Jahr rechnen muss, liegen die Kosten für private Institutionen bei bis zum Drei- bis Vierfachen dieses Betrages. Unis wie Harvard, Yale, Stanford oder Princeton kosten zirka 20 000 $ pro Jahr. Hier werden die begabtesten Studenten als zukünftiger Führungsnachwuchs in Politik und Wirtschaft herangezogen.

Für Colleges und Universitäten gibt es Aufnahmetests (»Scholastic Aptitude Test (SAT)«). Darüber hinaus entscheiden die Leistungen in der High School, die Empfehlungen der ehemaligen High-School-Lehrer sowie auch Aufnahmeinterviews des College oder der Universität über die Zulassung zu der betreffenden Institution.

Über 50 Prozent der graduierten High-School-Absolventen wenden sich einer weiteren Ausbildung zu. Für dieses »higher learning« gibt es in den USA einige Tausend Institutionen, davon mehr als die Hälfte privat betriebene Hochschulen. Letztere sind zum überwiegenden Teil geisteswissenschaftliche Colleges. Die großen öffentlich betriebenen Universitäten sind meist Einrichtungen des jeweiligen Bundesstaates. Hier sind vier Fünftel aller Studierenden eingeschrieben.

»College Classes« sind vertiefende Vorkurse, die zur Vorbereitung auf die Aufnahme ins College dienen. Sie werden gewöhnlich an den High Schools angeboten.

Professional Schools (Berufsschulen) können oft die gleichen akademischen Grade verleihen wie Colleges oder Universitäten.

Die besten »Business Schools (MBA)« der USA

Aufgrund einer weltweiten Befragung durch das Magazin »Business Week« (Stand: 2000) ergab sich die Aufzählung von folgenden 30 führenden Fachschulen der Betriebswirtschaft (die Position in der Liste spiegelt gleichzeitig die Rangordnung):

Name	Staat
Wharton (Pennsylvania)	Pennsylvania
Northwestern (Kellog)	Illinois
Harvard	Massachusetts
MIT (Sloan)	Massachusetts
Duke (Fuqua)	North Carolina
Michigan	Michigan
Columbia	New York
Cornell (Johnson)	New York
Darden (Virginia)	Virginia
Chicago	Illinois
Stanford	California
UCLA (Anderson)	California
NYU (Stern)	New York
Carnegie Mellon	Pennsylvania
UNC – Chapel Hill	North Carolina
Dartmouth (Tuck)	New Hampshire
Texas – Austin (McCombs)	Texas
UC Berkeley (Haas)	California
Yale	Connecticut
Indiana	Indiana
Rochester (Simon)	New York
Vanderbilt (Owen)	Tennessee
Washington University (Olin)	Washington
USC (Marshall)	California
Purdue (Krannert)	Indiana
Georgetown (McDonough)	Washington D.C.
Maryland (Smith)	Maryland
Emory (Goizueta)	Georgia
Michigan State (Broad)	Michigan
Georgia Tech (DuPree)	Georgia

(Quelle: Business Week, 2000)

Der Titel MBA (Master of Business Administration) wird all denjenigen verliehen, die erfolgreich eine betriebswirtschaftliche Zusatzausbildung gemacht haben. Sie hat in den USA einen hohen Stellenwert.

Absolventen der 30 besten Business-Schulen beziehungsweise Universitäten bekommen durchschnittlich mehr als drei Stellenangebote nach Abschluss ihrer Ausbildung. Diesen Bewerbern winken zudem sehr gute Einstiegsgehälter, im Durchschnitt stieg ihr Gehalt auf mehr als 126 000 $ pro Jahr (2000). 1998 waren es noch 111 000 $. Zusätzlich werden oft auch die Umzugskosten sowie nachträglich die Kredite für die Ausbildung von den einstellenden Firmen übernommen. Hier sei auch auf die Website der Harvard Business School hingewiesen, die auf ihren »Websites for Managers« regelmäßig aktuelle Informationen und Hinweise zu anderen betriebswirtschaftlichen Websites vermittelt.

Eine eigene Website »Foreign MBA« (von Studenten der University of Chicago) kümmert sich um die Belange *ausländischer MBA-Studenten*. Hier haben sich inzwischen über 100 Websites mit mehr als 500 fachspezifischen »Links« angesammelt.

Interessenten dieses Fachs sollten sich auch die beiden Buchreihen *Portable MBA Program (Portable MBA Series)* und *The Fast Forward MBA (Portable MBA Series, Paperback)* merken.

Schulträger
Die Kontrolle über den Bildungssektor üben die Bundesstaaten und die örtlichen Städte und Gemeinden aus. Hier wird über Personalbudgets, Gebäudekosten, Schülertransport und Lehr- und Lernmittelbudgets entschieden. Von den Bundesstaaten selbst werden Lehrpläne und Prüfungsanforderungen festgelegt sowie notwendige Schulgesetze erlassen.
Das US-»Department of Education« kann bei zu hohen Schulkosten helfen, erlässt auch die Grundstandards der schulischen Bildung, übt aber keine Kontrolle über die bundesstaatliche Aufsicht aus.

2.14 Kultur

2.14.1 Musikrichtungen in den USA

Natürlich ist es im Rahmen dieses Buches unmöglich, Geschichte und Inhalte der amerikanischen Musik umfassend wiederzugeben. Deswegen wollen wir uns auf die wichtigsten Informationen beschränken, die sich aus dem musikalischen Leben dieser Nation ergeben.

Die Musik amerikanischer Komponisten hat weltweit Verbreitung gefunden. Bekannt geworden sind besonders die amerikanischen Jazzmusiker und die Komponisten der Unterhaltungsmusik. Zu den frühen Komponisten ernster Musik zählen Männer wie Roy Harris, Aaron Copland, Roger Sessions und Walter Piston. Später folgten dann Walter Schumann, Samuel Barber, David Diamond, Gian-Carlo Menotti, Ulysses Kay, Peter Mennin, Gunter Schuller und Leonhard Bernstein. In der Unterhaltungsmusik waren es vor allem Namen wie George Gershwin, Frederick Loewe, Cole Porter, Frank Loesser und Richard Rogers, deren Werke weltweite Verbreitung fanden. Sie waren es, die die musikalische Kunstform des »Musicals« erschufen, einer Mischung aus Schauspiel und Operette.

Musik in den USA ist sehr abwechslungsreich, vielseitig und populär. Städtische Orchester findet man nicht nur in den Metropolen, sondern auch in den Provinzstädten. Dazu kommen zahlreiche Laienorchester sowie Chöre. Einige große Symphonieorchester sind weltweit bekannt geworden. Erwähnen wollen wir an dieser Stelle auch noch das berühmteste amerikanische Opernhaus, die »Metropolitan Opera« in New York.

Sehen Sie sich die Werbung in den Tageszeitungen und an den Werbetafeln (billboards) an und Sie werden auch für Ihren Geschmack eine Konzertaufführung in Ihrem Wohnort oder in der Nähe finden.

Klassische Musik
Zunächst einmal ist zu bemerken, dass ein eigenständiges musikalisches Schaffen im Bereich der klassischen Musik in den USA erst relativ spät einsetzte. Zu stark noch waren eingewanderte Komponisten von den kulturellen europäischen Wurzeln geprägt, als dass sie neue Themen und Darstellungsformen zügig entwickeln konnten. Dies war so bis Ende des 19.Jahrhunderts. Die erste Aufführung einer amerikanischen Oper fand 1845 statt (»Leonora« von W. H. Fry).

Aus Europa rief der tschechische Komponist Anton Dvorak (1841–1904) seinen amerikanischen Kollegen 1895 zu, sie mögen doch endlich auf eigene Quellen zurückgreifen und verfügten doch sicher über genügend Material für typisch amerikanische Inspirationen. Um diese Möglichkeit unter Beweis zu stellen, verwies er auf seine eigene »New World Symphony«, die auf einer Mischung kirchlicher Musik und indianischer Rhythmuselemente beruht.

Schließlich war es dann soweit, der Beginn des 20.Jahrhunderts öffnete das Tor zu eigenständiger amerikanischer Klassik. Die politische Stimmung im Lande hatte daran ebenso Anteil wie die rhythmische Musik der Schwarzen – der Jazz, welcher letztlich in den unseligen Zeiten der Sklaverei seinen Ursprung hatte. Bekannte Komponisten wie George Gershwin und Aaron Copland verstanden es hervorragend, die neu entdeckte Melodie- und Rhythmusvielfalt in europäisch geprägte

Formen zu gießen. Eine Weiterentwicklung dieses Stils fand dann nach dem Zweiten Weltkrieg schließlich im sogenannten »Modern Jazz« ihren Ausdruck.

Die neue Klassik der letzten 40 Jahre wurde maßgeblich von Männern wie John Cage und Edgar Varese geprägt, die die traditionellen klassischen Kompositionsmuster verwarfen und mit experimentellen Methoden völlig neue Klangerlebnisse schufen. Beide haben großen Einfluss auf die Klassik der Gegenwart, teilweise auch auf andere musikalische Genres ausgeübt.

Jazz

Was bezeichnen wir eigentlich als Jazz? Marshall W. Stearns sagt »Jazz ist eine improvisierte amerikanische Musik, die europäische Instrumente gebraucht und Elemente europäischer Harmonik, europäisch-afrikanischer Melodik und afrikanischer Rhythmik miteinander verbindet.«

Etwa ab 1850 entstanden in den Südstaaten unter der schwarzen Bevölkerung zwei Typen von Liedern, das »Spiritual« (geistlich-erhebendes Lied) und der »Blues« (weltliches, melancholisch geprägtes Lied). Die Wurzeln liegen in englischer und französischer Volksmusik, in Kirchenliedern, Militärmusik und ursprünglichen afrikanischen Elementen, die die Sklaven mitgebracht hatten. Im Zuge der weiteren Entwicklung verband sich der Blues mit dem sogenannten »Rag-Time-Rhythmus«, einer damals auf den Tanzböden der gesamten USA beliebten Musikart. Noch vor Beginn des 20.Jahrhunderts ging aus beiden Elementen schließlich der Jazz hervor. Man sieht heute die Stadt New Orleans eng mit der Entstehungsgeschichte des Jazz verbunden.

Wie sich jede Art von Musik weiterentwickelt, so veränderte sich auch der Jazz unter dem Einfluss lateinamerikanischer und auch asiatischer Elemente. Die Stärke dieser Musikrichtung liegt nicht nur in ihrem Rhythmus, sondern auch in dem durch die freie Improvisation bestimmten emotional-kreativen Stil, der aus der Stimmung des Augenblicks hervorgeht, auch wenn er einem vorgegebenen Thema folgt.

Jazz blieb zwischen 1920 und 1940 die in den Vereinigten Staaten im Bereich der populären Musik bestimmende Richtung. Zwischen 1930 und 1940 bildeten sich die so genannten Big Bands heraus, die den typischen »Big Band Swing« hervorbrachten. Namen wie Count Basie, Duke Ellington und Glenn Miller sind allseits bekannt.

Nach dem Zweiten Weltkrieg strahlte der Jazz aus der Siegermacht USA in alle Welt aus. Daran hatten wohl auch die amerikanischen Militärkapellen mit ihrem unverwechselbaren Stil ihren Anteil. Aber auch in den USA ging die Entwicklung in Richtung eines »Modern Jazz« weiter. Hier nennen wir nur den Namen Dave Brubeck, der mit seinen Kompositionen und Arrangements Einmaliges geschaffen hat. Er spielt, hochbetagt, immer noch mit seiner Band und füllt Konzertsäle und Parkanlagen. Man denke nur an das berühmte »Take Five«.

In den 1970er Jahren brachten experimentierende Jazzmusiker mit Hilfe elektronischer Instrumente eine Mischung aus Jazz und Rockmusik hervor, die »Fusion«. Dies ist aber nicht das Ende des Jazz, denn diese Musikart hat so viel eigenständige Dynamik, dass sie in all ihren Variationen fortbestehen und sich weiterentwickeln wird.

Blues

Der Name »Blues« leitet sich von der Farbbezeichnung »blue« ab, die im amerikanischen Gebrauch auch zur Charakterisierung eines bestimmten Gemütszustandes benutzt wird. Das »blue feeling« ist etwas, was der Melancholie nahe kommt. So ist diese Musikrichtung nicht nur aus einem bestimmten Gefühl heraus entstanden, sondern entsteht jedes Mal neu, wenn Musiker den Blues spielen. Blues kann mit nur ganz wenigen Instrumenten gespielt werden und dennoch die beabsichtigte Wirkung erzielen. Gesang und/oder Gitarre, Bass und Schlagzeug reichen aus, ja es gibt sogar gute Passagen, die nur aus Gitarre und Gesang bestehen.

Die Wurzeln des Blues liegen in der Musik der Sklaven der amerikanischen Südstaaten. Insofern ist Blues letztlich eine Musik, die aus der Trauer sozialer und emotionaler Not geboren wurde.

Schon ab 1920 verwendeten Jazzmusiker den Blues in ihren Stücken. Ab 1930 breitete er sich zunehmend in nördlicher Richtung in den USA aus, nachdem mehr und mehr Schwarze auf der Suche nach Arbeit in die industriellen Ballungsgebiete geströmt waren.

Wir nennen hier stellvertretend für viele andere nur den Namen John Lee Hooker als einen der wichtigsten Bluesgitarristen des 20. Jahrhunderts. Auch Eric Clapton lernte von ihm. Aus dem Einfluss des Blues auf die später entstandene Rockmusik ging der Blues-Rock hervor.

Rhythm and Blues

Der Name »Rhythm and Blues« wird für einen Stil verwendet, der in den großen Städten der USA entstand und auch »Urban Blues« genannt wird. Man rechnet in etwa die Zeit von 1940 bis 1960 zur Hauptepoche des Rhythm and Blues.

Stilistisch mischten sich darin Elemente des Jazz und anderer rhythmisch geprägter Musikrichtungen mit lyrischen Inhalten im Format des

Blues. Ab etwa 1965 ging aus dem Rhythm and Blues schließlich die Stilrichtung »Soul« hervor.

Rock 'n' Roll
Zu Beginn der 50er Jahre war das amerikanische Lebensgefühl so weit, dass es nach einer neuen Art von populärer Musik verlangte. So entstand aus einer Mischung zweier Stilelemente, des Rhythm and Blues und der Country- und Western-Musik, eine neue Musik, der Rock 'n' Roll (wörtlich: schaukeln und rollen).
    Unverkennbar war immer noch sein afro-amerikanischer Ursprung. Dem Massengeschmack Rechnung tragend wurde der einstmals harte, kein Blatt vor den Mund nehmende Rhythm and Blues auf diese Weise mit einer weicheren Gangart zu etwas Neuem umgemünzt. Weiße Sänger und Gitarristen kopierten dabei zunächst ihre schwarzen Vorbilder. Zu diesen weißen Musikern gehörte auch kein geringerer als Elvis Presley. Dieser löste mit seinen eingängigen Stücken das Entstehen einer ganzen Generation von Nachahmern aus, bis schließlich Mitte der 1960er Jahre die Liverpooler Gruppe »The Beatles« daraus etwas Neues machte, die »Beatmusik«.

Folk
Noch zur Blütezeit des Rock 'n' Roll jedoch kam in den USA ein konkurrierender Musikstil auf, der auf schottische und irische Balladen zurückgeht. Einwanderer aus Großbritannien hatten diese Lieder als ihr Kulturgut mitgebracht und zunächst in ihren Siedlungsgebieten weiter gepflegt. Sänger/innen wie Woody Guthrie, Pete Seeger und Joan Baez nahmen diese Lieder auf und interpretierten sie neu.
    Dabei kamen unverkennbar allmählich auch sozialkritische und politische Momente zum Tragen, die schließlich in den sogenannten »Protestsong« mündeten (wie zum Beispiel »Sag mir, wo die Blumen sind« usw.), der die Unrechts- und Leidensmaschinerie des Krieges, Ungerechtigkeiten im Wohlstandsgefälle, mangelnde Praktizierung der Bürgerrechte sowie Diskriminierungen wegen Rasse, Herkunft und Geschlecht anprangerte. Berühmtester Vertreter dieser Richtung war und ist Bob Dylan.
    Zeitweise kam es zu Auseinandersetzungen in der Musikszene, die eine Abgrenzung zwischen Folk und Rock zementieren sollten, Bob Dylan jedoch verstand es, beide Stile zusammenzuführen. Dennoch bestehen auch heute noch sowohl die reine Folkmusik (aus dem Wort »Volk« entstanden) als auch der Rock 'n' Roll unabhängig voneinander

weiter, wobei der Folk sich mehr als die Musik intellektueller Nonkonformisten etabliert hat.

Weiterhin ist die Rock- die meist verbreitete Popmusik in den Vereinigten Staaten, auch wenn sie im Laufe ihrer Geschichte neue Elemente in sich aufgenommen hat.

Country
Die Geschichte der Countrymusic beginnt in den 1920er Jahren, als eine Wanderbewegung der Landbevölkerung in die großen Städte einsetzte. Sie wurzelt in der Volksmusik der Südstaaten, ist aber durch andere Stilelemente beeinflusst worden. Auch hier erkennt man unschwer, dass Countrystücke letztlich schottischer und irischer Herkunft sind. Populär wurde die Countrymusic in den 1970er Jahren und wird seitdem in unablässiger Folge auf vielen Festivals besonders der Südstaaten gefeiert. Sie strahlt auch nach Europa und in andere Teile der Welt aus, wo sie ihre Fangemeinden hat. Teilweise wird sie heute mit der scheinbaren Romantik des Lastwagenfahrers (»Trucker«) verknüpft, der den Cowboy von einst auf der Langstrecke abgelöst hat.

Grundinstrumente sind Geige (Fidel), Gitarre, Banjo, und Mundharmonika. Eine Synthese aus Country und Rock 'n' Roll bildet der sogenannte »Country Rock«.

2.14.2 Literatur

Im 19. Jahrhundert stand die junge amerikanische Literatur noch stark unter dem Einfluss europäischer Vorbilder. Erst ganz allmählich erfolgte eine Loslösung und die Gestaltung eigener Themen mit neuen Mitteln. Amerikanische Geschichte und das Alltagsleben der Menschen waren die Stoffe, welche die Dichter und Schriftsteller des Staatenbundes vornehmlich verarbeiteten. Dabei erzeugten die regionalen Unterschiede zwischen der Lebenswelt der »Yankees« im Norden und derjenigen der Farmer in den Südstaaten, der des »Wilden Westens« und derjenigen in den von Bildung geprägten Neuenglandstaaten eine vielfarbige literarische Entwicklung. Die wichtigsten Namen des 19. Jahrhunderts sind: James Fenimore Cooper, Washington Irving, Ralph Waldo Emerson, Henry David Thoreau, Nathaniel Hawthorne, Herman Melville, Walt Whitman, Edgar Allen Poe, Henry Wadsworth Longfellow, Mark Twain, Harriet Beecher-Stowe, Bret Harte, William Dean Howells, Henry James, Frank Noris und Stephan Crane.

Im 20. Jahrhundert begann die literarische Beziehung zwischen den USA und Europa sich umzukehren: Die US-amerikanische

Literatur nahm nun ihrerseits Einfluss auf die europäische Literatur. Die bekanntesten Vertreter des 20. Jahrhunderts sind: Jack London, Upton Sinclair, Theodore Dreiser, Gertrude Stein, F. Scott Fitzgerald, Sinclair Lewis, Thornton Wilder, Norman Mailer, John Irving, Pearl S. Buck, William Faulkner, Tom Wolfe, Arthur Miller, Henry Miller, Ernest Hemingway, Sherwood Anderson, Erskine Caldwell, John Dos Passos, John Steinbeck, Richard Wright, Margaret Mitchell, Emily Dickinson, Ezra Pound, Hart Crane, Amy Lowell, Robert Frost, Carl Sandburg, Edgar Lee Masters, Stephan Vincent Benet, Conrad Aiken und Saul Bellow (Nobelpreis 1976).

Viele der Werke dieser Autoren fanden durch deutsche Übersetzungen auch hier eine große Leserschaft.

2.14.3 Medien
Zeitungen der deutschsprachigen Volksgruppen
Es gibt zurzeit 23 verschiedene deutschsprachige Zeitungen in den USA, die sich mit ihren Informationen an die (noch) deutsch sprechenden Bevölkerungsgruppen wenden. Die Erscheinungsweise dieser Organe reicht von wöchentlich bis monatlich.
- *California:*
»California Staats-Zeitung«, P.O. Box 26308, 1201 N. Alvarado St, Los Angeles, CA 90026, Tel.: 213-413 5500, Fax:...5469, E-Mail: castaatszeitung@earthlink.net
»Der Hermann Sohn«, 1935 Via Lacqua, St. Lorenzo, CA 94580, Tel/Fax: 510-278 1252
»Neue Presse«, 42263 50th Street West, PMB 316, Quartz Hill, CA 93536, und für San Francisco: 1212 Broadway, Suite 734, Oakland, CA 94612, Tel.: 661-722 2668
und 760-941 3563 (San Diego) und 510-832 2101 (San Francisco), Fax: 661-943 4880 und 760-941 2254 (San Diego) und 510-832 2104 (San Francisco)
»Stadtmagazin – Los Angeles«, 4712 Admirality Way, PMB 172, Marina Del Rey, CA 90292, Tel.: 310-822 4461, Fax: 310-305 7916, E-Mail: editor@stadtmagazinla.com, Website: *www.stadtmagazinla.com*
- *Florida:*
»Florida Journal«, 6249 Presidential Ct, Fort Myers, FL 33919, Tel.: 941-481 7511, Fax:...7753, E-Mail: behr@floridajournal.com, Website: *www.floridajournal.com*

»German News«, 1413 South Howard Ave, Suite 105, Tampa, FL 33606, Tel.: 813-254 7517, Fax:...7412, E-Mail: GNAG2@aol.com
»Hallo Florida«, 1140 Lee Blvd, Suite 104, Lehigh Acres, FL 33936, Tel.: 941-369 0707, Fax:...0892
»Reisefieber«, 2430 Shadowdawn Dr, Suite 11, Naples, FL 34112, Tel.: 941-775 7100, Fax:...7044, E-Mail: Reisefieber@naplesinfo.com, Website: *www.naplesinfo.com/html/reisefieber.htm*
»Willkommen in Florida«, 2975 S. Horseshoe Dr, Suite 100, Naples, FL 10023, Tel.: 941-643 3933, Fax:...5017
- *Georgia:*
»Das Fenster«, 1060 Gaines School Rd, Suite C-3, Athens, GA 30605-3100, Tel.: 706-548 4382, Fax:...8856, E-Mail: info@dasfenster.com, Website: *http://dasfenster.com*
- *Illinois:*
»Amerikawoche«, 4732 N. Lincoln Ave, Chicago, IL 60625, Tel.: 773-275 5054, Fax:...0596, E-Mail: info@americawoche.com und amwoche@mail.idt.net, Website: *www.amerikawoche.com*
»Eintracht«, 9456 N. Lawler Ave, Skokie, IL 60077-1290, Tel.: 847-677 9456, Fax:...9471
»Nachrichten der Donauschwaben in Chicago«, 7113 N. Keeler Ave, Lincolnwood, IL 60646-2319, Tel.: 847-674 5333
- *Michigan:*
»Nordamerikanische Wochen-Post«, 1301 W. Long Lake Rd, Suite 105, Troy, MI 48098, Tel.: 248-641 9944, Fax:...9946, E-Mail: nwp@earthlink.net, Website: *http://home.earthlink.net/~nwp/germanpage.html*
- *New Jersey:*
»Freie Zeitung«, 500 S. 31st Street, Kenilsworth, NJ 07033, Tel.: 908-245 7995, Fax:...7997, Website: *www.germancorner.com/FreieZeitung*
- *New York:*
»Aufbau«, 2121 Broadway, New York City, NY 10023, Tel.: 212-873 7400, Fax: 212-496 5736, E-Mail: redaktion@aufbauonline.com, Website: *www.aufbauonline.com*
»Buffalo Volksfreund / People's Friend«, 295 Main St, Ellicott Square Building, Suite 947, Buffalo, NY 14203, Tel.: 716-849 9606
»Deutschland Nachrichten«, German Information Center, 950 Third Ave, New York City, NY 10022, Tel.: 212-888 9840, E-Mail: dn@germany-info.org
»New Yorker Staats-Zeitung«, 160 West 71st Street, Suite 2B, New York City, NY 10023, Tel.: 212-875 8914, Fax:...0534, E-Mail:

NYStaatsZ@aol.com, Website: *www.germancorner.com/NYStaatsZ*
- Ohio:
»Saxon News Volksblatt«, 5393 Pearl Rd, Cleveland, OH 44129-1597, Tel.: 440-842 8442, Fax:...5442
- Texas:
»Deutsche Welt – USA«, P.O. Box 35831, Houston, TX 77235, Tel.: 713-721 7277, Fax: 713-723 9421, E-Mail: leroba@icsi.net
- Washington:
»Continental Reporter«, P.O. Box 22707, Seattle, WA 98125, Tel.: 206-314 5257, E-Mail: continentalreporter@yahoo.com
- Washington D.C.:
»Washington Journal«, 1113 National Press Building, Washington DC 20045-1853, Tel.: 202-628 0404, Fax: 703-938 2251, E-Mail: washjournal@mindspring.com

Amerikanische Zeitungen

Die Fülle der Zeitungen (mehrere tausend), die im gesamten Staatsgebiet der USA erscheinen, macht es unmöglich, diese hier aufzuführen. Wer darin aber Einblick nehmen will, findet unter *www.webdopresse.ch/index.asp?nav=allemand* einen hervorragenden Lotsen zu allen Bundesstaaten und darin wieder zu allen regionalen Zeitungen. Klicken Sie zunächst »Nordamerika« an und danach den jeweiligen Bundesstaat.

An dieser Stelle soll eine kleine Auswahl der größeren Presseorgane von allgemeiner Bekanntheit mit ihren Internet-URLs genügen:

The Los Angeles Times, www.latimes.com
The New York Times, www.nytimes.com
The Wall Street Journal, http://public.wsj.com/home.html
The Washington Post, www.washingtonpost.com
Time Magazine, www.time.com/time/index.html
The Miami Herald, www.miami.com/herald
The Detroit News, http://detnews.com
The Earth Times, www.earthtimes.org
The Mercury News, www.bayarea.com
The Boston Globe, www.boston.com/globe
USA Today, www.usatoday.com
The Nando Times, www.nando.net
SF Gate (San Francisco), http://sfgate.com
CNN Interactive, www.cnn.com
Die zehn auflagenstärksten Tageszeitungen sind:

Name	Auflage in Mio. Stück
The Wall Street Journal	1,74
USA Today	1,65
The Los Angeles Times	1,07
The New York Times	1,07
The Washington Post	0,76
The New York Daily News	0,72
The Chicago Tribune	0,67
The Long Island Newsday	0,57
The Houston Chronicle	0,55
The Chicago Sun-Times	0,49

(Quelle: Editor & Publisher International Yearbook, 30.09.1998)

Film und Fernsehen
Der amerikanische Film nahm auf Grund der geografischen Gegebenheiten zunächst eine eigenständige Entwicklung. Alles fängt einfach an, so auch der Film. In den 20er Jahren feierten Komik und Groteske von Akteuren wie Buster Keaton, den Marx Brothers und Stan Laurel/Oliver Hardy (»Dick und Doof«) große Erfolge beim Publikum. Später kamen dann andere Stoffe von Regisseuren und Schauspielern hinzu, die aus Europa nachwanderten. Nach 1933 schwappte eine bedeutende Welle an Emigranten des Hitlerregimes in die USA und befruchtete die amerikanische Filmwelt. Das, was in der Literatur zum Erfolg geführt hatte, die Darstellung der unbegrenzten Freiheit, der Entwicklung der ersehnten Lebensmöglichkeiten, der Machbarkeit des scheinbar Unmöglichen, das alles machte auch den Film erfolgreich. Massengeschmack ließ allerdings Wildwest- und billige Kriminalfilme zu einer Ausbreitung kommen, die nicht auf die Zustimmung der kulturell anspruchvollen Bevölkerungsteile stieß. Dadurch entstand vor der Weltöffentlichkeit ein verzerrtes Bild amerikanischer Filmkultur, welches den Eindruck erweckt, US-Filme seien lediglich leichte Unterhaltung und nicht mehr.

Im Bereich des in den 50er Jahren aufblühenden Fernsehens setzte sich diese Entwicklung leider fort. Heute sind es die »soap operas«, welche für ein teilweise lesefaules Publikum die früheren Fortsetzungsromane in den Zeitschriften ersetzen. Übertrieben lange und die Kontinuität der Handlung störende Werbeblöcke tun ein übriges. Dies ist aber in Europa nicht anders.

Radio- und Fernsehstationen, Internetprovider
Es ist im Rahmen dieses Buches unmöglich, alle in den USA sendenden

Radiostationen namentlich wiederzugeben. Es handelt sich um ungefähr 5000 Sender, die auf der Mittelwelle senden, um ebenfalls etwa 5000 UKW-Stationen und 18 Kurzwellensender (1998). In den Haushalten der US-Bürger befanden sich im Jahr 1997 rund 575 Millionen Radioempfangsgeräte.

Im Bereich Fernsehen finden wir mehr als 1500 Sender, darin eingeschlossen diejenigen zirka 1000 Stationen, die an die fünf großen Netzwerke NBC, ABC, CBS, FOX und PBS angeschlossen sind. Darüber hinaus existieren etwa 9000 Kabelfernsehsysteme (1997). Die Zahl der Fernsehempfangsgeräte betrug 1997 etwa 219 Millionen.

Internet Service Provider gab es 1999 geschätzte 7600.

2.15 Das soziale Netz

Jedem, der sich näher mit den sozialen Sicherungssystemen der Vereinigten Staaten befasst, fällt recht schnell auf, dass wir es hier mit einem System zu tun haben, welches sich ebenso wie manche andere Bereiche des amerikanischen Lebens nur vor dem Hintergrund der geschichtlichen Entwicklung dieses Pionierlandes fair darstellen und beurteilen lässt. Die USA sind kein »Versorgungsland«, welches aus dieser oder jener Motivation heraus, etwa aus einem historisch erklärbaren schlechten Gewissen, politischer Verpflichtung den Nachbarstaaten gegenüber oder sonst irgendeinem Grunde sich zu der Vorstellung verstiegen hätte, seine Bürger und Bürgerinnen an die nährende Brust des Staates zu legen, um so deren Überleben zu sichern. Bis heute gibt es ganz harte Diskussionen darüber, inwieweit sich der Staat überhaupt für die Belange von Alten, Kranken, Benachteiligten und Dauerarbeitslosen einzusetzen beziehungsweise für deren Schicksale Verantwortung zu übernehmen hätte.

Der Amerikaner – um dies einmal so, vielleicht nicht ganz legitim, zu verallgemeinern – besaß und besitzt noch heute die Einstellung des »Self-made-man«, des eigenverantwortlich Handelnden, des mit seinem Nachbarn geschäftlich konkurrierenden Mitmenschen, der zwar gern und oft freiwillig Hilfe leistet, dem es aber absolut gegen den Strich geht, seinem Nachbarn Vorschriften zu machen oder sich im umgekehrten Falle Vorschriften machen zu lassen. So auch nicht von seinem großen Nachbarn »big brother«, also dem »Staat«.

Diese amerikanische Tradition geht auf die Zeiten der Pioniere zurück, wo im Lande der unbegrenzten Möglichkeiten noch für jeden genug Platz zur Verfügung stand, nachdem man freilich die nicht ins System passenden

»Indianer« zum Teufel gejagt, dezimiert, eliminiert, alkoholisiert, überredet, übervorteilt, ausgetrickst und schließlich in Reservate gesteckt hatte. Schon damals herrschte wie auch heute noch nicht die reine Nächstenliebe, sondern auch und vor allem das Recht des Stärkeren. Genau dieses Recht können wir noch heute weltweit im System der unter Profitzwang stehenden, konkurrierenden Unternehmen beobachten, auch wenn demokratisch aufgebaute Systeme seit jeher versuchen, aus diesem Gegeneinander ein Miteinander zu machen oder auch nur die negativen Folgen dieses Konkurrenzsystems sozial abzufedern. Dies gelingt leider immer nur teilweise.

Aus den genannten Gründen entwickelte sich das System der öffentlichen Fürsorge für den Einzelnen nur sehr spät und recht langsam. Dort aber, wo der Staat als Kontrolleur abgelehnt wird, entsteht gewissermaßen als ersetzender Faktor eine Unmenge privat organisierter Wohltätigkeit, wie sie in diesem Ausmaß nur für die USA typisch ist. Es werden Spenden gesammelt noch und noch, für alle erdenklichen Zwecke und Anlässe. Und die Spendenfreudigkeit ist groß, weiß man doch um die bittere Notwendigkeit wohltätiger Einrichtungen.

Dies kann aber nicht darüber hinwegtäuschen, dass sich die politisch bestimmenden Kräfte der Vereinigten Staaten nach wie vor schwer tun, ihr Sozialsystem so zu verbessern, dass bestehende Lücken gefüllt werden, in dem beispielsweise notwendige soziale Leistungen wie der Krankenversicherungsschutz für breite Bevölkerungsschichten auch bezahlbar gestaltet werden.

Es ist hinlänglich bekannt, dass sich die USA als die größte Industrienation der Welt den höchsten Armenanteil unter den vergleichbaren Staaten »leisten«. Erst 1935 wurden unter der Regierung des Präsidenten Ted Roosevelt die ersten Sozialgesetze erlassen. Seit dieser Zeit gibt es auch eine Sozialversicherungspflicht.

2.15.1 Arbeitslosenunterstützung
Die Arbeitslosenunterstützung (unemployment benefit) wird von jedem Bundesstaat in eigener Regie gehandhabt, weshalb die Höhe der ausgezahlten Beträge sowie die Dauer der Auszahlung unterschiedlich sein können. Man kann von einem Durchschnittswert von 50 Prozent des letzten Arbeitslohnes und von einer Dauer von einem halben Jahr ausgehen. Danach kommt die Sozialhilfe (social benefit) zum Tragen.

2.15.2 Krankenversicherung
Wenn Ihnen als Tourist schon aufgefallen ist, dass viele Dinge in den

USA ihren Preis haben, so setzen die Kosten für das Gesundheitswesen dem ganzen noch die Krone auf. Das Zahlenmaterial besagt, dass das amerikanische System das weltweit teuerste ist. Mit 14 Prozent des Bruttosozialproduktes und rund 2900 $ pro Kopf und Jahr übertrifft es bei weitem den Durchschnitt der Gesundheitskosten der europäischen Länder. Was die Kosten in die Höhe treibt, sind sowohl die ärztlichen und zahnärztlichen Honorare als auch die teure technische Ausstattung der amerikanischen Krankenhäuser. Was aber nützt High-Tech-Medizin, wenn diese sich nur noch die Reichen leisten können?

Die Folge dieser hohen Kosten sind natürlich sehr hohe Beiträge, die von den Krankenversicherungen verlangt werden. Auch Ärzte zahlen dort hohe Beiträge für Haftpflichtversicherungen, mit denen sie sich gegen Schadensersatzforderungen für fehlgegangene Eingriffe und Behandlungen absichern. Jedermann hat schon von der Prozessierfreudigkeit der US-Bürger gelesen. Man denke nur an die Beispiele der horrenden Forderungen an Tabakkonzerne, »nur« weil jemand vom Rauchen Lungenkrebs bekommen hat, obwohl doch hinreichend bekannt sein dürfte, dass Rauchen krebserregend sein kann. Diese Mentalität, wegen allem und jedem einen Anwalt zu bemühen, hat maßgeblich auch die Kostenlawine im Gesundheitswesen mit ins Rollen gebracht.

Um nicht nur negative Aspekte hervorzuheben, sei angemerkt, dass Sie beim Arztbesuch in den USA als Patient eine ganze andere Position haben als hierzulande. Ärztliches Wissen und Vorgehen wird Ihnen nicht als Geheimwissen verkauft, sondern Sie werden ganz im Gegenteil über alle notwendigen medizinischen Schritte und geplanten Behandlungen detailliert in Kenntnis gesetzt und über mögliche Folgen von Eingriffen und Operationen vorab informiert. Dies kann man natürlich unter dem Begriff »Service« einordnen, es hat seine Erklärung jedoch sicher auch in der beabsichtigten Vorbeugung vor leidigen und kostenintensiven juristischen Verfahren.

Ein sogenannter »National Health Service«, der aus Steuerquellen finanziert werden könnte und wie er von vielen Unternehmen schon befürwortet wurde, ist nicht in Sicht. Alle Anstrengungen der Regierung unter Bill Clinton, das US-Gesundheitssystem zu reformieren, wurden durch das Veto des Kongresses bereits 1994 zum Scheitern verurteilt.

Man kennt in den Vereinigten Staaten keine gesetzliche Krankenversicherung, deswegen gibt es nur den Weg, sich privat zu versichern. Davon macht die Mehrheit der Amerikaner auch Gebrauch.

Dennoch greift der Staat dort ein, wo Not am Mann ist. »Medicare« und »Medicaid« sind staatliche Hilfsprogramme zur Versorgung derjenigen kranken Menschen, die sozial benachteiligt sind. Behinderte und alte Menschen (über 65) gehören zur Zielgruppe von Medicare, wohingegen Medicaid sich um diejenigen kümmert, die unter der sogenannten Armutsgrenze existieren. Diese Programme finanzieren sich teils durch Steuermittel, teils auch durch eigene Beitragsleistungen.

Haben Sie als Eingewanderter die Chance, bei einem großen oder größeren Unternehmen eine Anstellung zu finden, so wird man Ihnen dort wahrscheinlich eine relativ günstige Möglichkeit geben, krankenversichert zu sein. Durch die Vielzahl der Beschäftigten kann ein großer Betrieb auf günstige Konditionen bei den Versicherungsgesellschaften zurückgreifen, die er an seine Mitarbeiter weitergibt. Der Betrieb »kauft« bei dem Versicherungsunternehmen die Dienstleistung »Versicherung« sozusagen »groß« ein, bekommt entsprechende Rabatte gewährt und beteiligt sich womöglich auch an den Beiträgen.

Passen Sie bei allen Versicherungsverträgen – ganz gleich, ob durch die Firma oder privat abgeschlossen – darauf auf, dass zahnärztliche Leistungen meist nichts mit der allgemeinen Krankheitsabsicherung zu tun haben und entweder getrennt versichert oder aus eigener Tasche bezahlt werden müssen. Ein unter Umständen teurer »Spaß«.

Anders sieht es bei kleineren Firmen aus, die keine solchen Rahmenverträge für ihre Mitarbeiter abschließen können. Und weil es kostspielig ist, ein privates Versicherungspaket für sich abzuschließen, verzichten die Angestellten solcher Firmen dann häufig auf den Versicherungsschutz und gehen das Risiko ein, im Krankheitsfall ihre Ersparnisse oder, falls nicht vorhanden, Bankkredite zur medizinischen Behandlung einzusetzen. Da dieser Personenkreis finanziell nicht schwach genug ist, um von Medicaid unterstützt zu werden, bleibt nur der beschriebene Weg. 1992 waren es immerhin 16 Prozent aller Amerikaner, die keinen Krankenversicherungsschutz hatten.

Aber: Im Notfall, also in einer akuten, lebensbedrohlichen Krankheitssituation oder bei Unfällen, sind die Krankenhäuser verpflichtet, jeden Patienten aufzunehmen, gleichgültig, ob versichert oder nicht. Man wird in diesem Fall eine Anzahlungsverpflichtung von um die 10 000 $ vorab verlangen.

Achtung: Überprüfen Sie vor Verlassen des Krankenhauses alle Rechnungsposten genau, weil sich hier durchaus Fehler einschleichen können.

Wird ein bisher durch die Firma Versicherter arbeitslos, wird es für ihn ebenfalls schwierig, denn dann fällt der Versicherungsschutz fort.

Umso schneller muss sich der Betreffende um neue Arbeit bemühen, um so auch wieder versichert zu sein.

Rechnen Sie bei der Aufnahme in eine private Versicherung sowohl mit gründlichen gesundheitlichen Kontrollen als auch mit langen Wartezeiten. Umgekehrt können Sie sich einen Bonus in Form von Beitragsreduzierung erwirtschaften, wenn Sie die Versicherung nicht in Anspruch nehmen.

Es kann umgekehrt aber auch zu Erhöhungen kommen, sollten Sie Ihre Versicherung mehr als durchschnittlich strapazieren. Auch Fälle von Ausschluss(!) aus der Versicherung sind denkbar, beispielsweise bei sehr kostspieligen Behandlungen unheilbarer Krankheiten.

Versichern Sie sich auf jeden Fall trotz der in den USA höheren Kosten, denn so brauchen Sie plötzlich auftretende Kosten von manchmal 10 000 bis 20 000 $ nicht selbst zu tragen. Man kann natürlich auch seine eigene »private Versicherung« aufmachen, in dem man regelmäßig einige hundert Dollar für etwaige Krankenbehandlung auf ein spezielles Konto einzahlt. Wer gesund ist und nicht verunglückt, kann so in zwei bis drei Jahren bei entsprechender Verzinsung schnell auf die genannten Beträge kommen. Dies ist allerdings eine Methode mit einem nicht unerheblichen Risiko, wie es von allen Nichtversicherten getragen wird, und deswegen nicht unbedingt zu empfehlen.

Achten Sie beim Ausfüllen der Antragsformulare für eine Krankenversicherung auf folgende Fachbegriffe im Kleingedruckten:

Co-Payment ist eine anteilige Bezahlung, meist bis zu einem bestimmten Betrag 100 Prozent und darüber hinaus weniger als 100 Prozent.

Exclusions bedeutet Ausschlüsse bestimmter Erkrankungen, zum Beispiel durch Sport hervorgerufene oder AIDS.

Medical Evacuation gilt für J1-Visa-Inhaber. Hier sind Rücktransporte in die Heimatländer gemeint, die man mitversichern kann oder nicht.

Pre-existing Conditions umschreibt den bestehenden Gesundheitszustand. Vor Vertragsabschluss schon vorhandene, behandelte oder noch nicht behandelte Beschwerden mitzuversichern, kann teuer werden.

Repatriation ist ebenfalls für die Inhaber von J1-Visa. Es handelt sich um Rückführung ins Heimatland im Falle des Todes.

Specific Limits sind Grenzbeträge, bis zu denen Ihre Versicherung bei bestimmten Erkrankungen zahlt.

Für eine normale Konsultation eines Arztes in der Sprechstunde kommen etwa 100 bis 150 $ auf Sie zu, falls Sie nicht versichert sind.

Sind sie versichert, leiten Sie die Rechnung wie üblich an Ihre Versicherung weiter.

Die USA-weite **Notruf-Telefonnummer** sowohl für Polizei als auch Notarztwagen ist die **911**.

2.15.3 Pflegeversicherung

Da weder Kranken- noch Pflegeversicherung Bestandteil des zwischen Deutschland und den USA geschlossenen Sozialversicherungsabkommens sind und man eine Pflegeversicherung in den USA nicht kennt, sollten Sie durch freiwilliges Weiterzahlen Ihres Beitrages plus 20 Prozent des Arbeitgeberanteils Ihre Pflegeversicherung aufrechterhalten. Tritt der Pflegefalls ein, müssen Sie jedoch für die Dauer der Pflege nach Deutschland zurückkehren.

Erhalten Sie also hierfür (und auch eventuell für andere Zwecke) ein Konto bei Ihrer deutschen Bank aufrecht und vereinbaren Sie sinnvolle (größere Beträge in größeren Zeitabständen) regelmäßige Zahlungen mit der Versicherung.

2.15.4 Rentenversicherung

Die Rentenversicherung ist der einzige Bestandteil des gegenseitigen Sozialversicherungsabkommens zwischen den USA und Deutschland. Es bezieht sich auf alle Personen, die irgendwann einmal Beitragsansprüche in der amerikanischen und/oder der deutschen Rentenversicherung erworben haben. Auch Hinterbliebene zählen hier zu den Berechtigten. Für die individuelle Information empfiehlt sich ein Kontakt mit der Bundesversicherungsanstalt für Angestellte (BfA) in Berlin oder einer Zweigstelle einer Hilfsorganisation für Auswanderer (z.B. Raphaelswerk).

Prinzipiell unterliegen alle Deutschen, die in den USA arbeiten, den amerikanischen Gesetzen und Bestimmungen über die Sozialversicherungspflicht und zahlen danach ihre Rentenbeiträge. Dies gilt auch dann, wenn der Arbeitgeber seinen Sitz in Deutschland hat. Es gibt jedoch Ausnahmen, zum Beispiel wenn eine Entsendung vorliegt. Damit ist gemeint, dass ein deutscher Arbeitgeber seinen Angestellten für eine Zeit von nicht mehr als fünf Jahren in die Vereinigten Staaten entsendet, damit dieser dort auf und für Rechnung seines deutschen Arbeitgebers tätig ist. (Achtung: Angestellte von internationalen Speditionsunternehmen fallen nicht unter diese Ausnahmeregelungen.)

Freiwillig in einer Rentenversicherung versichern sollten sich solche Personen, die auf Grund der Höhe ihres Einkommens nicht beitragspflichtig sind. Damit können auch beitragsfreie Zeiten überbrückt werden, so dass keine Beitragslücken entstehen. Alle weiteren, mehr ins Detail gehenden Fragen wie zum Beispiel Beitragserstattungen sollten Sie mit Hilfe der oben erwähnten Institutionen klären.

2.16 Steuern

2.16.1 Einkommenssteuer

Das Doppelbesteuerungsabkommen zwischen Deutschland und den USA garantiert, dass nicht doppelt, d.h. in beiden Ländern Steuern gezahlt werden, sondern nur in dem Land, in dem man jeweils lebt und arbeitet. Das ist nur logisch.

Die beiden wichtigsten Steuern sind die *federal tax* und die *state income tax*, erstere von der Bundesregierung, letztere von der jeweiligen Staatsregierung erhoben. In einigen Bundesstaaten gibt es zusätzlich noch eine *community tax*, die von der Gemeinde, in der man wohnt, erhoben wird.

Beispiele für die *federal tax*:

Eine alleinstehende Person, die bis zu 25 750 $ im Jahr verdiente, zahlte 1999 15 Prozent Einkommensteuer.

Ein(e) Verheiratete(r) mit einem Einkommen zwischen 43 051 $ und 104 050 $ zahlte bei gemeinsamer Veranlagung 28 Prozent Steuern.

Ein(e) Verheiratete(r) mit getrennter Veranlagung und einem Einkommen zwischen 52 026 $ und 79 275 $ zahlte 31 Prozent Steuern.

Bei einem Einkommen über etwa 280 000 $ pro Jahr zahlte eine alleinstehende Person den Spitzensatz von 39,6 Prozent, ein Verheirateter mit gemeinsamer Veranlagung und etwa gleichem Einkommen ebenfalls 39,6 Prozent Steuern.

Alle Zahlen stammen vom »Internal Revenue Service« (Steuerbehörde der US-Bundesregierung).

Die Federal Tax wird gleich vom Arbeitgeber einbehalten und direkt abgeführt, so dass Sie davon auf Ihren Gehaltsabrechnungen nichts sehen. Am Ende des Steuerjahres gibt Ihnen Ihr Arbeitgeber eine Bescheinigung der von ihm für das ganze Jahr für Ihr Einkommen überwiesenen Steuern, welche Sie bei Ihrer Steuererklärung verwenden müssen. Dieser Vorgang des Einbehaltens sowie das dazugehörige Formular nennen sich »federal withholding«. Entsprechend gibt es auch

Formulare für »state withholding« (Staatssteuer) und »municipal withholding« (Gemeindesteuer).

Personen mit Daueraufenthaltserlaubnis (Greencard), US-Staatsbürger sowie auch Personen mit temporärem Aufenthalt reichen ihre Steuererklärung immer bis zum 17. April ein.

Wie viel Einkommensteuer Sie letztlich zahlen müssen, hängt auch noch von Ihrem Aufenthaltsstatus in den USA ab. Die Steuerbehörde unterscheidet hier so genannte »resident aliens« (Greencard, permanenter Aufenthalt) sowie »non-resident aliens« (temporärer Aufenthalt). Ein »alien« ist natürlich kein Außerirdischer, sondern hier ist einfach der Begriff »Fremder, Ausländer« gemeint.

Das Steuergesetz, welches die Höhe der Einkommenssteuer regelt, ist der »Internal Revenue Code« von 1986. Notwendige Formulare für die Steuererklärung erhält man beim *Internal Revenue Service Center*, Philadelphia, PA 19255-0208. Hier gibt es auch alle wichtigen Informationen über das US-Steuersystem. Wer sich bereits in Deutschland informieren will, kann bei der amerikanischen Botschaft anfragen beziehungsweise dort Material bestellen: *U.S. Internal Revenue Service, American Embassy, Clayallee 170, 14195 Berlin, Tel.: 030-8305 1140, Fax:...1145. Website des IRS: www.irs.ustreas.gov*

In einigen Staaten gibt es keine federal tax, in anderen Staaten gibt es einen Abzug von nur bis zu zehn Prozent, und in Florida beispielsweise gibt es eine sehr hohe lokale Einkommensteuer, zu der auch die Eigentumssteuer (zum Beispiel auf das eigene Haus) gezählt wird.

2.16.2 Sozialversicherungssteuer

Weiter oben haben wir schon über die »Social Security Number« gesprochen. Da diese natürlich nicht nur Ihrer Legitimierung dient, sondern tatsächlich auch eine Sozialversicherung dahinter steht, führt Ihr Arbeitgeber für Sie die »Social Security Tax« an die Behörde ab. Darin sind enthalten: Altersversorgung, Arbeitsunfähigkeits- und Krankenversicherung. Belastet werden von dieser Steuer sowohl Arbeitgeber als auch Arbeitnehmer mit je 6,2 Prozent ab einem Jahresmindesteinkommen von 55 000 $. Wer selbständig ist, zahlt automatisch den Arbeitgeberanteil mit, also dann 12,4 Prozent.

2.16.3 Umsatzsteuer

In Deutschland bezahlt man auf alle Waren und Dienstleistungen die sogenannte Mehrwertsteuer. In den meisten Staaten der USA wird dage-

Indianer in voller Pracht.
(Foto: Arizona Office of Tourism)

Schwarzbär im Great Smoky Mountains National Park, Tennessee.
(Foto: Tennessee Tourism, Bielefeld)

Der Grand Canyon in Arizona.
(Foto: Arizona Office of Tourism)

»Teardrop« (Träne) heißt dieser Durchblick im Monument Valley in Arizona. (Foto: Arizona Office of Tourism)

Heimische Tierwelt: Pelikan im Palm Beach County, Florida.
(Foto: Palm Beach County Convention and Visitors Bureau)

Herbst im Alleghenny National Forest, Pennsylvania.
(Foto: Pennsylvania Department of Community and Economic Development)

Lagerfeuerromantik am Fuße der Rocky Mountains, Colorado.
(Foto: B. Blankenburg / Vail Resorts)

Traditionelle Art der Fortbewegung: Ausritt in den Rocky Mountains, Colorado.
(Foto: K. Redding / Vail Resorts)

Idyllisch: Blumenwiese vor den Rocky Mountains in Colorado.
(Foto: K. Van Praag / Vail Resorts)

Zwischen den San Juan Islands, die zum Bundesstaat Washington gehören, kann man Orca-Walen begegnen.
(Foto: Washington State Tourism)

Berühmte Talsperre: Der Hoover-Damm bei Las Vegas.
(Foto: Las Vegas News Bureau / LVCVA)

Der Lake Mead bietet Ruhe und Erholung unweit des Trubels der Spielerstadt Las Vegas. (Foto: Las Vegas News Bureau / LVCVA)

Hier lässt es sich leben: »Tara«, ein Landgasthof am Eriesee. (Foto: Pennsylvania Department of Community and Economic Development)

gen nur auf Waren eine Umsatzsteuer (»Sales Tax«) erhoben. Ausnahme: Alaska, Delaware, Montana, New Hampshire, Oregon.

2.17 Politische Struktur

Jedem, der sich schon einmal für eine Zeit in den USA aufhielt oder auch nur als Tourist durch die Staaten fuhr, ist sicherlich nicht entgangen, mit welcher Begeisterung, sei sie nun verinnerlicht oder nur dargestellt, die Amerikaner bei allen nur erdenklichen Anlässen ihre patriotischen Gefühle zur Schau tragen und diese auch vor allen anderen Versammelten kundtun. Nicht nur das Hissen der »Stars and Stripes«, wie sich die Flagge nennt, sondern auch das Absingen der Nationalhymne sind besonders bei sportlichen Ereignissen von mehr oder weniger großer Bedeutung unumgänglich. Auch in jedem Klassenzimmer, jedem Postamt und jeder sonstigen staatlichen Institution sieht man die amerikanische Flagge stolz präsentiert, wo sie irgendwo an einer Seitenwand oder in einer speziellen Ecke aufgehängt ist. Ein solcher »Nationalismus« wäre in Deutschland nicht denkbar, was nach dem, was sich in jüngster geschichtlicher Vergangenheit ereignet hat, auch kein Wunder ist. Kurzum, die USA sind stolz auf Ihr Werden und Entstehen, auch wenn ihre Vergangenheit – wie die der meisten anderen Völker auch – streckenweise sehr stark mit dem Blut unschuldiger Menschen durchtränkt ist.

2.17.1 Historischer Rückblick

Die amerikanische Verfassung ist die älteste geschriebene Verfassung der Neuzeit, die immer noch Gültigkeit besitzt. Sie wurde am 2. Juli 1787 von 13 Gründerstaaten an der Ostküste des Kontinents ratifiziert: North und South Carolina, Connecticut, Delaware, Georgia, New Hampshire, New Jersey, New York, Maryland, Massachusetts, Pennsylvania, Rhode Island und Virginia. Am 17. September des gleichen Jahres wurde sie von den 13 ehemaligen britischen Kolonien dem Volk verkündet.

Die Präambel dieser Verfassung lautet:

»Wir, das Volk der Vereinigten Staaten, von der Absicht geleitet, unseren Bund zu vervollkommnen, die Gerechtigkeit zu verwirklichen, die Rechte im Innern zu sichern, für die Landesverteidigung zu sorgen, das allgemeine Wohl zu fördern und das Glück der Freiheit uns selbst und unseren Nachkommen zu bewahren, setzen diese Verfassung für die Vereinigten Staaten von Amerika in Kraft.«

Aber bereits mehr als 150 Jahre zuvor, während sie den Fuß noch nicht an Land gesetzt hatten, hatten die »Pilgrim Fathers«, die mit insgesamt 18 Familien aus England herübergekommen waren, auf ihrem Schiff, der *Mayflower*, einen ersten schriftlichen Vertrag aufgesetzt, an den sie sich halten wollten, den »Mayflower Compact«.

Ohne die Verfassung dieser ersten 13 US-Staaten wäre das Vielvölkergemisch, welches heute das Bild der Vereinigten Staaten prägt, gar nicht denkbar gewesen. Sie ermöglichte prinzipiell jedem Einwanderer, ganz gleich aus welchem Land er stammte, den Zutritt zu den USA. Allerdings gab es auch in früheren Zeiten schon staatliche Organe, die gewisse Auswahlkriterien an Neueinwanderer anlegten. Dies ist auch heute bei der »Greencard« noch so.

Wichtigster Grundsatz in der amerikanischen Verfassung war die Freiheit der Religionsausübung und das Verbot einer Staatskirche. Er geht unmittelbar auf die Erfahrungen von Glaubensverfolgungen und Glaubensverboten in Europa zurück.

Die Verfassung der Gründerstaaten zeichnete sich aber auch durch Einfachheit und Prägnanz aus, denn sie umfasste nur ganze sieben Artikel: Sie regelt die gesetzgebende Gewalt, die vollziehende Gewalt des Präsidenten, die richterliche Gewalt, die Rechte der Einzelstaaten, Möglichkeiten der Änderung und Ergänzung der Verfassung, die Behandlung früherer Staatsschuld und die allgemeine Geltung der Verfassung sowie die Ratifikation (= Bestätigung durch das Parlament). Bis heute sind diesen sieben Artikeln nur 26 Zusätze hinzugefügt worden, von denen die ersten zehn die Grundrechte (Bill of Rights) betreffen.

Nichts entsteht aus dem luftleeren Raum, und so ist auch die amerikanische Verfassung aus den »Bundesartikeln« des 13-Staaten-Bundes (der »Konföderation«) hervorgegangen. Berücksichtigt wurden aber auch die Ideale der klassischen Demokratien des Altertums, die Vorstellungen europäischer Philosophen, insbesondere die des Engländers John Locke (1632–1704) und die Lehre von Montesquieu (1689–1755). Auch das englische »Common Law« (allgemeines Recht) mit den Prinzipien der englischen »Bill of Rights« stand dabei Pate.

2.17.2 Ziele der Verfassung

Trotz der Trennung der drei Gewalten Legislative, Exekutive und Judikative sind diese dennoch im System von »Checks and Balances« (Kontrolle und Ausgleich) auf gegenseitiges Mitspiel angewiesen. So kann jedes der drei Regierungsorgane seine Gewalt nur dann ausüben, wenn ein anderes diesem zustimmt. Dies soll Machtmissbrauch einzelner Organe verhindern. So befinden sich Kongress (Legislative), Präsident mit Kabinett und unabhängigen Behörden (Exekutive) sowie der Bundesgerichtshof (Judikative) in einem ständigen kräftemäßigen Wechselspiel zueinander. Der Versuch eines so genannten »Impeachments« (Disziplinarverfahren) gegen den vormaligen Präsidenten Bill Clinton hat deutlich gemacht, welche Macht der Kongress besitzt. Auch die vielen Ausschüsse des Kongresses können die Verwaltung sehr stark kontrollieren. Dies hat zur Folge, dass vom Kongress zum Beispiel durch Bewilligung oder Nichtbewilligung von Geldern die politischen Absichten des Präsidenten unterstützt oder missbilligt werden können. Die Gerichte wiederum können den Kongress dadurch kontrollieren, dass sie vom Kongress erlassene Gesetze auf deren Notwendigkeit oder Berechtigung hin überprüfen.

Grundsätzliches Ziel der Verfassung war es, für alle Mitgliedstaaten der Staatenunion eine starke zentrale Regierung zu schaffen. Um das Volk möglichst umfassend an dieser Regierung mitwirken zu lassen, etablierte man die repräsentative Demokratie, d.h. eine Volksherrschaft mit Volksvertretern. Diese werden wie bei uns auch vom Volk gewählt. Besonderer Wert wurde auf die Verankerung der Grundrechte gelegt, wie das in der *Bill of Rights* zum Ausdruck kommt. Wofür man keine historischen Vorbilder hatte, das war das föderale System aus Einzelstaaten in einem Gesamtstaat. Bedingung war, dass keiner der Einzelstaaten irgendwelche Vorrechte gegenüber den anderen erhielt. Gleichzeitig beinhaltete das, dass es eine Gewaltenteilung zwischen der Bundesregierung als Zentralregierung einerseits und den Staatsregierungen der Einzelstaaten andererseits geben musste.

Die »Bill of Rights« (s.o.) umfasst die ersten zehn Zusätze zu den sieben Verfassungsartikeln. Man fügte diesen Katalog von Rechten des Individuums gegenüber der staatlichen Gewalt bereits 1791 ein. Schlimme Erfahrungen mit Machtmissbrauch während der Zeit, als die 13 Staaten noch englische Kolonien waren, waren der Grund dafür, dass man diese Rechte als Zusätze in der Verfassung verankerte.

Unter anderem gehören dazu: Das Recht auf Religions-, Rede-, Versammlungs- und Pressefreiheit, das Recht, eine Hausdurchsuchung ohne richterlichen Durchsuchungsbefehl zu verweigern, das Recht auf Zeugnisverweigerung gegen sich selbst (bei strafbaren Handlungen), das Recht auf einen schnellen öffentlichen Prozess, das Recht auf anwaltlichen Beistand, das Verbot grausamer Strafen und andere Rechte mehr.

2.17.3 Die Rolle der Bundesstaaten

Die Regierungen der einzelnen Bundesstaaten stellen ein Abbild der Bundesregierung in Washington, D.C. dar. So gibt es in jedem Bundesstaat einen Gouverneur, einen Kongress sowie einen Obersten Gerichtshof. Im Kongress jedes Bundesstaates können Gesetze erlassen werden, die nur für diesen Staat gelten, jedoch nicht im Widerspruch zu Bundesgesetzen stehen dürfen. Jeder Bundesstaat kann auch seine eigenen, speziellen Steuern bestimmen, die seine Bürger zu entrichten haben. Auch hier darf es aber keinen Gegensatz zu Bundessteuergesetzen geben. Nicht erlaubt ist es den Einzelstaaten dagegen, eine eigene Währung herauszugeben oder selbsttätig mit Staaten außerhalb der USA Verträge abzuschließen.

2.17.4 Die Struktur der Bundesorgane
Der Kongress
Wie das englische Vorbild, so hat auch der amerikanische Kongress zwei Kammern, nur dass sie hier nicht Ober- und Unterhaus heißen, sondern Repräsentantenhaus (Abgeordnete) und Senat (Senatoren). Der Kongress ist das legislative Organ des Staatenbundes. Insgesamt verfügt der Kongress über 535 Mitglieder, darunter 435 Abgeordnete und 100 Senatoren. Die Legislaturperiode für die Abgeordneten beträgt nur zwei Jahre, die des Senats insgesamt sechs Jahre. Dabei wird aber mit jeder Neuwahl der Abgeordneten – alle zwei Jahre also – auch ein Drittel der Senatoren neu bestimmt. Während sich die Zahl der Abgeordneten nach der Einwohnerzahl des betreffenden Bundesstaates richtet, der sie entsendet, liegt die Zahl der Senatoren bei zwei aus jedem Bundesstaat.

Wichtige Gesetzgebungsaufgaben des Kongresses beziehen sich auf den internationalen Handel, militärische Einsätze, Steuern, Einfuhrzölle und natürlich die Einwanderung von Menschen aus anderen Nationen. Für die meisten Entscheidungen werden im Kongress Zweidrittel-Mehrheiten benötigt. In einem Bereich ist es dem Kongress gestattet, nicht als Legislative, sondern als Judikative zu arbeiten. Dies ist die sogenannte Amtsanklage (Impeachment), die bei disziplinarischen Vergehen (»high crimes« und »disdemeanors«) von Bundesbeamten einschließlich des Präsidenten in Frage kommt.

Alle Ministerien und Bundesbehörden werden durch Beschluss des Kongresses geschaffen, überwacht und mit den nötigen finanziellen Mitteln versorgt. Der Kongress hat auch ein Aufsichts- und Untersuchungsrecht bei der Tätigkeit der Regierung, sei es, um deren Tätigkeit zu überwachen oder Erkenntnisse aus der praktischen Regierungsarbeit in Gesetzesvorhaben umzusetzen.

Der Präsident
Die ausführende Gewalt des Staates (Exekutive) hat der Präsident inne. Seine drei Rollen bestehen in der Führung des Staates (Staatsoberhaupt), der Führung der Regierung (Regierungschef) und der Führung der militärischen Kräfte (Oberbefehlshaber). Voraussetzung dafür, dass jemand überhaupt Präsident werden kann, ist, dass er mindestens 14 Jahre in den USA gelebt hat sowie mindestens 35 Jahre alt ist. Der Präsident wird alle vier Jahre neu gewählt, und das immer in einem Schaltjahr. Derselbe Präsident darf nur einmal wiedergewählt werden.

Gleichzeitig mit dem Präsidenten wird auch ein Vizepräsident gewählt, der im Falle des Todes des Präsidenten, der Amtsenthebung, des vorzeitigen Rücktritts (wie beispielsweise beim »Watergate-Skandal«) oder aus einem anderen Grund der Verhinderung der Amtsausübung durch den Präsidenten dessen Funktion übernimmt. Der Präsident ist in seiner Amtsausübung vom Kongress und irgendwelchen Mehrheitsbeschlüssen unabhängig. Er wird ja auch in einem eigenen Wahlverfahren gewählt (»Präsidentschaftswahlen«).

Dennoch gibt es eine Verzahnung der Gewalt des Präsidenten mit der des Kongresses, wenn nämlich der Senat bei bestimmten Vertragsabschlüssen oder Personalfragen in der Regierung ein Mitspracherecht hat. Seine Minister ernennt der Präsident so auch mit Zustimmung des Senats. Andererseits kann auch der Präsident bei bestimmten Gesetzesvorhaben ein Wörtchen mitreden. Dieses begrenzte Vetorecht hat der Präsident grundsätzlich bei allen Gesetzesvorlagen, es kann dann nur von einer Zweidrittel-Mehrheit beider Kammern des Kongresses überstimmt werden.

Die richterliche Gewalt
Die richterliche Gewalt (Judikative) teilt sich in zwei Bereiche. Da sind zum einen die Bundesgerichte für alle Fälle, welche die gesamte USA betreffen, zum anderen die staatlichen Gerichte jedes Bundesstaates für Fälle, die in den einzelnen Bundesstaaten eintreten und nicht für die Union aller Staaten relevant sind.

Eine vollkommen unabhängige richterliche Gewalt hat laut Verfassung nur der Oberste Gerichtshof (Supreme Court) in Washington. Ähnlich unserem Bundesverfassungsgericht ist er nicht nur die höchste Gerichtsinstanz, die man überhaupt anrufen kann, sondern hat auch noch die Aufgabe, vom Kongress neu erlassene Gesetze auf deren Verfassungsmäßigkeit hin zu überprüfen. Er ist zuständig für alle Fälle, in denen es um Bundesgesetze, Verträge der USA mit anderen Staaten und um die Verfassung geht. Normalerweise ist er Berufungsinstanz für tiefer stehende Bundesgerichte und die Obersten Gerichtshöfe der Einzelstaaten, nur in besonderen Fällen ist der Supreme Court Erstinstanz, beispielsweise bei Streitigkeiten zwischen Diplomaten und zwischen einzelnen Bundesstaaten. Der Kongress hat eine Eingriffsmöglichkeit bei Berufungsfällen, die vor den Supreme Court gebracht werden sollen, was zum »Check-and-Balance« (s.o.) gehört.

Der Präsident der Vereinigten Staaten ernennt die neun Richter des Supreme Court (ein Vorsitzender sowie acht beigeordnete Richter) auf Lebenszeit. Hierzu benötigt er die Zustimmung einer Zweidrittel-Mehrheit der Senatoren.

Ein zu fällendes Urteil wird von der einfachen Mehrheit der Richter getragen.

Den Mitgliedsstaaten der USA obliegt die Kontrolle der öffentlichen Ordnung und der Moral. Dazu verfügen sie über die polizeiliche Gewalt. Dies ist nicht Aufgabe des Bundes. Ebenso ist es mit der Gesundheitsaufsicht. Richtersprüche der einzelnen Staaten hinsichtlich der Regelung dieser öffentlichen Aufgaben müssen zwischen den einzelnen Mitgliedsstaaten anerkannt werden. So gibt es beispielsweise Unterschiede beim Heiratsalter, bei der Aufrechterhaltung der Todesstrafe oder beim Jugendschutz hinsichtlich des Konsums von Alkohol und Tabakwaren.

Moralische Angelegenheiten wie beispielsweise die Einstellung zur Homosexualität oder zur Abtreibung erfahren ebenfalls recht unterschiedliche Behandlung in den verschiedenen Bundesstaaten. Dies hat auch mit der religiösen und kulturellen Tradition und dem Einfluss gesellschaftlicher Gruppen zu tun, die zum Beispiel in den Südstaaten noch wesentlich konservativer ausgeprägt sind als etwa in den Neuenglandstaaten.

2.17.5 Parteien
Allgemein bekannt sein dürfte die Tatsache, dass die USA von jeher ein System haben, das sich aus nur zwei Parteien zusammensetzt, deren jeweilige Kandidaten gegeneinander antreten: Die Republikaner und die Demokraten. Es gibt in den Vereinigten Staaten keine so ausgeprägten politischen Gegensätze wie zum Beispiel in Europa zwischen den sozialistischen und kommunistischen Parteien oder auch den ökologischen Parteien einerseits und den konservativen, liberalen oder mehr »christlich« orientierten Parteien andererseits. Die US-Parteien definie-

ren sich nicht durch ideologische Unterschiede oder feste Programme, wie wir sie kennen. Man kann beide eher als zwei verschiedene Sammelbecken unterschiedlichster politischer Gruppierungen sehen, wobei sich diese mit den jeweiligen aktuellen Themen in Wirtschaft und Politik profilieren. Ähnlich wie in anderen angelsächsischen Ländern, zum Beispiel Australien, achten die Wähler mehr auf das, was für politische Ansichten beziehungsweise Absichten der jeweilige Präsidentschaftskandidat vertritt und nicht, in welcher Partei er ist. Überhaupt sind die US-Parteien keine Mitgliederparteien wie in Europa. Sie finanzieren sich weder durch Mitgliedsbeiträge noch durch Steuermittel, sondern durch Spenden.

Aus dem Fernsehen wissen wir, dass man zunächst mehrere Kandidaten ein und derselben Partei gegeneinander ins Rennen schickt, bis sich einer in diesen sogenannten »Primaries« (Erst- oder Vorwahlen) als der stärkste herausstellt. Dasselbe tut auch die andere Partei mit ihren Kandidaten. Häufig ist auch noch entscheidend, welches Vorwahlergebnis in bestimmten Staaten oder Staatengruppen von dem jeweiligen Kandidaten erzielt wird, da die Ergebnisse dieser Staaten repräsentativ für die Gesamt-USA sein können. »Linke« und »rechte« Kandidaten sind schillernde Begriffe und können von Wahl zu Wahl einem Bedeutungswandel unterliegen. Auch Parteiübertritte sind deswegen nicht selten.

Ein Vorteil dieser freiheitlichen Einstellung, die sich ja durch alle Lebensbereiche in den Vereinigten Staaten zieht, ist die völlige Unabhängigkeit der Volksvertreter im Kongress. Sie sind keiner offiziellen Parteilinie oder -Disziplin sondern nur ihrem eigenen Gewissen verpflichtet. So wie »draußen« im Lande für unterschiedlichste regionale und lokale Interessen gekämpft wird, so spiegeln die Repräsentanten diese Vielfalt auch im Kongress wieder.

Die Partei der Demokraten gilt als eine Gruppierung, die Eingriffen des Staates in die Angelegenheiten der Bürger positiv gegenübersteht. Sie hat viel für die Rechte der Farbigen und der Ureinwohner Amerikas getan und ist die Partei der weniger Wohlhabenden, während die Republikanische Partei ihr Wählerpotential mehr aus der oberen Mittelschicht und der Oberschicht schöpft.

Das US-amerikanische Parteisystem erscheint somit in manchen Aspekten den europäischen Systemen als überlegen, zumindest jedoch praxisorientierter. Es herrschen keine festgefahrenen Meinungen und Dogmen, die Politiker sind sachorientierter, weil sie sich nicht nach einem Programm oder irgendwelchen Vorgaben richten müssen. Dies ist auch der Grund, warum sozialistische und kommunistische

Bewegungen in den USA keine Chance hatten und haben. Politische Programme, die auf Reglementierungen hinauslaufen, werden von Amerikanern grundsätzlich verabscheut. Dafür haben in den letzten Jahren mehr und mehr parteilose, unabhängige Kandidaten an Bedeutung gewonnen.

Eine wichtige Voraussetzung muss jedoch jeder Kandidat erfüllen: Er muss selbst über die nötigen finanziellen Mittel verfügen (also Millionär sein) oder sich diese durch Sponsoren besorgen, um den sehr teuren Wahlkampf führen zu können.

2.17.6 Militär
Der amerikanische Präsident ist im Kriegsfall zugleich der Oberbefehlshaber der Streitkräfte. Ihm unterstehen direkt der Verteidigungsminister und die beiden Vereinigten Stabs-Chefs (Joint Chief of Staff). Das Verteidigungsministerium (»Pentagon«) ist das große fünfeckige Gebäude in Washington, bestehend aus mehreren konzentrischen Gebäuderingen. Seit dem Jahr 1923 gibt es nur freiwilligen Militärdienst. 1992 umfasste das gesamte Personal der Streitkräfte 2,01 Millionen Soldaten, worunter sich auch Frauen befinden. Die verschiedenen Truppengattungen sind: Die strategische Flotte der Atom-U-Boote (Strategic Nuclear Forces), das strategische Luftkommando (Strategic Air Command) und die Luftverteidigungseinrichtungen, die Marine (Navy) sowie das Heer (Army) und als Reserve die Nationalgarde (Army National Guard).

2.18 Wirtschaft

Die außerordentlich reichen landwirtschaftlichen Möglichkeiten haben zur Herausbildung spezialisierter Großbetriebe geführt, die riesige Flächen bearbeiten. Dadurch wurden die Vereinigten Staaten zum bedeutendsten Exporteur von Weizen, Reis und Tabak. Weitere wichtige Feldfrüchte sind Mais, Sojabohnen, Zuckerrüben, Hafer und Erdnüsse. Kalifornien, Florida und die Golfküste versorgen die USA mit Obst, Gemüse und verschiedenen Sonderkulturen. Hawaii produziert Ananas und Bananen. Rinder, Schweine, Schafe, Geflügel und Pferde sind bedeutende Faktoren in der Viehwirtschaft.

Die großen Schlachthäuser, Konservenfabriken, Getreidemühlen und Lebensmittelfabriken stehen im Mittleren Westen sowie in den Staaten der Prärie und der großen Ebenen (Great Plains), wo die zu verarbeitenden Produkte heranwachsen. Die Nadelwälder der nordwestlichen Rocky Mountains sowie Alaskas sowie die Kiefern und Mischwälder des Südostens liefern den Nachschub für die Holzindustrie des Landes. Bei der Förderung von Bodenschätzen wie Steinkohle, Kupfer, Molybdän, Uran, Vanadium, Schwefel, Kali, Salz, Eisen, Blei, Gold, Erdöl und Erdgas sind die USA weltweit führend.

Charakteristisch für die amerikanische Wirtschaft war und ist die Herausbildung von Konzernen und Unternehmensketten. So werden 80 Prozent der Automobilproduktion von den Firmen General Motors, Ford und Chrysler erbracht. Die Eisen- und Stahlindustrie konzentriert sich auf Pittsburgh, Chicago und Gary am Michigansee, an der Atlantikküste und in Houston (Texas). Standorte der Aluminiumindustrie sind der Columbia River und der Tennessee River (wegen der Wasserkraftwerke) sowie die Golfküstenebene. Detroit ist Schwerpunkt der Automobilproduktion. 1992 stellten die USA rund 20 Prozent der weltweiten Autoproduktion und 75 Prozent der Flugzeugproduktion. Schwerpunkte der Luft- und Raumfahrt und der Elektronik sind Kalifornien und die Golfküste.

Es sind vor allem drei Faktoren, welche die USA zum führenden Wirtschaftsland der Welt gemacht haben: Die geographische Ausdehnung, die reiche Ausstattung mit natürlichen Ressourcen sowie die ständige Zuwanderung aus allen Teilen der Welt. Was den amerikanischen Arbeitnehmer so unvergleichlich gegenüber dem in anderen Nationen hervorhebt, sind Beweglichkeit und Anpassungsfähigkeit. Nehmen wir dies, gekoppelt mit einer starken Arbeitsethik, als weiteren Faktor noch hinzu, so wird schnell klar, dass wirtschaftlich an die Vereinigten Staaten so schnell keine andere Nation heranreicht.

Dass dieses weiträumige Land auch einen hohen Verbrauch an Energie aufweist, ist zwar einerseits logisch, hat seine Gründe andererseits aber auch in einem eher verschwenderischen Umgang mit der Ressource Energie. Es müsste nicht sein, dass die Amerikaner mit nur sechs Prozent Anteil an der Weltbevölkerung zirka 30 Prozent der weltweit erzeugten Energie verbrauchen. Schuld daran sind vor allem die Vielzahl der Fahrzeuge, der Hang zur ständigen Benutzung des Autos sowie die Vielzahl der Heizungen und besonders der Klimaanlagen in nicht genügend wärmeisolierten Holzhäusern. In vielen Teilen der USA ist es im Winter sehr kalt, im Sommer dagegen sehr warm. Dies und die leichte Fertigbauweise der meisten Häuser erfordern einen hohen Aufwand an Heiz- und Kühlenergie. Die Vereinigten Staaten sind gezwungen, einen beträchtlichen Teil des erforderlichen Erdöls aus anderen Teilen der Welt zu importieren. Trotz der guten Ausgangsbedingungen gab und gibt es auch in der amerikanischen Wirtschaft Probleme. Wie überall in der Welt steigen die Produktionskosten, besonders auch bedingt durch die hohe Zinsbelastung bei Investitionskrediten sowie die daraus sich mit ergebende Lohn-Preis-Spirale. Auch die Automatisierung führte nicht aus dieser Sackgasse heraus, im Gegenteil. Dazu kommt der weltweite Strukturwandel von der Produktiv- zur Dienstleistungsgesellschaft. Außerdem überwiegt der Güterimport in die USA seit Anfang der 80er Jahre den Export. Das große Haushaltsdefizit der amerikanischen Regierungen belastete die Wirtschaft zusätzlich, denn das von den Regierungen geliehene Geld fehlte der Industrie. Die internationale Wettbewerbsfähigkeit sank dramatisch. All diese Faktoren ließen den Anteil am Weltmarkt in den letzten 50 Jahren von 40 auf 10 Prozent sinken. Erst die Administration von Bill Clinton schaffte es, das Haushaltsdefizit in nur vier Jahren um über 60 Prozent zu drücken. Mit dieser Regierung setzte dann 1992 auch ein Boom ein, der das Bruttosozialprodukt auf 7,6 Milliarden Dollar steigen ließ. Damit erzeugen die USA nun rund ein Viertel des Weltbruttosozialprodukts.

Mittlerweile gibt es eine Verschiebung des geographischen Wirtschaftsschwerpunktes von der Nordostküste (Neuenglandstaaten) hin zum Süden (Texas, Florida) und Westen (Kalifornien).

Auf Grund der Überproduktion in der Landwirtschaft sind die Lebensmittelpreise niedrig und es kann aus diesem Sektor exportiert werden, was einen Anteil von etwa 15 Prozent am Gesamtexport ausmacht. Die Autoindustrie deckt rund ein Viertel der Weltproduktion ab, die Luftfahrtindustrie sogar etwa drei Viertel. Auch bei den Rohstoffen nehmen die Vereinigten Staaten hervorragende Plätze ein: Erdgas und Steinkohle stehen an erster Stelle, Erdöl und Blei an zweiter, Kupfer an dritter, Eisen und Stahl an vierter sowie Gold an fünfter Stelle der Weltproduktion. In den USA lagern die größten Kohlevorkommen der Erde. Um strategische Reserven zu bewahren, wurde die Erdölproduktion schon vor langer Zeit eingeschränkt. Heute liegt der Anteil der USA an der weltweiten Förderung bei zirka 20 Prozent. Etwa drei Viertel der elektrischen Energie werden in Kohlekraftwerken erzeugt, der Rest etwa zu gleichen Anteilen in Atomkraftwerken und in Wasserkraftwerken.

Dienstleistungssektor
Ähnlich den Entwicklungen in den anderen Industrieländern nimmt der

Dienstleistungsbereich auch in der amerikanischen Wirtschaft einen überragenden Platz ein. Mittlerweile werden zirka zwei Drittel des Bruttoinlandsproduktes der USA in diesem Sektor erwirtschaftet und rund drei Viertel aller Arbeitnehmer sind hier tätig. Handel, Banken und Versicherungen, Nachrichtenwesen, Kommunikations- und Informationstechnologie, Verkehr sowie Bildung und wissenschaftliche Forschung sind Bereiche, die auch weiterhin im Wachstum begriffen sind. Auch der Auslandstourismus verzeichnet eine wachsende Nachfrage, auch wenn man meinen sollte, dass der Dollarkurs hier eher als Bremse wirken könnte. Die großen internationalen Hotelketten haben in den USA ihre Stammsitze.

Güterproduktion
Etwa ein Viertel des Bruttoinlandsproduktes erwirtschaftet der Produktionssektor, wobei dieser 16 Prozent der Arbeitnehmer beschäftigt. Herausragende Bereiche der industriellen Produktion sind Maschinenbau und Stahlindustrie, Automobilindustrie, Raumfahrt, Telekommunikation, Chemieindustrie, Pharmaindustrie, Computertechnik und Elektronik und eine Reihe weiterer Konsumgüterbereiche. Auch der Bereich der Unterhaltungsmedien stellt einen eigenen, weltweit führenden Produktionsbereich dar. Man denke dabei nur an die vielen erfolgreichen Filmproduktionen, die mit Lizenzen und Kopien in aller Welt konsumiert werden.

Produktionsstandorte
Zwischen den Städten St. Louis und New York erstreckt sich ein Gürtel aus Industriegebieten, dessen Dichte an dieser Stelle der USA die höchste ist. Man nennt ihn auch den »manufacturing belt«. Hier haben metallverarbeitende Industrie, Elektrotechnik, Elektronik, Fahrzeugbau, Produktion von Flugzeugteilen, Schiffbau und Raumfahrttechnik ihre Standorte. So findet man hier auch die Werke der Automarken Ford, Chrysler und General Motors. 20 Prozent der weltweit produzierten Autos sind amerikanische Modelle. Auch die Wachstumsbereiche der High-Tech-Industrie, die ursprünglich aus dem Raum Boston stammen, sind hier vertreten. Aufgrund der sehr guten Zusammenarbeit zwischen den Forschungslabors der Universitäten und der technologieanwendenden Industrie haben die USA einen führenden Stand in der Welt. Da es keine strikte Trennung von Forschung und Anwendung gibt, verkürzen sich Wege und Zeiten für die Einführung neuer Technologien und Produkte am Markt sehr stark.

Ein anderer Gürtel industrieller Produktion ist der sogenannte »sun belt«. Er erstreckt sich von Kalifornien über Colorado, New Mexico, Texas, Alabama und Florida bis nach Georgia. Hier finden wir ebenfalls Elektronik sowie Luft- und Raumfahrttechnik, aber auch Erdölchemie, chemische und pharmazeutische Industrie.

Waren früher die Staaten des Nordens industriell in den USA führend, so hat sich seit zirka 30 Jahren ein Trend zum Süden hin ausgebildet. Während North Carolina mit dem Gebiet um Durham-Raleigh die höchsten Wachstumsraten der USA erzielt, ist es im Westen der USA Kalifornien mit seiner Unterhaltungsindustrie in und um Los Angeles, seiner Informationstechnologie im Silicon Valley, aber auch mit seiner landwirtschaftlichen und Fertigwarenproduktion. Kalifornien ist der größte und wohlhabendste Bundesstaat der USA. Etwas weiter ab, in Arizona und Oregon, lockt der Staat hingegen mit günstigeren Steuern und zieht mehr und mehr Firmen aus Kalifornien ab. Einst war Kalifornien der attraktivste Staat für Unternehmer und Existenzgründer, ist es nun aber durch diese Entwicklung in weit geringerem Ausmaß als zuvor.

Nach wie vor locken New York, Texas, Pennsylvania, Illinois und Florida Selbständige an, die hier ihren amerikanischen Traum verwirklichen. In den Neuenglandstaaten fing die Abwärtsentwicklung der Schwerindustrie im Bereich des »rust belt« (Rostgürtel) an, der sich von Iowa bis Pennsylvania hinzieht. Außer New York City weisen die Städte des Nordostens heute keine Anstiege bei der Beschäftigungsrate mehr vor. Dennoch finden wir das höchste durchschnittliche Einkommen mit rund 33 000 $ pro Jahr in Connecticut.

In Texas gehen die Uhren inzwischen auch anders als früher. Nicht mehr das Erdöl ist die Wachstumsquelle Nr. 1, sondern High-Tech. Texas wie Florida profitieren vom NAFTA-Abkommen (USA, Canada, Mexico), welches den grenzüberschreitenden Handel sehr vereinfacht hat.

Landwirtschaft
In den USA befindet sich das weltweit ausgedehnteste Gebiet landwirtschaftlicher Produktion. Es sind jene endlos erscheinenden Flächen der »great plains« (große Ebene), die sich jenseits des Mississippi zwischen der kanadischen Grenze im Norden und dem Golf von Mexiko im Süden bis zu den mächtigen Gebirgsketten der Rocky Mountains erstrecken. Dieses einst mit Gras bedeckte, flachwellige Land war einmal die Heimat der Millionen Tiere zählenden Büffelherden und wurde durch die Farmer des mittleren Westens in eine landwirtschaftlich genutzte Kulturlandschaft umgestaltet. Milchprodukte nahe der Grenze

zu Kanada, Weizen- und Maisanbau sowie Fleischrinder, Schweine und Geflügel weiter südlich und Baumwolle, Erdnüsse, Reis, Soja und Zitrusfrüchte in den Südstaaten sind die Hauptprodukte, die hier erzeugt werden. Drei Viertel des Weltsojaexports, zwei Drittel des Weltmaisexports, mehr als ein Drittel des Weltweizenexports, ein Drittel des Weltbaumwollexports, ein Viertel der Weltzitrusfruchternte und ein Fünftel des Weltreisexports sind stattliche Ergebnisse dieser hochtechnisierten Landwirtschaft. Rund ein Fünftel des Fleisches in aller Welt wird hier erzeugt. Die Überproduktion in der amerikanischen Landwirtschaft führte zu erheblichen Exporteinnahmen, auch wenn der Beschäftigungsanteil mit zur Zeit nur zwei Prozent durch den weiter steigenden Automatisierungsgrad ständig abnimmt.

Arbeitsmarkt
Obwohl Arbeitslosenstatistiken immer mit Vorbehalt eingeschätzt werden sollten, da diese mitunter Arbeitslosigkeit durch Schönung und Verschiebung von Zahlenmaterial geschickt verdecken können, sind die USA doch eines jener Länder, deren Arbeitslosenziffern gerade in den zurückliegenden drei bis fünf Jahren sehr niedrig lagen. Natürlich ist der Arbeitsmarkt in den USA ein anderer als in Europa. Es gibt Wanderarbeiter, die ständig auf der Suche nach neuen Jobs sind, für einige Monate in ihren Wohnwagen an einem Ort leben, um nach Beendigung des Jobs auf der Suche nach einer anderen Arbeitsmöglichkeit weiterzuziehen. Es gibt viele Menschen, die mehrere Jobs haben, um damit zu einem hinreichenden Einkommen zu gelangen, denn jeder Einzeljob allein würde ihnen nicht genug Geld einbringen. Mobilität und Flexibilität sind die Schlagworte. Außerdem hat das Stichwort »Niedriglohn« hier einen anderen Klang als bei uns. Er wird akzeptiert, weil es eben die Situation erfordert.

Lag der Mindestlohn in den USA 1999 bei 5,15 $ pro Stunde (ca. 6 Euro), so konnte dieser bei Trinkgeld-Berufen noch unterboten werden. Auf der anderen Seite werden hochqualifizierte Jobs besonders gut entlohnt. Diese Entwicklung führt – wie überall in den westlichen Industriestaaten – zu der Schere zwischen Arm und Reich, die sich immer weiter öffnet, ein Problem der zins- und kapitalorientierten Wirtschaftsweise. Nur weitreichende Kontrollen innerhalb des Finanzsystems könnten hier Abhilfe schaffen, wie unlängst auch vom reichsten Börsenspekulanten der Welt, George Soros, selbst zu hören war. In den Vereinigten Staaten sind heute nur wenig mehr als ein Prozent der Bevölkerung im Besitz von 30 Prozent des nationalen Geldvermögens.

Wer Arbeit sucht, findet welche, muss aber entweder sehr flexibel sein oder über eine möglichst hohe Qualifikation verfügen, wenn er durch ein einziges Einkommen allein ausreichend verdienen will.

Wirtschaftsdaten
Die USA sind eines der führenden Industrieländer der Erde. In der industriellen Produktion herrscht eine hohe Differenzierung sowie ein weit fortgeschrittener Entwicklungsstand. Die Schwerpunkte sind: Erdöl, Stahl, Autos, Raumfahrttechnik, Telekommunikationstechnik, chemische Produkte, Elektronik, Nahrungsmitteltechnologie, Konsumgüter, Holz und Bergbauprodukte.

Wachstumsrate der Produktion:	2,4 % (geschätzt 1999)
Elektrizitätserzeugung:	3,62 Billionen kWh (1998)
Elektrizität nach Erzeugungsart:	
Fossile Brennstoffe:	70,34 %
Wasserkraft	8,96 %
Atomenergie	18,61 %
Andere	2,09 %
Verbrauch elektrischer Energie:	3,365 Billionen kWh (1998)
Export elektrischer Energie:	12,772 Milliarden kWh (1998)
Import elektrischer Energie:	39,513 Milliarden kWh (1998)

Landwirtschaftliche Produkte: Weizen, verschiedene andere Getreidearten, Mais, Südfrüchte, Gemüse, Baumwolle, Rindfleisch, Schweinefleisch, Geflügel, Milchprodukte, Fisch, forstwirtschaftliche Produkte.

Exporte: 663 Milliarden $ (geschätzt 1998)
Exportgüter: Investitionsgüter, Autos, Industriebedarf und Rohstoffe, Konsumgüter, landwirtschaftliche Produkte.
Exportpartner: Kanada (23 %), Mexiko (12 %), Japan (8 %), Großbritannien (6 %), Deutschland (4 %), Frankreich (3 %), Niederlande (3 %) (1998)

Importe: 912 Milliarden $ (geschätzt 1998)
Importgüter: Rohöl, Raffinerieprodukte, Maschinenbau, Autos, Konsumgüter, industrielle Rohstoffe, Nahrungsmittel und Getränke.
Importpartner: Kanada (19 %), Japan (13 %), Mexiko (10 %), China (8 %), Deutschland (5 %), Großbritannien (4 %), Taiwan (4 %) (1998)

2.19 Die größten US-Firmen

Nachstehend die zehn größten US-Firmen und ihre Jahresumsätze (Stand: 2000):

Firma	**Umsatz (in Mio. US$)**
General Motors	189 058
Wal-Mart Stores	166 809
Exxon Mobil	163 881
Ford Motor	162 558
General Electric	111 630
IBM	87 548
Citygroup	82 005
AT&T	62 391
Philip Morris	61 751
Boeing	57 993

(Quelle: Fortune Global 500, Stand 2000)

3. Landeskundlicher Überblick

3.1 Geografische Daten

Die Vereinigten Staaten von Amerika grenzen im Westen an den Nordpazifik, im Osten an den Nordatlantik, im Süden an Mexiko und den Golf von Mexiko und im Norden an Kanada. In geografischen Koordinaten ausgedrückt entspricht dies einer Lage von etwa 25 Grad nördlicher Breite im Süden (Südspitze Floridas) und 49 Grad (Grenze zu Kanada bei Seattle) nördlicher Breite im Norden, sowie im Westen von etwa 125 Grad (Kap Flattery NW von Seattle) und im Osten von etwa 67 Grad westlicher Länge (Golf von Maine westlich von Halifax). Die Gesamtfläche aller 50 Bundesstaaten der USA beläuft sich auf 9 629 091 Quadratkilometer, die reine Landfläche auf 9 158 960 Quadratkilometer.

Größenvergleich: Die USA sind zweieinhalbmal so groß wie Westeuropa, etwas größer als Brasilien, halb so groß wie Russland und etwas größer als China. Die USA sind das drittgrößte Land der Welt (nach Russland und Kanada).

Grenzlängen: Die Gesamtgrenzlänge beträgt 12 248 Kilometer, die Grenze zu Kanada 8893 Kilometer (mit Alaska), die Grenze zu Mexiko 3326 Kilometer. Auf Kuba haben die USA einen Stützpunkt (Guantanamo Naval Base).

Küstenlänge: 19 924 Kilometer.

Höhenunterschied: Tiefster Punkt ist das Tal des Todes (Death Valley) in Kalifornien mit -86 m und höchster Punkt der Mount McKinley (Alaska Range) mit 6194 m.

Landschaftsformen: Gebirge im Westen (Rocky Mountains), weite Ebenen in der Mitte (Great Plains), Hügel und Mittelgebirge im Osten (Appalachen), zerklüftete Gebirge und breite Flusstäler in Alaska, zerklüftete Vulkanlandschaften auf Hawaii.

Bodenschätze: Eisen, Kupfer, Blei, Zink, Gold, Silber, Nickel, Quecksilber, Uran, Bauxit, Molybdän, Wolfram, Pottasche, Erdöl, Erdgas und Kohle.

Flächen: Die agrarwirtschaftlich nutzbare Fläche beträgt 19 Prozent, Dauerweideflächen 25 Prozent, die Waldfläche 30 Prozent sowie übrige Flächen 26 Prozent des Landes. (Alle Daten von 1993, geschätzt).

Naturkatastrophen: Im mittleren Westen und Südosten gibt es häufiger Tornados sowie Hurrikanes entlang des Atlantik und des Golf von

Mexiko. Waldbrände sind ebenfalls häufig, vor allem im Westen des Landes. Erdbeben, Vulkanismus und Tsunamis (Riesenwasserwellen) ereignen sich am Rand des Pazifiks, einer geologischen Schwächezone, besonders in Kalifornien.

Umweltgefährdungen wie zum Beispiel durch sauren Regen und durch Versickerung von chemischen Düngemitteln und Pestiziden gibt es auch hier. Darüber hinaus sind die USA der größte Emittent von Kohlendioxid weltweit, bezogen auf den Pro-Kopf-Ausstoß. Es herrscht eine ungeahnte Verschwendung der Energie durch das Überangebot beziehungsweise die übermäßige Nutzung verbrennungsbetriebener Verkehrsmittel vom Auto bis zum Flugzeug.

Wieder andere ökologische Belastungen ergaben sich durch das Umpflügen der fast endlosen Prärien und deren Umwandlung in Weizen- und Maisfelder. Dadurch wurde und wird noch immer ständig fruchtbarer Boden aus den ungeschützten Flächen von Wind und Wasser fortgetragen, der schließlich nutzlos in den Ozeanen landet. Einige dieser Gebiete erhielten deshalb den Namen »badlands« (schlechtes Land). Auch der Beinahe-GAU des Atomkraftwerks »Three Mile Islands« in den 70er Jahren ist nicht vergessen und zeugt von den Gefahren im Umgang mit dieser Energieform.

Trinkwasser wird seit langem mit Fluor und sogar mit Arsen versetzt, um die Zahngesundheit der Bevölkerung zu erhöhen (fragwürdig!) beziehungsweise um Keime im Wasser abzutöten. Positive Ansätze in Richtung ökologischer Denkweise haben es in den USA vor dem Hintergrund der Weite dieses Landes, seiner enormen Ressourcen und seiner geopolitischen Lage nicht leicht, sich durchzusetzen. Auch das übermäßig entwickelte Kommerzdenken steht dem Sparen und Maßhalten entgegen.

3.2 Bevölkerungsstruktur

3.2.1 Allgemeine Daten
Bevölkerungszahl: 275,6 Millionen (geschätzt, 2000)

Altersstruktur:
0 bis 14 Jahre: 21,25 % (männl. 29,96 Mio, weibl. 28,6 Mio)
15 bis 64 Jahre: 66,11 % (männl. 90,3 Mio, weibl. 91,8 Mio)
65 Jahre und älter: 12,64 % (männl. 14,5 Mio, weibl. 20,3 Mio)
(alle geschätzt, 2000)

Durchschnittliche Einwohnerzahl pro Quadratkilometer: 2722
Bevölkerungswachstum: 0,91 % (geschätzt, 2000)
Geburtenrate: 14,2 auf 1000 Einwohner (geschätzt, 2000)
Sterberate: 8,7 pro 1000 Einwohner (geschätzt, 2000)
Wanderungsrate: 3,5 Migranten pro 1000 Einwohner (geschätzt, 2000)

Geschlechter-Relation:
Zum Zeitpunkt der Geburt: 1,05 männl. auf 1 weibl. Person
Unter 15 Jahren: 1,05 männl. auf 1 weibl. Person
15 bis 64 Jahre: 0,98 männl. auf 1 weibl. Person
65 Jahre und älter: 0,71 männl. auf 1 weibl. Person
insgesamt: 0,96 männl. auf 1 weibl. Person (alle geschätzt, 2000)

Kindersterblichkeit: 6,82 auf 1000 Geburten (geschätzt, 2000)
Lebenserwartung zum
Zeitpunkt der Geburt: Gesamtbevölkerung 77,12 Jahre, Männer 74,24 Jahre, Frauen: 79,9 Jahre (geschätzt, 2000)

Bevölkerungsgruppen
(ethn. Zugehörigkeit): Weiße 83,5 %, Schwarze 12,4 %, Asiaten 3,3 %, Amerindians (Indianer) 0,8 %.
 Eine separate Aufschlüsselung der so genannten Hispanics ist in dieser Aufstellung nicht verfügbar, da das US-Census-Büro diese Personen als solche mit lateinamerikanischer Herkunft ansieht. Dazu zählen vor allem Mexikaner, Kubaner und Puertoricaner.

Religionszugehörigkeit: 56 % protestantisch, 28 % römisch-katholisch, 2 % jüdisch, 4 % andere Religionen, 10 % ohne Konfession (1989)

Gesprochene Sprachen: Englisch und Spanisch (letzteres nur von einer Minderheit)

Alphabetisierung: Von allen Personen über 15 Jahre können lesen und schreiben: 97 % (männl. wie weibl., 1979)

3.2.2 Statistischer Überblick

Einwohner pro Quadratmeile:	79,6
Bevölkerungszahl:	281 421 906
Weiße:	75,1 %
Schwarze oder Afroamerikaner:	12,3 %
Indianer und Ureinwohner Alaskas:	0,9 %
Asiaten:	3,6 %
Ureinwohner Hawaiis und anderer pazifischer Inseln:	0,1 %
Andere Rassenzugehörigkeit:	5,5 %
Zwei-oder mehrrassige Personen:	2,4 %
Hispanics und Südamerikaner:	12,5 %
Personen unter 18 Jahren:	25,7 %
Highschool-Absolventen, 25 J. und älter:	119 524 718
College-(Uni-)Absolventen, 25 J. und älter:	32 310 253
Hausbesitzer:	64,2 %
Einfamilienhäuser:	65 761 652
Haushalte:	91 993 582
Personen pro Haushalt:	2,63
Familienhaushalte:	65 049 428
Mittleres Haushaltseinkommen:	$37 005
Personen unterhalb der Armutsgrenze (gesch.):	13,3 %
Kinder unterhalb der Armutsgrenze (gesch.):	19,9 %
Nichtbäuerliche Unternehmen mit Angestellten:	9 941 822
Nichtbäuerliche Beschäftigte:	108 117 731
Unternehmen ohne Angestellte:	15 439 609
Warenversendung im Wert von (in $1000):	3 842 061 405
Einzelhandelsverkauf (in $1000):	2 460 886 012
Einzelhandelsverkauf pro Kopf:	$9190
Firmen im Besitz von Frauen:	5 888 883
Beschäftigte in örtl. Verwaltungen (Vollzeit-Äquivalent):	10 227 429

(Alle Daten: US Census Bureau, 1990/1997/2000)

3.3 Die Bundesstaaten

Bei einer Gesamtfläche von 9 363 353 Quadratkilometer und einer Gesamteinwohnerzahl von 281 422 000 verteilen sich die Flächen- und Bevölkerungsanteile der USA wie folgt auf die Bundesstaaten:

Bundesstaat	Einwohnerzahl	Fläche (Quadratkilometer)
Alabama	4 447 000	133 195
Alaska	627 000	1 530 700
Arizona	5 131 000	295 260
Arkansas	2 673 000	137 754
California	33 872 000	411 049
Colorado	4 301 000	269 596
Connecticut	3 406 000	12 997
Delaware	784 000	5295
Washington D C	572 000	178
Florida	15 982 000	151 939
Georgia	8 186 000	152 576
Hawaii	1 212 000	16 759
Idaho	1 294 000	216 432
Illinois	12 419 000	145 934
Indiana	6 080 000	93 72o
Iowa	2 926 000	145 753
Kansas	2 688 000	213 098
Kentucky	4 042 000	104 660
Louisiana	4 469 000	123 667
Maine	1 275 000	86 156
Maryland	5 296 000	27 092
Massachusetts	6 349 000	21 456
Michigan	9 938 000	151 586
Minnesota	4 919 000	218 601
Mississippi	2 845 000	123 515
Missouri	5 595 000	180 516
Montana	902 000	380 848
Nebraska	1 711 000	200 350
Nevada	1 998 000	286 352
New Hampshire	1 236 000	24 032
New Mexico	1 819 000	314 925
New York	18 976 000	127 190
North Carolina	8 049 000	136 413

North Dakota	642 000	183 119
Ohio	11 353 000	107 044
Oklahoma	3 451 000	181 186
Oregon	3 421 000	251 419
Pennsylvania	12 281 000	117 348
Rhode Island	1 048 000	3140
South Carolina	4 012 000	80 582
South Dakota	755 000	199 730
Tennessee	5 689 000	109 152
Texas	20 852 000	691 030
Utah	2 233 000	219 889
Vermont	609 000	24 900
Virginia	7 079 000	105 586
Washington	5 894 000	176 479
West Virginia	1 808 000	62 760
Wisconsin	5 364 000	145 436
Wyoming	494 000	253 326

(Alle Einwohnerzahlen: US Census Bureau, 2000)

3.4 Landschaftsformen

Im Osten der USA bestimmen abgerundete, bewaldete Mittelgebirgszüge die Landschaft. Diese als Appalachen bezeichnete Summe mehrerer paralleler Gebirgszüge erstreckt sich zwischen den Südstaaten (Mount Mitchell, 2038 m) bis hinauf in den Bundesstaat New York und die Neuenglandstaaten (Adirondacks, 1629 m).

In der Mitte dagegen sind leicht gewellte, von großen Flüssen durchzogene Ebenen und im Westen das Große Felsengebirge mit seinen Vulkankegeln und den schneebedeckten Bergspitzen der Viertausender vorherrschend. Es ist ein Stufenland, welches im Osten vom Ohio und seinen Zuflüssen tief zerschnitten ist und diesseits des Mississippi nur eine Meereshöhe von 100 bis 200 m erreicht. Jenseits dieses gigantischen Stromes erhebt sich das Land auf eine Höhe von 1200 bis 1500 m und bildete früher die unermesslichen Grassteppen des mittleren Westens, die Prärien.

Westlich daran anschließend erstreckt sich das Große Felsengebirge, welches im Mount Elbert eine Höhe von 4398 m erreicht. Wiederum westlich breiten sich in den Kordilleren oder Rocky Mountains mehrere Hochbecken aus, im Norden das Columbia-Plateau, südlich davon das Große Becken (Great Basin). Dieses wird im Süden von der Sonora-Wüste begrenzt, in welcher auch das berühmte Todestal (Death Valley) mit minus 86 m unter dem Meeresspiegel liegt.

Im Südosten befindet sich das Colorado-Becken mit dem berühmten Grand Canyon des Colorado River, südlich das Hochland von New Mexico und Arizona. Ganz im Westen werden die Hochebenen vom Kaskadengebirge (Mount Rainier, 4392 m) und von der Sierra Nevada (Mount Whitney, 4418 m) begrenzt. Zwischen diesen Küstenketten und der Küstenkordillere liegt das bekannte kalifornische Längstal (Sacramento River) sowie das Willamette- und das Puget-Sund-Längstal.

Von New York reicht die atlantische Küstenebene bis hinunter in den Golf von Mexiko, in das Tal des Mississippi reicht sie 800 Kilometer hinauf bis zur Mündung des Ohio.

3.5 Klima

In der Mitte des Kontinents herrscht das typische Kontinentalklima: trockene, heiße Sommer und kalte, oft auch schneereiche Winter. Da ein absperrendes Gebirge in Ost-West-Richtung fehlt, können arktische Luftmassen ungehindert bis in den Süden des Kontinents strömen. Dadurch sind rasche Temperaturwechsel in weiten Teilen der USA keine Seltenheit. So kann es in Chicago, New York oder Minneapolis mitunter bitter kalt werden.

Schneestürme (Blizzards) sind im Winter an der Tagesordnung. Sogar das weit südlich gelegene Florida hat in den letzten Jahren drastische Wintereinbrüche erlebt, die dort sonst nicht oder nur sehr selten vorkamen. Obwohl man meinen sollte, dass der ausgleichende Einfluss des Meeres und des Golfstroms die Temperaturen in den Staaten der nördlichen Ostküste in Grenzen hält, gibt es auch hier im Sommer oft Temperaturen von mehr als 30 Grad Celsius und im Winter Kälte und Schnee in New York und den Neuenglandstaaten.

Auf der pazifischen Seite Nordamerikas ist der ausgleichende Einfluss des Meeres besonders stark. Ganzjährig kann man hier mit milden, im südlicheren Teil (Kalifornien) sogar mit subtropischen Temperaturen rechnen. Das in Nord-Süd-Richtung sich erstreckende Große Felsengebirge (Rocky Mountains) hält Regenfälle vom Innern des Landes ab. Erst jenseits des Mississippi ändert sich das wieder.

Dafür gibt es auf der Westseite des Gebirges erhebliche Niederschlagsmengen (Steigungsregen). Dies ist besonders in den Staaten Oregon und Washington zu spüren. Zwischen dem Gebirgsstrang, der aus der Sierra Nevada im Süden und dem nördlich sich anschließenden Kaskadengebirge besteht, und den Rocky Mountains weiter im Osten erstreckt sich zwischen den Städten Reno und Salt Lake City ein großes, abflussloses Becken mit einem wüstenartigen Klima. Der Bundesstaat Nevada liegt mittendrin.

Dadurch, dass zwischen den pazifischen Luftmassen und dem Innern des Kontinents kein Austausch besteht und zusätzlich keine Behinderung arktischer Luftmassen in südlicher Richtung vorhanden ist, herrschen ideale Bedingungen für die Entstehung von Stürmen (Tornados, Hurrikans), die aus der Karibik und dem Golf von Mexiko sich weit nordwärts ausbreiten.

3.6 Pflanzenwelt

Der Wald nimmt heute nur noch rund ein Drittel der Fläche der USA ein. Wie überall in Pioniergebieten rodeten auch hier die weißen Siedler im 18. und 19. Jahrhundert weite Bereiche. Die nördlichen sowie auch die Höhenlagen der südlicheren Rocky Mountains sind von dichten borealen Nadelwäldern bedeckt, die leider auch die rasche Ausbreitung von Waldbränden begünstigen. Um die Großen Seen sowie im Appalachengebirge herrscht Mischwald mit wiederum großem Nadelholzanteil vor. Im Vorland der Appalachen nimmt der Nadelholzanteil ab und der Wald geht schließlich in reinen Laubwald über. An der Golfküste herrschen subtropische Nadelwälder vor.

In den Hochbecken der Rockys bestimmen Halbwüsten, Gras- und Strauchsteppe das Landschaftsbild, vereinzelt sind kleinere Baumbestände aus Hartlaubhölzern eingestreut. Für Kalifornien waren einst Hartlaubwälder charakteristisch, durch Abholzung gingen diese verloren und machten Hartlaubsträuchern (Chaparral) Platz. Die feuchten Teile von Florida und Louisiana sind durch Mangrovenwälder, Farne, Sumpfzypressen und Lianen gekennzeichnet.

4. Die Bundesstaaten stellen sich vor

Hinsichtlich der Zielsetzung dieses Buches, dem potentiellen Einwanderer verwertbare Kenntnisse in übersichtlicher Form zu vermitteln, erscheint es nicht sinnvoll, jeden einzelnen Staat der USA getrennt darzustellen. Vielmehr ist eine solche Gruppierung sinnvoller, die diejenigen Staaten zusammenfasst, welche nach ihrer klimatischen und physisch-geografischen Lage, ihrer Entstehungsgeschichte und ihrer jeweiligen wirtschaftlichen Charakteristik innerhalb des Staatenbundes in einen logischen Zusammenhang gehören.

Oft spielt es für den Einwanderer eine Rolle, in welcher Landschaft er sich niederlassen will. Bewohner der Berge wird es möglicherweise wieder in bergige Gegenden ziehen, ausgesprochene »Flachländer« hingegen könnten sich in Küstenebenen und Flusstälern wohler fühlen. All dies haben die USA zu bieten.

Eine andere Sache ist, ob es sinnvoll erscheint, die geplante Auswanderung dann auch tatsächlich nach solchen Gesichtspunkten zu realisieren. Oft sind Vorteile eines bestimmten Wirtschaftsraumes, industrielle Standortbedingungen oder großklimatische Faktoren von größerer Bedeutung.

So liegen die besten Chancen, einen Arbeitsplatz zu finden, innerhalb des »manufacturing belt« (Gürtel industrieller Herstellung), der sich im Nordosten der Staaten befindet. Man zählt dazu die Staaten New York, Connecticut, Massachusetts, Pennsylvania, Maryland, das nördliche Virginia und West-Virginia, Illinois, Ohio, Indiana sowie das südliche Wisconsin und Michigan. Man findet hier Schwerindustrie, Metallgewinnung und -verarbeitung, Maschinenbau, Elektronik, Fahrzeugbau, Luftfahrtindustrie, Schiffbau, Papierherstellung, Druckerei und Verlagswesen sowie Textilindustrie.

In schöner Harmonie gesellt sich aber zur industriellen Produktion in diesem Gebiet auch die Landwirtschaft. Die Großräumigkeit der Vereinigten Staaten ermöglicht ein solches Miteinander ohne Probleme. So liegt das zweitgrößte Weinbaugebiet der Vereinigten Staaten im Staat New York.

Der »manufacturing belt« ist nicht ohne Grund der Bereich, in dem sich ein großer Teil der deutschsprachigen Einwanderer der letzten 100 Jahre angesiedelt hat.

Wildhorse Saloon in Nashville, Tennessee.
(Foto: Tennessee Tourism, Bielefeld)

Große Auswahl an scharfen und extra-scharfen Saucen im French Market in New Orleans.
(Foto: Carl Purcell / New Orleans CVB)

Zum Dinner gibt es in den Vereinigten Staaten keineswegs immer nur Hamburger oder Pizza.
(Foto: Palm Beach County Convention and Visitors Bureau)

Kinderspiele wie in Pioniertagen in Fort De Chartres, Prairie Du Rocher, Illinois.
(Foto: Illinois Department of Commerce and Community Affairs)

Nachgestellt: Schlacht aus dem Bürgerkrieg in der Gegend zwischen Hershey und Gettisburg.
(Foto: Pennsylvania Department of Community and Economic Development)

Riesige, prachtvolle Hotels und günstige Übernachtungstarife sind in Las Vegas normal. Hier die Wasserspiele vor dem Bellagio.
(Foto: Las Vegas News Bureau / LVCVA)

Außenansicht des Royal Cafès in New Orleans.
(Foto: Carl Purcell / New Orleans CVB)

Großzügiges Einkaufszentrum: Die Woodfield Mall in Schaumburg, Illinois.
(Foto: Illinois Department of Commerce and Community Affairs)

Stilvoll: Eingangshalle des Marriott Hotels in Delray Beach, Florida.
(Foto: Palm Beach County Convention and Visitors Bureau)

Nationalsport: Baseball, hier im Comiskey Park in Chicago, Illinois.
(Foto: Illinois Department of Commerce and Community Affairs)

Football rangiert in der Beliebtheitsskala bei den Sportarten erst an zweiter Stelle hinter dem Baseball.
(Foto: Pennsylvania Department of Community and Economic Development)

Das Andy Warhol Museum in Pittsburgh, Pennsylvania.
(Foto: Pennsylvania Department of Community and Economic Development)

Gestiefelt und gespornt: In Texas ein alltäglicher Anblick.
(Foto: Texas Department of Economic Development, Tourism Division)

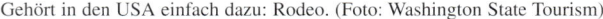
Viehtrieb durch Fort Worth, Texas. (Foto: Texas Department of Economic Development, Tourism Division)

Gehört in den USA einfach dazu: Rodeo. (Foto: Washington State Tourism)

4.1 Die Neuengland-Staaten

Wir befinden uns hier mitten in der Entstehungsgeschichte der Vereinigten Staaten: Die Neuengland-Staaten Connecticut, Maine, Massachusetts, New Hampshire, Rhode Island und Vermont zählen zu den so genannten Gründerstaaten. Hier ist die europäische Kultur so lebendig wie sonst nirgendwo in den USA.

Obwohl man als Tourist bei flüchtiger Betrachtung zunächst nichts typisch Europäisches findet, erinnert bei näherem Hinsehen doch so manches Haus und manche baumbestandene Straße an die Bauweise in England. Auch in der Küche findet sich der Stil der alten Welt wieder, wenn auch angereichert mit den Errungenschaften des schnelllebigen Amerika. In den Küstenorten sind Seafood-Gerichte besonders beliebt und keineswegs teuer.

Rhode Island, Massachusetts und Maine sind so etwas wie die Seebäder-Region und erinnern an mittel- und nordeuropäische Küstenlandschaften. Sie sind eine Art nördliches Urlaubsparadies betuchter Geschäftsleute und Politiker.

Trotz mäßiger Wassertemperaturen locken ausgedehnte, nicht übervölkerte Sandstrände zu Badeaufenthalten. Auch am Cape Cod (Kap des Kabeljau) findet man besonders schöne Sandstrände, Dünen, Marschland und Nadelwälder, in die romantisch Landhäuser gestreut sind. Es ist eine ausgesprochen touristisch orientierte Gegend mit einem breiten Angebot an Hotels aller Kategorien. Eine Überfahrt zur Insel Nantucket bietet die Möglichkeit, mit ein wenig Glück Wale zu beobachten. Hier spielt auch die berühmte Geschichte von Herman Melvilles »Moby Dick«. Der Küstenstrich vom nördlichen Connecticut bis hinauf nach Maine war einst die Heimat der Walfänger. Empfehlenswert ist ein Besuch des originalgetreu rekonstruierten Walfänger-Hafens »Mystic Seaport« in Connecticut.

Lassen Sie sich aber auch von vielen kulturellen Stätten wie beispielsweise der historischen Altstadt von Boston verzaubern. Die Erinnerungen an die »Boston Tea Party« und den abenteuerlichen Ritt eines Paul Revere werden hier lebendig gehalten. Auf dem zwei Kilometer langen »Freedom Trail« erlebt man die historischen Geschehnisse nach, stehen das Geburtshaus Benjamin Franklins, die »Faneuil Hall« und die berühmte »Old North Church«. Ein Spaziergang entlang der Esplanade am Charles River und eine Bootsfahrt über den Fluss in Richtung Harvard University sind für den Interessierten beeindruckende Erlebnisse.

Weiter westlich liegen das bergige Vermont und New Hampshire, landesweit und auch in Übersee bekannt durch die einmalige herbstliche Farbenpracht des »Indian Summer«.

4.1.1 Wirtschaft

Connecticut
Im Küstenbereich bei Bridgeport und New Haven liegen die Industriestandorte, in New Haven die berühmte Yale University. Das Hinterland ist abwechslungsreich, wellig, teils bergig mit Seen, sehr ähnlich der deutschen Mittelgebirgslandschaft mit kleinen Dörfern und Bauernhöfen. In der Hauptstadt Hartford findet man die ehemaligen Wohnhäuser von Markt Twain (»Tom Sawyer und Huckleberry Finn«) und Harriet Beecher-Stowe (»Onkel Toms Hütte«) in enger Nachbarschaft. Man nennt Connecticut auch die Waffenschmiede der Nation.

Die wichtigsten Güter, die hier produziert werden, sind Hubschrauber und Flugzeuge, Uhren, Schmiedewaren wie Messer und Bestecke, Silberwaren und Nadeln, Tabak, Kartoffeln, Obst und Gemüse, Milchprodukte, Geflügel, Sand, Kies und Steine.

Maine
Landschaftlich ist dieser Staat bekannt durch seine Küstenklippen und Weißtannen. Das Erscheinungsbild ähnelt dem der französischen Bretagne.

Die wichtigsten Produkte sind hier: Granit, Zement, Feldspat, Holz, Geflügel und Eier, Kabeljau, Sardinen und Thunfisch, Hummer, Kartoffeln und Konserven.

Massachusetts
Dieser Staat ist die Wiege der USA (Boston Tea Party).
Erzeugt werden Metallwaren aller Art, Elektrik und Elektronik, Papier, Gummiartikel, Textilien und Schuhe, Milch- und Geflügel, Äpfel, Birnen, Blaubeeren, Fisch, Ahornsirup (Maple Syrup), Sand, Kies und Steine.

New Hampshire
Hier befindet sich der Tummelplatz der »oberen Zehntausend«.
Hauptprodukte sind: Elektrik und Elektronik, Papier, Textilien, Schuhe, Geflügel und Milch.

Rhode Island
Dies ist der Bundesstaat der Abweichler und Nonkonformisten. Hier gedeihen individuelle Lebensart und intellektuelle Subkultur, gelebte und auch dargestellte persönliche Lebensphilosophie. Auch für Homosexuelle und Lesben ist hier in dem sonst so puritanisch geprägten Neuengland Platz.
Wesentliche Produkte sind: Metallwaren, Werkzeug, Silberwaren, Elektronik, Textilien, Milch, Geflügel, Granit, Ton.

Vermont
Man nennt ihn den Staat der grünen Berge. Hier wird jede Menge Granit abgebaut, der Werkstoff vieler Denkmäler für die berühmten Persönlichkeiten der amerikanischen Geschichte.
Hauptprodukte sind außerdem: Marmor, Glimmer, Talkum und Schiefer, Werkzeugmaschinen, Milchprodukte, Ahornsirup.

4.2 Tor des Ostens

Die Staaten New York, New Jersey und Pennsylvania, südlich der Neuenglandstaaten gelegen, haben seit Beginn der weißen Besiedelung des Kontinents eine herausragende Rolle gespielt. Hier befindet sich quasi das Einfallstor, durch welches die Einwanderer aus allen Teilen der Welt hineinkommen, Hoffnungen auf eine bessere und erfolgreichere Zukunft im Gepäck. Viele von ihnen wollten nach ihrer Ankunft keine weitere lange Reise durch den Kontinent antreten und blieben hier hängen, was zu der sehr hohen Bevölkerungsdichte in diesem Landstrich beigetragen hat. Auf den von ihnen aufgebauten wirtschaftlichen Fundamenten steht noch heute ein großer Teil der ansässigen Unternehmen. Im Osten finden sich nicht nur Finanzzentren und Spielkasinos, sondern auch Farmland und Kohlebergbau.
Die östlichen Staaten sind aber auch ein Landstrich voller Kontraste. Hier die imposante Skyline von Manhattan, dort die beschaulich wirkenden Kleinstädte des Hinterlandes, hier die tosenden Wasserfälle des Niagara am Ontariosee, dort die Höhenzüge der Appalachen bis hinunter zu den Smoky Mountains auf der Höhe von Atlanta. Wer als Tourist einmal durch die Städte Harrisburg und Gettysburg gekommen ist, weiß, dass er sich hier auf historischem Boden befindet. Im Jahre 1863 fand hier eine entscheidende Schlacht des amerikanischen Bürgerkrieges statt. Vom Aussichtsturm in Gettysburg lässt sich das damalige Geschehen an Hand von Bildern und Texten nacherleben.

Diejenigen, die sich noch nicht eingehend mit den Vereinigten Staaten befasst haben, werden mitunter den Staat New York mit der Stadt New York verwechseln beziehungsweise gar nicht wissen, dass es außer New York City auch noch einen großen Staat gleichen Namens gibt. Dieser zieht sich von der atlantischen Küste bis hinauf an die Ufer des Lake Ontario und bietet landschaftlich eine Vielzahl von Reizen, seien es nun die Niagarafälle, die herrliche Naturlandschaft der Adirondacks oder einfach das flachwellige bis bergige Land mit seinen Wäldern, Feldern und kleinen Orten.

Mit ganz anderen Reizen dagegen wartet die Weltmetropole New York City auf, deren architektonische Vielgestaltigkeit und pulsierende Lebensart überhaupt nicht mit Worten beschrieben werden kann. Man muss New York selbst erlebt haben. Die Gebäude von New York City sind für den Neuankommenden nicht nur – geometrisch gemessen – hoch, sondern einfach groß und in ihrer Ausstrahlung überwältigend. Aus der Not der mangelnden Grundstücksflächen wurde hier eine Tugend des Hochbaus gemacht. Kein Wolkenkratzer sieht aus wie der andere, auch wenn dies bei grober Betrachtung zunächst so wirken mag. Wirtschaftliche Potenz, Erfolgsbewusstsein und – im positiven Sinne – auch ein Stück Selbstdarstellung waren und sind noch immer die Antriebskräfte für das Erschaffen dieser »Türme der Arbeit«, wie wir sie einmal nennen wollen. An diesen Eigenschaften, die letztlich den amerikanischen Traum ausmachen, werden auch nicht die jüngsten verzweifelten Versuche pseudoreligiöser Fanatiker etwas ändern können, die solche Untaten wie die der Zerstörung des World Trade Center mit ihren unermesslichen Opfern an Menschenleben auf dem Gewissen haben. Der »Big Apple New York« und Manhattan leben und werden friedlich weiterleben, weil sie ein organischer Teil der Vereinigten Staaten sind. Dass die Modalitäten des Welthandels bestimmten Korrekturen unterworfen werden sollten, um mehr Gerechtigkeit herzustellen, ist eine ganz andere Sache. Wir leben in einer Zeit rasanten Wandels, in der nichts so bleibt, wie es vorher war.

»The city never sleeps« ist ein bekannter Werbeslogan und er macht recht deutlich, wie diese Riesenstadt lebt, deren Herz Manhattan ist, das alte »manahatta« der Ureinwohner Nordamerikas. Wie keine andere Stadt der Vereinigten Staaten ist New York praktisch die in Stein und Stahl gegossene Identifikation amerikanischen Lebensstils. Der Wille zum Erfolg, zum Mehr, zum Neuen, zur ständigen Verwandlung, zum Wettbewerb und zur Einflussnahme auf die gesamte übrige Welt ist eines der Geheimnisse, die diese Stadt rund um die Uhr aktiv halten. Nachts genießt man das, was man sich am Tage erarbeitet hat. Nachts sucht man die Wunder des Lebens in der menschlichen Kultur, in der Musik, dem Tanz und im Gespräch

Symbole dieser Kultur sind das Empire State Building, das Rockefeller Center, der Broadway, die 5th Avenue, der Trump Tower, das Guggenheim Museum, das Museum of Modern Art und die St. Patrick's Cathedral, aber auch die Grand Central Station, der Central Park, das UN-Gebäude sowie das jüngst zerstörte World Trade Center. Wer einmal einen Blick vom Empire State Building auf den Wald der Wolkenkratzer tun konnte, wird bestätigen, dass man den physischen Körper dieser Stadt mit nichts anderem auf dieser Welt vergleichen kann, auch wenn andere Großstädte sich redlich bemühen, kleine Kopien davon zu werden.

Gehen wir weiter nach Philadelphia, 90 Meilen südlich von New York gelegen und durch William Penn (1644–1718) gegründet. Dieser hatte einen Traum, wollte mit der Gründung der Stadt ein religiöses Experiment durchführen, wollte allen möglichen religiösen Gruppierungen in dieser Stadt ein einträchtiges Mit- und Nebeneinander ermöglichen. So geschah es, dass auch eine deutsche Volksgruppe im Jahre 1683 ihre Stadt »Germantown« gründete, heute ein Vorort von Philadelphia. Das Wahrzeichen dieser Stadt bildet die »Independence Hall« mit der Freiheitsglocke, die man am 4. Juli 1776 anlässlich der Unterzeichnung der Unabhängigkeitserklärung läutete.

In New Jersey zeigt sich am viktorianischen Baustil seiner Häuser, dass dieser Staat eine durch und durch britische Vergangenheit besitzt. Hier findet man auch die bekannte Spielcasino-Stadt Atlantic City, mit dem Bus bequem von New York aus zu erreichen, eine Einladung an alle, denen Las Vegas einfach zu weit entfernt ist.

4.2.1 Wirtschaft

New York
Besonders wichtig ist hier das Druck- und Verlagswesen, es gibt aber auch viel Verarbeitungsindustrie, Textilindustrie, Produktion von Saffianleder, Obst und Gemüse, Wein, Geflügel, Milch.

New Jersey
Der nordöstliche Teil bildet einen Wohnvorort von New York City, es riecht teilweise recht deutlich nach Ölraffinerie (»Standard Oil«).

Hauptprodukte sind: Erdölprodukte, Kautschuk, Glas, diverse Werkstoffe, Chemie- und Pharmaerzeugnisse, Elektrogeräte, Farben,

Zink, Ton, Steine, Sand, Kies, Birnen, Spargel, Tomaten, Getreide, Milch und Geflügel.

Pennsylvania
Dieser Staat ist führend in der Eisen- und Stahlbranche, dennoch hat auch die Landwirtschaft eine große Bedeutung. Es gibt hier 15 Universitäten, und die Landschaft zählt zu den schönsten der Ostküste. Pennsylvania besitzt mehr als 160 Flughäfen, wichtigster Seehafen ist Philadelphia, wichtigste Binnenhäfen sind Erie am Eriesee und Pittsburgh am Ohio.

Hauptprodukte sind: Erdöl, Erdgas, Stahl, Eisen, Zink, Anthrazit, Braunkohle, Steine, Zement, Ton, Chemieprodukte, Textilien, Elektrogeräte, Druck- und Verlagserzeugnisse, Obst, Getreide, Kartoffeln, Champignons, Zigarrentabak, Milch und Geflügel.

4.3 Das George-Washington-Land

Wir zählen hierzu die Staaten Virginia, West-Virginia, Maryland, Delaware und den bundesstaatlichen Regierungsbezirk Washington, D.C. (District of Columbia). Letzterer ist der Sitz der amerikanischen Bundesregierung, der Ministerien und des Parlamentes. Eine ganze Reihe bundesbehördlicher Gebäude bieten sich hier in architektonisch neoklassizistischem Stil dem Betrachter dar, ganz offensichtlich an die demokratischen Prinzipien der Antike anknüpfend. Verglichen damit sind die USA aber eine ziemlich junge Demokratie, die in keinster Weise veralteten, überholten Modellen nachhängt, sondern die antiken Grundgedanken mit jungem Leben füllt.

Machen Sie zum näheren Kennenlernen als Tourist am besten eine darauf spezialisierte Busrundfahrt durch die Stadt mit und lernen Sie dabei die historisch relevanten Plätze, Denkmäler und Museen kennen. Dabei ist beliebiges Aus- und Einsteigen ohne zusätzliche Kosten möglich. Schon dabei zeigt sich wieder einmal der pragmatische Sinn der Amerikaner. Für die Besichtigung des Weißen Hauses gibt es auch eigens Öffnungszeiten für »self-guided tours« (ohne Führer). Alle bisherigen amerikanischen Präsidenten, mit Ausnahme George Washingtons, haben hier während ihrer Amtszeit residiert. Auch der Parlamentssitz, das Capitol, sollte besichtigt werden. Hier gibt es die Möglichkeit, als Besucher an einer Sitzung des Senats oder des Repräsentantenhauses teilzunehmen.

Vergessen Sie auf keinen Fall, den Museen des »Smithsonian Instituts« einen Besuch abzustatten, in denen unter anderem Ausstellungen historischer Luft- und Raumfahrzeuge geboten werden. Da ist zum Beispiel die berühmte »Spirit of St. Louis«, mit der Charles Lindbergh bereits 1927 im Nonstop-Alleinflug den Atlantik überquerte. Im »Museum of Natural History« finden Sie unter anderem den bekannten 45-karätigen Hope-Diamanten und im »National Museum of American History« eine Sammlung von Ballkleidern ehemaliger Präsidenten-Gattinnen, welche diese bei der Amtseinführung ihrer Ehemänner trugen.

Vom 170 Meter hohen Washington-Monument, einer Vierkantsäule, genießen Sie einen wunderbaren Ausblick über ganz Washington. Am Potomac River, nicht weit entfernt, stehen die Jefferson- und Lincoln-Denkmäler, deren Beleuchtung bei Nacht man nicht versäumen sollte. Jenseits des Flusses befindet sich der berühmte Arlington-Friedhof, welcher die Ehrenruhestätte bekannter Persönlichkeiten ist. Mount Vernon, Landsitz George Washingtons und ehemalige Farm aus der Sklavenzeit, liegt auf einem Hügel über dem Potomac River und lässt sich per Auto über den südlichen Ring, Exit 1 und danach Highway 1 erreichen.

Tagesbesucher, die nicht alles besichtigen können, sollten mit dem Auto bis nahe an die City heran fahren und auf einem bewachten Parkplatz ihr Fahrzeug abstellen. Für mehrtägige Besuche empfiehlt es sich, ein Hotel in den Außenbezirken zu suchen (Kosten sparen) und mit der U-Bahn ins Zentrum zu fahren. Bleiben Sie zu diesem Zweck mit ihrem Fahrzeug außerhalb des Autobahnrings, der die Innenstadt umschließt.

Falls es Ihre Zeit erlaubt, sollten Sie sich noch Williamsburg und Jamestown ansehen. Williamsburg unweit des James River war einst die Hauptstadt der alten englischen Kolonie Virginia und ist heute ein Museumsort. Sie erreichen die Städte von Washington aus über die I-95, danach auf den Highways 295 und 64. Wollen Sie einen romantischeren Weg wählen, so bietet sich die Route über Annapolis und den Highway 50, danach über den 13 an. Sie fahren bis Kiptopeke und gelangen nun auf eine Pfahlbrücke über die Chesapeake Bay, die der Schifffahrt wegen zweimal durch Unterwassertunnels abgelöst wird. Sie folgen dazu einfach den Hinweisschildern »Follow the gulls«. Am jenseitigen Ufer der Chesapeake Bay stößt der Highway 13 auf die I-64, auf der es dann westlich nach Williamsburg geht.

Baltimore ist eine bedeutende Stadt Marylands, die nach dem Ersten Weltkrieg das Ziel vieler deutscher Auswanderer war. Da die Strände

Delawares von Washington und Baltimore aus recht schnell zu erreichen sind, ist dieser Staat sozusagen das Wochenend-Erholungsgebiet der Großstädter. Berühmt ist »Rehoboth Beach«, die Sommerhauptstadt der USA. Hier verbrachten viele US-Präsidenten die heißen Monate des Jahres. In Wilmington befindet sich der Chemiegigant »DuPont« einschließlich eines Museums für alte Fabrikationsanlagen und Kulturgegenstände des 19. Jahrhunderts aus dem Umland.

Die ersten Präsidenten der Vereinigten Staaten kamen aus Virginia. Hier hatte sich die frühe weiße Besiedelung am schnellsten zu hohem kulturellen Stand entfaltet, was sich auch in einer großen Bevölkerungsdichte zeigte. Jefferson, Monroe, Madison und Jackson besuchten damals öfter die »Michie Tavern« nahe Charlottesville. Aber wem ist Virginia nicht durch seine weltbekannte Tabakindustrie geläufig? Eine bestimmte (starke!) Sorte hat hier ihren Namen bekommen. Heute haben viele bekannte Zigarettenmarken hier ihren Sitz.

Wen es nun weiter südwärts zieht, der begibt sich einfach wieder auf die I-95, die bis hinunter nach Florida führt. Alternative dazu ist eine langsamere Route, die Küstenstrecke am Atlantik entlang, mit abwechslungsreichem Verlauf über Inseln und mit interessanten Aussichten. Man gelangt hier schließlich auf den Highway 1 und erreicht so Miami oder auch Key West ganz im Süden.

Eine zweite Alternative ist die Bergstrecke durch die Appalachen, von Williamsburg über die I-64 nach Richmond, Charlottesville und Hilsboro, danach den Blue Ridge Parkway kreuzend bis in die Great Smoky Mountains. Hier reizt die bezaubernde Landschaft, auch wenn nur eine Höchstgeschwindigkeit von 30 Meilen pro Stunde erlaubt ist.

4.3.1 Wirtschaft

Virginia
Hauptprodukte sind: Tabak und Tabakerzeugnisse, chemische Produkte, Möbel, Textilien, Elektrogeräte, Papier, bitumenhaltige Kohle, Werftanlagen, Kies, Sand und Steine.

West-Virginia
Dieser im Herzen der Appalachenkette gelegene Staat produziert rund ein Viertel der in USA benötigten Steinkohle.
Hauptprodukte: Braun- und Steinkohle, Eisenerz, Erdgas und Erdöl, Holz, Metall, Glas, Werkstoffe und Synthetikfasern, Getreide, Obst, Milch, Geflügel.

Maryland
Der Staat verdankt seine Entstehung rivalisierenden Bestrebungen der einstigen Kolonialmächte, die im Bürgerkrieg endeten. Fast 50 Prozent der Bevölkerung sind Schwarze.
Hauptprodukte: Stahl und andere Metalle, Chemieprodukte, Elektrogeräte, Kautschuk, diverse Werkstoffe, Kohle, Steine, Zement, Glas, Holz, Tabak, Meeresprodukte, Getreide, Tomaten, Äpfel, Milchprodukte.

Delaware
Dieser Staat ist der zweitkleinste der USA und man zahlt – ähnlich wie im europäischen Liechtenstein – sehr niedrige Steuersätze. Dadurch sammelten sich hier viele Aktiengesellschaften an, die aber fast alle woanders ihre Produktionsstandorte haben. Der Boden ist nicht sehr ertragreich.
Hauptprodukte: Chemieerzeugnisse, Steine, Sand, Obst, Gemüse, Hühner.

4.4 Der sonnige Süden

Florida, Georgia sowie North und South Carolina sind Staaten, die teilweise schon subtropisches Klima aufweisen und damit zu den sonnenverwöhnten Gebieten der USA gehören.
North Carolina ist das Mekka der Golfspieler. So kann man beispielsweise in dem Erholungsort Pinehurst in einem Country Club logieren, auf dessen Grund sich sechs 18-Loch-Plätze befinden, dazu noch 24 Tennisplätze und ein zirka 80 Hektar großer See. Im Macon County dagegen lassen sich kleine Abenteuer verwirklichen. In einer Landschaft, die von Seen, Wasserfällen und Bergbächen geprägt ist, kann der Tourist nach Edelsteinen graben. In Franklin, wo sich die Cowee-Valley-Rubinbergwerke befinden, besteht die Möglichkeit, in einer Reihe von Minen nach den funkelnden Preziosen zu graben.
Auch die Küste North Carolinas hat einiges zu bieten. Auf den »outer banks«, der Küste vorgelagerten Sandbänken, erstreckt sich eine weite Dünenlandschaft. Hier ist Wassersport angesagt. Abends kehrt man gemütlich in einem der vielen Restaurants mit Meeresspezialitäten ein. In Nags Head kommen Drachenflieger auf ihre Kosten. Nahebei in Kitty Hawk machten auch zu Beginn des 20. Jahrhunderts die Gebrüder Wright ihre ersten Flugversuche mit einem Motorflugzeug. Diese

Gegend hat in früherer Zeit auch durch die Aktivitäten von Strandpiraten einen zweifelhaften Ruf erhalten. Mit falschen Lichtsignalen irritierten diese Kriminellen herannahende Schiffe, um sie auflaufen zu lassen und anschließend auszurauben.

South Carolina ist für das in Charleston stattfindende alljährliche Spoleto-Festival von Gian Carlo Menotti bekannt, das von Ende Mai bis Anfang Juni dauert. In dieser Zeit sind die Straßen und Plätze der Stadt und der ganzen Umgebung von Musik und Tanz erfüllt. Im Frühjahr und Herbst können mit Pferdedroschken romantische Fahrten in der Abenddämmerung gemacht werden, bei denen traditionsreiche Villen aus dem 18. und 19. Jahrhundert besichtigt werden können. Myrtle Beach ist ein fast 90 Kilometer langer Strand und einer der schönsten der Vereinigten Staaten. Hier steht Baden und Strandleben ganz oben auf der Tagesordnung, zumal es Unterkünfte für jeden Geldbeutel gibt.

Fahren wir auf unserer Tour weiter nach Georgia. Hier wird Gastfreundschaft besonders groß geschrieben. Nehmen Sie die Möglichkeit wahr, sogar den Gouverneur persönlich in seinem Haus in der Hauptstadt Atlanta zu besuchen. Atlanta ist eine harmonische Mischung aus Gegenwart und Vergangenheit, aus Gründerstilbauten und glasbedeckten Hochhaustürmen. Bummeln Sie einmal durch das »Peachtree Center« (Pfirsichbaum-Zentrum) und gehen Sie »shoppen« oder einfach nur »window shopping« (Schaufensterbummel). Hier ist der Boden, auf dem sich ergreifende Szenen wie die in Margret Mitchells »Vom Winde verweht« (Gone with the wind) abgespielt haben.

In einer anderen Großstadt, in Savannah, zeigen sich ebenfalls architektonische Beispiele vergangener Epochen wie der Zeit vor dem Bürgerkrieg. Man hat viel restauriert, um den Touristen etwas zu bieten, so zum Beispiel die Riverfront. Früher Schauplatz zechender und grölender Piratenhorden, ist der alte Kern heute geprägt durch Restaurants, Studios von Künstlern und urige Kneipen. Auf »Jekyll Island« haben früher Millionäre ihren Urlaub verbracht, Prachtvillen zeugen von dieser Zeit. Heute ist es Florida, das die Urlauber aller sozialen Schichten anzieht wie das Licht die Motten.

Wir folgen nun dem weiteren Verlauf der I-95 nach Süden und gelangen nach Florida. Nicht weit von der Grenze stoßen wir auf die Stadt Jacksonville, die am Johns River liegt. Dieser entspringt östlich von Orlando und mündet hier in beachtlicher Breite in den Atlantik. Von hier sind es noch rund 700 Kilometer bis zum weltbekannten Miami, welches durch seine Millionäre, seine Rentner und Pensionäre, sein Nachtleben, seine Yachten und leider auch für den

Umschlag illegaler Rauschmittel bekannt ist. Im übrigen zieht Miami Menschen aller sozialen Schichten an, die sich hier ihren Teil vom großen Kuchen des amerikanischen Traums auf mehr oder weniger einfach Weise ergattern wollen. Seien Sie vorsichtig, um nicht ungewollt durch das Zutun Dritter in prekäre Beweisnot Ihrer Unschuld zu gelangen (»Drogenkurier«).

Der Highway 1 führt uns über St. Augustin, die älteste Stadt spanischer Gründer mit dem Kastell San Marcos, über eine lange Kette kleinerer und größerer Badeorte wie zum Beispiel Daytona Beach, Fort Pierce, West Palm Beach, Fort Lauderdale und schließlich Miami selbst. In New Smyrna Beach und Daytona Beach ist es erlaubt, die Strände mit dem Auto zu befahren. Hier, am Westsaum des Atlantik, herrscht allenthalben hoher Wellengang, für Surfer ein Paradies, für Schwimmer weniger. Letzteren empfehlen wir, stattdessen auf der Seite des Golfes von Mexiko ihren Urlaub zu verbringen. Da sind Orte wir Bradenton, St. Petersburg, Fort Myers, Naples und Sarasota zu nennen, weiter oben Pensacola und Panama City.

Florida mit seinen 2000 Kilometern Küste ist der Urlauberstaat der USA schlechthin. Für Rentner ist hier der Lebensunterhalt erschwinglich, die Sonne scheint (fast) ganzjährig, und die Möglichkeit, zu den Kindern nach Hause zu fliegen, ist ebenfalls gegeben. Alle befinden sich ja in ein und demselben Land. Dazu gibt es Abwechslung je nach Geschmack, die »Walt Disney World«, das Raumfahrtcenter Cape Canaveral (das früher Cape Kennedy hieß), das »Epcot Center« in Orlando, die Everglades (Sumpf- und Binnenseelandschaft), die viele Kilometer langen Strände, botanische Gärten und Parks, Pelikane überall, Seafood-Restaurants, Meeresaquarien, Shows mit Delphinen, Killerwalen, Alligatoren und Haien und vieles mehr, was hier nicht alles aufgezählt werden kann. Auch viele Deutsche Ruhestandseinwanderer hat es hierhin gezogen.

Fahren Sie auf dem No. 1 über Homestead, Key Largo und eine mehr als 100 Meilen lange Kette von mit Brücken verbundenen Inseln ganz nach unten, so gelangen Sie schließlich nach Key West, einem alten Seeräubernest mit spanischer Note, heute ein Sammelplatz für Aussteiger und Naturromantiker, zu denen einst auch schon Ernest Hemingway zählte. Rechtmäßige Besitzer seines Hauses sind noch heute die Nachkommen seiner 52 Katzen, die von ihm seinerzeit als Erben eingesetzt wurden. Das Erbe wird von einer Stiftung verwaltet. Im Hafen von Key West ist eine alte Silbergaleone der Spanier erhalten worden, die als Museum zur Besichtigung offen steht. Key West ist ein Höhepunkt unter den touristischen Attraktionen.

4.4.1 Wirtschaft

North Carolina
Dieser Staat ist der größte Tabakproduzent der USA, noch vor Virginia. Bekannte Zigarettenmarken wie Lucky Strike, Pall Mall, Camel und Chesterfield sind hier ansässig. Ein vorübergehender Umsatzrückgang vor zirka 25 Jahren wurde durch neuentwickelte teerarme Tabake, andere Filter und Formate wieder wettgemacht. Darüber hinaus gibt es Verarbeitungsindustrie, Textilindustrie und Feldspat.

South Carolina
Ärmere Böden machten es dem südlichen Schwesterstaat nie möglich, im landwirtschaftlichen Bereich mit dem nördlichen gleichzuziehen. Ersatz dafür war eine verstärkte Industrieansiedlung. Der Südteil von South Carolina ist dennoch arm geblieben.

Hauptprodukte: Getreide, Erdnüsse, Süßkartoffeln, Pfirsiche, Baumwolle, Tabak, Geflügel, Kaolin (Porzellantonerde), Vermiculit (Isolierstoff), Holz, Glimmer, Amiant, Feldspat, Lithium, Talkum, chemische Produkte, Ziegelsteine, Textilien, Möbel.

Georgia
»Peach State« genannt wegen der saftigen Pfirsiche, die hier wachsen, ist Georgia auch Heimat von »Coca Cola« und vom rassistischen Geheimbund »Ku-Klux-Klan«. In der Hauptstadt Atlanta wurde Martin Luther King geboren. Wie Washington hat Atlanta heute eine überwiegend schwarze Bevölkerung.

Hauptprodukte: Pfirsiche, Erdnüsse, Roggen, Kalk, Ton, Bausteine, Marmor, Zirkonium, Bauxit, Baryt, Papier, Teppiche, Textilien und Chemieprodukte.

Florida
Bekannt ist dieser Staat unter anderem durch Miami, durch Zitrusfrüchte, Micky Mouse und das Raumfahrtzentrum. Seit zirka 20 Jahren hat es im Vergleich zu allen anderen US-Staaten das stärkste Wirtschaftswachstum erlebt. Ein Teil des Staates ist eine riesige Insel, die quasi auf ihrem Grundwasser »schwimmt«. Ein Drittel des Bruttosozialprodukts wird mit Tourismus erwirtschaftet.

Hauptprodukte: Obst, Gemüse, Feldfrüchte, Erdnüsse, Avocados, Zuckerrohr, Vieh, Geflügel, Fisch und Schalentiere, Baumwolle, Tabak, Lebensmittelfertigprodukte, chemische Produkte, Elektrogeräte, »Tupperware« (Stammsitz in Orlando).

4.5 Der tiefe Süden

Zum tiefen Süden zählen wir die Staaten Louisiana, Alabama, Kentucky, Tennessee und Mississippi. Nicht nur das typische Flair der Südstaaten macht diese Region aus, sondern zum Beispiel auch die weite Flusslandschaft des Mississippi, der mit dem Missouri das längste Flusssystem der Erde bildet. Noch heute kann man dort mit historischen Raddampfern Flussreisen unternehmen und einen Hauch der Stimmung aus den Zeiten von Mark Twains Romanfiguren Tom Sawyer und Huckleberry Finn genießen. Mark Twain selbst war ja einst als Lotse auf diesen Schiffen tätig gewesen. Natürlich finden wir auch hier am Golf von Mexico die schönen, feinsandigen Strände wieder.

Ein weiteres interessantes Merkmal dieser Gegend ist die kreolische Küche mit ihren scharfen Gewürzmischungen. In der Zeit des Karnevals wird das so genannte Mardi-Gras-Festival abgehalten. In New Orleans, der Geburtsstadt des Jazz, gibt es alljährlich Ende April einen Jazz-Festival. Aber man kann dort in der Bourbon Street täglich den Straßenkonzerten von Dixieland-Bands zuhören.

Alabama wartet mit Höhlen auf, in denen nach Einschätzung von Archäologen schon vor 10 000 Jahren Menschen gelebt haben. Besuchen Sie dort das »Russel Cove National Monument«. Im »Space and Rocket Center« hingegen können Sie per Computersimulation in die Rolle des Astronauten schlüpfen und sogar Schwerelosigkeit erleben.

Kentucky wiederum ist bekannt für seine feudalen Herrensitze klassizistischer Prägung, gesäumt von den typischen weißen Lattenzäunen. Das Gras leuchtet hier so tiefgrün, dass es »blue grass« genannt wird. Danach hat auch eine Musikrichtung der Countrymusik ihren Namen bekommen. Dies ist ein Reiter- und Pferdeland, hier werden die besten Vollblüter Amerikas hervorgebracht. Fahrten mit einer Pferdekutsche von einer Ranch zur nächsten sind ein unvergessliches Erlebnis.

Tennessee liegt zwischen den Abhängen der Appalachen und dem »old man river« Mississippi. Hier war Daniel Boone aktiv, einer der legendären Westmänner, die als Pioniere die Wege in den weiten Wilden Westen erkundeten. Auf ihren Spuren zogen später die vielen Siedler aus dem Osten heran. Aber auch durch Elvis Presley ist es bekannt geworden, dessen Grab in Memphis liegt. Eine Menge Unterhaltung ist in »Opryland« zu finden, einem Freizeitpark von 49 Hektar Größe. Im »Grand Old Opry House« treten die bekanntesten Bands der Countrymusik auf und tragen ihre Klänge und Botschaften aus dem Sendesaal hinaus in die Welt. Auf dem Cumberland River erwartet ein Raddampfer seine Gäste.

4.5.1 Wirtschaft

Louisiana
Diese einstige französische Kolonie links und rechts des Mississippi wurde nach Louis XIV benannt. Später wurde das Koloniegebiet verkleinert, heute erstreckt sich der Staat auf das Mündungsgebiet des Flusses.
Hauptprodukte: Zuckerrohr, Reis, Meeresfrüchte, Vieh, Pelze, Erdöl, Erdgas, Schwefel, Salz, Chemieprodukte.

Alabama
Alabama ist ein Baumwollstaat. Es herrschen starke Spannungen zwischen Schwarz und Weiß. Im Jahre 1972 erlag der Gouverneur George Wallace einem Attentat, weil er sich für die Rassentrennung einsetzte.
Hauptprodukte: Sojabohnen, Erdnüsse, Baumwolle, Holz, Kohle, Stahl, Papier.

Kentucky
Dieser Staat wurde durch Daniel Boone erkundet und für die Kolonialisierung vorbereitet. Auch die Brathähnchenkette »Kentucky Fried Chicken« stammt von hier. Der aus Mais hergestellte Bourbon-Whisky wird ebenfalls in Kentucky produziert.
Hauptprodukte: Lebensmittel, Tabak, Pferde, Erdöl, Erdgas, bitumenhaltige Kohle.

Tennessee
Dieser Staat ist durch seine gigantische Staustufeninstallation bekannt. Der Tennessee-River wurde durch 36 solcher Anlagen »gezähmt«. Dies hatte zwar Nachteile für Landschaft und Umwelt, doch schuf es die Voraussetzung für eine riesige Kapazität von Hydroelektrizität. Schon im Zweiten Weltkrieg wurde dadurch die Vergasung von Uran 235 möglich und damit letztlich auch eine Voraussetzung für den Bau der Hiroshima-Atombombe geschaffen.
Hauptprodukte: Wasserkraft, Elektrogeräte, Textilien, Holz, Baumwolle, Tabak, Vieh, Mais, Unterhaltungsindustrie

Mississippi
Trotz einer Mehrheit der schwarzen Bevölkerung herrscht hier die weiße Rasse vor. Sie besitzt die Baumwollplantagen von alters her. Hier wie auch in Alabama, Louisiana, Georgia und South Carolina gibt es politische Forderungen der Schwarzen nach einem Ausgleich für die schlimmen Zustände während der Sklaverei.

Hauptprodukte: Baumwolle, Holz, Schalentiere, Konserven, Holz, Erdöl, Erdgas.

4.6 Tore zum Westen

Fahren wir auf unserer Erkundungsreise durch die Vereinigten Staaten nun weiter westwärts, so begegnen wir einer neuen Gruppe von Staaten, die ihre wirtschaftliche Kraft und touristische Anziehungskraft durch das gewonnen haben, was hier bodenständig und in Überfülle vorhanden ist: Erdöl, Rinder, Cowboys, Indianer und Pferde. Auch Raumfahrt und Getreide spielen eine bedeutende Rolle. Es handelt sich um Texas, Missouri, Kansas, Oklahoma und Arkansas. Auch wer gern in die Berge fährt, kommt hier auf seine Kosten.

In Texas ist alles viel größer und großzügiger als anderswo in den Staaten. Das gilt sowohl für die Städte als auch für die Entfernungen und die Größe der Rinderfarmen. Texas ist besonders reich an ausgedehnten Ölfeldern, die im Laufe des 20. Jahrhunderts den Wohlstand dieses Staates hervorriefen. Der Lebensstil der Ölmillionäre von Houston und Dallas ist nicht zuletzt durch die TV-Serie »Dallas« bekannt geworden. Nur 40 Kilometer von Houston befindet sich das »Lyndon B. Johnson Space Center« (nach einem früheren US-Präsidenten benannt). Im »Mission Control Center« bekommt man Proben von Mondgestein, ein Mondfahrzeug, die Raumfahrzeuge Mercury, Gemini und Apollo und vieles andere aus der Geschichte der Raumfahrt zu sehen.

In Dallas wurde 1993 Präsident John F. Kennedy ermordet. Es heißt, die Ursachen und Umstände dieses Mordes lägen noch immer im Dunkeln, auch wenn es eine offizielle Version gebe, nach der dieses Verbrechen aufgeklärt sei. Nur etwa 40 Kilometer von der dynamischen Wirtschaftsmetropole Dallas entfernt liegt Fort Worth. Hier herrscht das Bild des alten »wilden« Westens vor, es gibt jede Menge Viehauktionen, Rodeos und Cowboytradition.

Spanische Kulturelemente finden wir hingegen in den Städten San Antonio, Alamo und Amarillo, Orte, die aus Missionsstationen hervorgingen. El Paso und Ciudad Juárez (Mexiko) bilden eine Art Doppelstadt, beidseitig des Rio Grande gelegen, der hier die Grenze bildet. Die mexikanische Atmosphäre dieser Städte hat große Anziehungskraft auf die Touristen. In Ciudad Juárez gibt es Flamenco-Shows, Stierkämpfe und Souvenirs.

Gehen wir nordwärts, so stoßen wir auf die Großstadt St. Louis, wo der Missouri in den Mississippi mündet. St. Louis ist seit alters her ein Verkehrsknotenpunkt und damit ein Tor zum Westen. Früher waren es Pferde, Eisenbahnen und Flussschiffe, heute sind es Autos und vor allem Flugzeuge, die hier zusammentreffen. Das Wahrzeichen von St. Louis ist der »Gateway Arch« (Torbogen), ein Bauwerk von gigantischem Ausmaß, das die Bedeutung dieser Stadt symbolisiert. Fahren Sie von St. Louis nach Springfield, so passieren Sie die Meramec Caverns, einige der schönsten Höhlen Nordamerikas. Dort suchten einst Jesse James und sein Bruder Frank Unterschlupf vor den sie verfolgenden Polizisten.

In Oklahoma findet man den zweithöchsten Anteil an indianischer Bevölkerung in den USA. Besuchen Sie die bei Anadarko gelegene Indian City USA. Hier gibt es originalgetreue Rekonstruktionen von ganzen Indianerdörfern, die von den Pawnees, Wichitas, Comanchen, Navajos, Pueblos und Apachen in Stand gehalten werden.

Kansas hat sich durch seine großen Getreidegürtel und seine Rinderproduktion einen Namen gemacht. Hier war die Heimat von Buffalo Bill, der schon im 19. Jahrhundert Cowboy-Shows auf der Bühne inszenierte. Sein ehemaliges Hotelzimmer ist in Brooksville im Frontier Hotel zu besichtigen. Der ehemalige Präsident Dwight D. (»Ike«) Eisenhower stammt aus Abilene, dem Zentrum des Rinderhandels. Auch hier gibt es Rodeos und Relikte aus der Blütezeit der Cowboys zu sehen.

Arkansas zeichnet sich durch die Ozark-Bergkette aus, in deren Tälern Flüsse ihren Weg suchen und Bergseen das Himmelslicht wiederspiegeln. In der Hauptstadt Little Rock (kleiner Felsen) finden wir viele Parks und ein Capitol, das dem Vorbild in Washington sehr ähnelt. Man braucht nur eine Autostunde von Little Rock, um zum »Hot Springs National Park« zu gelangen. Heute wegen seiner warmen Quellen ein Kurort, war diese Gegend schon in der Zeit der Spanier für die heilende Wirkung des warmen Wassers bekannt. Auch von den Indianern wurde dieses Naturwunder schon verehrt. Sie können persönlich auf Diamantensuche gehen, wenn Sie den »Crater of the Diamonds State Park« besuchen. Die Nachkommen deutscher Einwanderer betreiben in St. Mary's Mountain den Anbau von Wein.

4.6.1 Texas

Auf Texas wollen wir auf Grund seiner Größe, wirtschaftlichen Bedeutung und seiner Möglichkeiten für Einwanderer etwas näher eingehen als auf andere US-Staaten. Bevölkerungsmäßig an dritter Stelle in den USA, an der Grenze zum mittelamerikanischen Wirtschaftsraum gelegen und gewissermaßen in geografisch zwingender Rolle für eine Vermittlerposition zwischen Nord und Süd, Ost und West, hat Texas schon von jeher versucht, eigene wirtschaftspolitische Ziele zu verfolgen. Das NAFTA-Abkommen (North American Free Trade Agreement) hat diesen Möglichkeiten einen noch stärkeren Impuls gegeben.

Aus der Sicht potentieller Einwanderer, und damit für Sie, liebe Leser, ergeben sich im Staat Texas folgende Vorteile:
1. Eine starke Zuwanderungsquote unter jungen Leuten hat ein geringes Durchschnittsalter zur Folge und damit auch einen niedrigen Krankenstand.
2. Die texanischen Firmen arbeiten um einiges produktiver als der amerikanische Durchschnitt und haben damit eine hohe Wettbewerbsfähigkeit.
3. Eine große Zahl von Universitäten und Forschungsstätten unterstützen die Wirtschaft.
4. Der Personen- und Güterverkehr fußt auf einer besonders guten Infrastruktur: Es gibt zirka 500 000 Kilometer Straßen, 8 Interstate-Highways und 20 000 Kilometer Schienenstränge.
5. Texas verfügt über 27 Seehäfen, darunter drei der größten in den USA.
6. Über den »Golf Intercoastal Waterway« (Binnenwasserstraße entlang der Küste) können Waren günstig und problemlos bis nach Mexiko verschifft werden.

Darüber hinaus gibt es noch weitere Gründe, warum Texas heute eine der ersten Adressen für Investoren ist:
1. Auf Privateigentum wird keine Einkommensteuer erhoben, Körperschaftssteuern sind gering.
2. Die Grundstückspreise, Energie-, Versorgungs- und Lohnkosten sind günstig.
3. Der Binnenmarkt in Texas selbst ist bedeutsam, die Bevölkerung wächst ständig. Fast 400 Milliarden Dollar Bruttosozialprodukt bringen Texas in vergleichbare Größe zu Mexiko und Süd-Korea.
4. Arbeitgeber, Arbeitnehmer sowie staatliche Institutionen kooperieren hervorragend auf dem Arbeitsmarkt. Für Auswanderer aus Deutschland bestehen gute Chancen, wenn diese Sponsoren suchen.
5. Der Staat hilft durch Förderung bei Finanzierung und durch Steuererleichterung.
6. Die Zulieferindustrie für Autohersteller in den USA, Mexiko und anderswo ist in Texas besonders stark vertreten. Führend in den Branchen Elektronik, Kunststoff- und Klimatechnik.
7. Es gibt hier 20 Forschungszentren für Kraftfahrzeugtechnik.

8. In den angrenzenden Bundesstaaten Mexikos sind mehr als 150 Kfz-Zulieferer ansässig.
9. Der Ausstoß an Automobilen in mexikanischen Werken steigt ständig.
10. Die Lohnkosten in der Automobilbranche von Texas sind geringer als in den übrigen US-Staaten.

4.6.2 Wirtschaft

Texas
Hauptprodukte: Erdöl, Erdgas, Asphalt, Magnesiumchlorid, Schwefel, Graphit, Salz, Brom, Helium, Elektronikteile, Automechanikteile, Baumwolle, Pfirsiche, Spinat, Hirse, Reis.

Missouri
Hier ist noch in vielen Orts- und auch Familiennamen die französische Vergangenheit lebendig.
Hauptprodukte: Mais, Getreide, Schweine, Rinder, Lebensmittel, Bier, Luftfahrttechnik, Automobile, chemische Produkte, Schuhe.

Kansas
Das Wahrzeichen von Kansas ist der größte Getreidespeicher der Welt. In ihm lagert ein Fünftel des gesamten Wintergetreides der USA. Obwohl Kansas auch den Beinamen »Sonnenblumenstaat« hat, überwiegt dennoch die Produktion von Weizen.
Hauptprodukte: Getreide, Vieh, Konserven, Holz, Erdöl, Erdgas, Helium, Maschinen, chemische Produkte.

Oklahoma
Auf Grund der Abholzung der meisten Wälder zur Gewinnung von Ackerland ist dieser Staat besonders von Wirbelstürmen bedroht. Oklahoma ist nach Kansas und North Dakota der drittgrößte Weizenproduzent der USA. Dürrekatastrophen haben hier besonders starke Auswirkungen auf den gesamten Welthandel an Getreide. Missernten gingen der Weltwirtschaftskrise 1929/30 voraus. Auch in Oklahoma gibt es bedeutende Erdöllager.
Hauptprodukte: Wintergetreide, Hirse, Baumwolle, Schafe, Erdgas, Kohle.

Arkansas
Dies ist die ärmste Gegend der Vereinigten Staaten. Ein Viertel der schwarzen Bevölkerung lebt in der Hauptstadt Little Rock.

Hauptprodukte: Getreide, Baumwolle, Mineralwasser, Tabak, Holz, Bauxit, Diamanten, Erdöl, Erdgas.

4.7 Der Südwesten

Zum Südwesten zählen wir die Bundesstaaten Arizona, Colorado, New Mexico und Utah. Er ist eine Region, die reich an touristischen Attraktionen ist. Weite Ebenen, in denen man auf die Cowboys der Neuzeit und die Indianer in ihren Reservaten treffen kann. Utah wartet mit beeindruckenden Naturwundern auf, Colorado bietet hervorragende Wintersportmöglichkeiten, in New Mexico findet man noch immer die steinzeitlichen Behausungen (Pueblos) der Indianer, und die sonnendurchfluteten Canyons und Vulkanrelikte Arizonas waren viele Male Filmkulisse.

Die majestätischen Rocky Mountains von Colorado, seine verlassenen Ortschaften, seine tiefen Schluchten und geheimnisumwitterten Ranches ziehen all diejenigen an, welche das Abenteuerliche lieben. Früher war die Hauptstadt Denver eine Goldgräber- und dann eine Silberminenstadt, heute hat sie bedeutende Industrien und ist Verkehrsknotenpunkt.

In Utah machten mormonische Siedlerpioniere aus dem wilden Land eine ertragreiche Agrarkulturlandschaft. Berge und Seen, Wälder und Wüstengebiete mit Salzseen vermitteln ein abwechslungsreiches Landschaftsbild. Salt Lake City, am gleichnamigen See gelegen, ist die Hauptstadt dieses Mormonenstaates. Diese christliche Glaubensrichtung geht auf einen gewissen Joseph Smith zurück, der 1827 göttliche Botschaften auf goldenen und messingnen Tafeln erhalten haben will, die er im Erdboden gefunden zu haben angibt. Der große Tempel der Mormonen kann in Salt Lake City betreten werden. Es gibt dort auch einen bekannten Chor, den mormonischen Tabernacle Choir.

New Mexico besitzt eine vielfarbige Naturlandschaft, die ganz überwiegend aus sandsteinfarbenen Ebenen, weißgelben Kalksteinhöhlen und grünen Wäldern besteht. Hier findet man noch das traditionsreiche indianische Kunsthandwerk. Früher war Santa Fé Endstation der Eisenbahnlinien, die von Osten herankamen. Weiter westwärts ging's von hier aus mit Pferd und Wagen. In den »Carlsbad Caverns« findet der geologisch Interessierte ein interessantes Höhlensystem. Gallup bietet für Touristen zugeschnittene Indianershows. Albuquerque hat das alljährlich stattfindende weltgrößte Heißluftballonrennen. In Taos ist eine Künstlergalerie zu bewundern, die auch ausländische Besucher anlockt.

4.7.1 Wirtschaft

Arizona

Das Klima Arizonas eignet sich hervorragend zur Behandlung und Heilung von Menschen mit Erkrankungen der Atemwege. Es zeichnet sich durch Wärme, Trockenheit und Staubfreiheit aus. Entsprechend haben sich hier Sanatorien etabliert, die auf die Behandlung von Lungen- und Bronchialkrankheiten spezialisiert sind.

Da die staubfreie Luft eine hervorragende Voraussetzung für die Produktion empfindlicher Elektronikteile ist, werden in Arizona militärische Komponenten mit elektronischen Steuerungen hergestellt. Das hat zu einem gewaltigen Aufschwung im Bereich der Flugtechnik geführt. Dementsprechend ist dies auch eine Gegend für berufliche Karrieren im Bereich Elektronik und Datenverarbeitung. Dies hat sich auch positiv auf die Belange potentieller Einwanderer ausgewirkt. Aber auch Touristen besuchen diesen US-Staat wegen seiner landschaftlichen Besonderheiten.

Hauptprodukte: Erzeugnisse der Luftfahrtindustrie und der Eisenverhüttung, Elektrik und Elektronik.

Colorado

Inzwischen hat hier der Tourismus den früher bedeutsamen Bergbau in den Hintergrund gedrängt. Die einst dünne Besiedelung dieses Rocky-Mountain-Staates hat sich auch hier wie in Arizona enorm gesteigert. Dreh- und Angelpunkt aller wirtschaftlichen Aktivitäten ist natürlich die Hauptstadt Denver. Durch die Lage in einem Hochbecken zwischen zwei Gebirgsketten hat Denver Wasserprobleme. Die Beregnung der über 40 städtischen Parkanlagen wird durch Fernwasserleitungen aus den Rocky Mountains bewerkstelligt. Der Colorado River wurde durch mehr als 1300 Staustufen in seinen natürlichen Bedingungen total verändert und wird als Wasser- und Energielieferant »missbraucht«.

Hauptprodukte: Kohle, Erdöl, Gold, Silber, Zink, Molybdän, Uran, Fleisch, Zuckerrüben, Getreide.

New Mexico

Seine schwache Bevölkerungsdichte und halbwüsten- bis steppenartige Landschaft haben diesen Staat nach dem Zweiten Weltkrieg zur Experimentierlandschaft für die Atombombe gemacht. Das Projekt

»Manhattan«, welches zum Bau der ersten Atombombe führte, wurde in der Nähe von Los Alamos verwirklicht. Der Sprengsatz explodierte am 16. Juli 1945 an einer einsamen Stelle nahe der Sangre-de-Christo-Bergkette (Blut-Christi-Bergkette). Diese unselige Entwicklung in der Forschung zeitigte dann den atomaren Rüstungswettlauf mit dem Ostblock, so dass die Laboratorien in Los Alamos sich anschließend mit atomarer Verteidigung zu befassen hatten. Frei nach J. W. Goethe: Die gerufenen Geister blieben hartnäckig dort, wohin sie einmal gerufen worden waren. Wer mehr zur Geschichte der Atombombe und zum Schicksal der Atomforscher wissen möchte, dem sei das Buch von Robert Jungk empfohlen: »Heller als tausend Sonnen«. Heute besuchen mehr als 100 000 Touristen diese Stadt.

Hauptprodukte: Erdöl, Erdgas, Kupfer, Zink, Kalisalze, Uran, Gold, Silber, Holz, Glas, Baumwolle, Schafe, Hirse.

Utah
Drei Viertel der Einwohner Utahs sind Mormonen. Die Hauptstadt Salt Lake City wird von ihnen auch »Zion« genannt. Alle wichtigen Positionen in der Regierung und der Verwaltung haben Mormonen inne. Ein wenig an die Gewohnheiten anderer Sekten erinnernd, betreiben die Mormonen eine mehr traditionell und damit ökologisch ausgerichtete Landwirtschaft. Mehr Handarbeit und weniger Maschineneinsatz ist die Devise. Die mormonischen Bauern verstehen ihr Handwerk erstklassig und ringen den armen Böden bedeutende Erträge ab. Statt Monokulturen findet man vielfältigen Feldfruchtanbau. In Utah gibt es mehr Kühe als Einwohner. Dieser durch Halbwüsten und Trockensteppen geprägte Staat vermag es, jährlich für mehr als 350 Millionen Dollar landwirtschaftliche Produkte zu erwirtschaften. Auch im Stadtbild findet man die moralische Einstellung der Mormonen wieder: Alles ist sauber und ordentlich.

Hauptprodukte: Erdöl, Kalisalze, Kupfer, Gold, Blei, Molybdän, Vanadium, Asphalt, Raumfahrttechnik, Getreide, Zuckerrüben, Aprikosen, Kirschen, Schafe, Truthennen.

4.8 Der goldene Westen

Wir fassen unter diesem Titel die Staaten Kalifornien und Nevada zusammen, da hier die goldene Sonne besonders intensiv scheint und auch andere »goldene« Möglichkeiten zur Lebensverbesserung bestehen.

Kaliforniens Stärken sind die Filmindustrie, die Elektronik und die Südfruchtproduktion plus Weinanbau. Empfehlenswert ist eine Besichtigung der »Universal Studios« in Hollywood auf jeden Fall. Mit etwas Glück begegnet man vielleicht einem der vielen international bekannten Schauspieler oder Schauspielerinnen. Die Fußabdrücke der berühmten Filmpersönlichkeiten sind in dem Betonboden vor dem »Mann's Chinese Theatre« verewigt. Zusätzlich kann, wer will, sich auch noch die Villen der schönsten und (erfolg)reichsten Filmschauspieler im Stadtteil Beverly Hills anschauen.

Das zirka 500 Kilometer weiter nördlich gelegene San Francisco wurde einst von Goldsuchern und Missionaren gegründet. Ein prachtvoller Naturhafen – ähnlich günstig wie der von Sydney(Australien) _ hat dieser Stadt besondere Möglichkeiten verliehen. Jeder kennt die Golden Gate Bridge von Fotos, die den Hafeneingang überspannt. Von hier aus hat man einen wunderbaren Blick auf die Bucht und die sie umrundende Stadt der vielen Hügel. Aus Filmen sind die steilen Straßen bekannt und die Straßenbahnen (hier: Cable Cars), die von unterirdischen Kabeln die Berge emporgezogen werden. San Francisco hat ein fast ganzjähriges Frühlingsklima, was man am Beispiel der blumenübersäten Lombard Street gut erkennen kann. Vor Fisherman's Wharf sollte man frisch gefangene und vor Ort gebrühte Krabben probieren.

Der kalifornische Wein hat mittlerweile Weltgeltung, ebenso wie die Weintrauben, Trockenpflaumen und anderen frischen Früchte, die dieser Staat produziert. Kalifornien wartet auch mit Naturschönheiten auf. Im Redwood Nationalpark findet man die riesigen Sequoias, die mehr als 4000 Jahre zählen und bis zu über 100 Meter hoch werden. Monterey, südlich von San Francisco gelegen, ist ein malerischer Küstenort. Hier wird Fisch gefangen, und von hier aus kann man den »17 Mile Drive« entlang fahren und herrliche Ausblicke auf die Küstenlandschaft genießen. Östlich in der Sierra Nevada liegt der Yosemite Nationalpark (gespr.: josémiti) mit seinen gigantischen Granitmassiven, Wasserfällen und Nadelwäldern. Im Süden Kaliforniens findet man an der Grenze zu Nevada das berühmte Death Valley und die Mojave-Wüste.

Nevada ist für seine Spielerparadiese beziehungsweise seine Spielhöllen Las Vegas und Reno bekannt. Die Steuern der Spielkasinos stellen für Nevada die Haupteinnahmequelle dar. Las Vegas ist praktisch von Spielautomaten, den sogenannten einarmigen Banditen, verseucht. Man findet sie sogar in Drugstores und im Postamt. Auch für diese Stadt gilt der Slogan »The city never sleeps«. Außer Spielhallen werden den Besuchern aber auch noch eine Menge anderer

Unterhaltungsmöglichkeiten geboten. Auf dem fünf Kilometer langen, lichterhellten Boulevard »The Strips« gibt es Shows und Entertainment in Überfülle. Östlich der Stadt können Sie auf dem Stausee »Lake Mead«, den der Hoover-Staudamm hält, Bootsfahrten unternehmen oder darin baden. Durch den Stausee verläuft die Grenze zu Arizona. Flussaufwärts schließt sich der berühmte »Grand Canyon«, die Schlucht des Colorado River an.

4.8.1 Wirtschaft

Kalifornien
Während des Zweiten Weltkriegs wurden hier ständig neue Technologien entwickelt. Seit 1970 gibt es jedoch eine abfallende Wirtschaftsentwicklung, da anderswo Konkurrenz erwuchs. Dafür nahm die landwirtschaftliche Produktion zu. Dies ist in einem sehr regenarmen Halbwüstengebiet wie diesem nur durch aufwendige künstliche Bewässerung zu erreichen. Produkte wie Wein, Rosinen, Trockenpflaumen, Trockenaprikosen, Nüsse und Mandeln werden heute weltweit exportiert. Die Westküste ist sehr vom Einfluss Mexikos geprägt, was sich in Mode, Essen, Musik, Kunst und allgemeiner Lebensart ausdrückt. Viele Einwanderer aus diesem von Arbeitsplatznöten gezeichneten Nachbarland haben in Kalifornien eine Heimat gefunden, legal und teilweise auch illegal. Auch asiatische Einflüsse sind nicht zu verkennen (zum Beispiel Chinatown in San Francisco). Es hat sich eine Art pazifische Zivilisation entwickelt. Viele Europäer und Deutsche wanderten schon nach Kalifornien aus, denn Klima und Lebensart sind ausgesprochen attraktiv.
Hauptprodukte: Filme, Erzeugnisse der Raumfahrtindustrie, der chemischen Industrie, Erdöl, Gold, Wolfram, Gips, Zement, Wein, Weintrauben, Tiefkühlprodukte, Konserven, Zitrusfrüchte, Feigen, Datteln, Mandeln, Nüsse, Oliven, Aprikosen, Pflaumen.

Nevada
Für Auswanderer nicht geeignet. Die Wirtschaft Nevadas begann einst mit Bergbau. Im Laufe von 40 Jahren wurden mehr als eine Milliarde Dollar in Gold und Silber zutage gefördert. Haupterwerbsquelle ist heute die Spiel- und Unterhaltungsindustrie.
Hauptprodukte: Gold, Silber, Quecksilber, Kupfer, Baryt, Holz, Tierzucht.

4.9 Der pazifische Nordwesten

Oregon, Washington, Idaho und Alaska sind die Bundesstaaten der USA, die über eine reiche, von Niederschlägen verwöhnte, üppige Vegetation verfügen und durch ihre geringe Bevölkerungsdichte ihren ursprünglichen Landschaftscharakter bewahren konnten. Dennoch sind auch hier die Auswirkungen der modernen technischen Zivilisation zu bemerken. Damit ist auch dem Touristen die Möglichkeit gegeben, Unterkünfte zu finden, welche modernen Standards entsprechen.

Man kann hier stundenlang auf Nebenstraßen fahren, ohne einem anderen Fahrzeug zu begegnen. Die Weitläufigkeit und Ursprünglichkeit der Waldlandschaft erinnert durchaus an Skandinavien, das Klima – mit Ausnahme Alaskas – an Mitteleuropa. An der pazifischen Küste Washingtons, besonders auf der Olympic-Halbinsel, findet man den einzigen Regenwald der gemäßigten Klimazone auf der Erde.

Portland am Columbia River wartet alljährlich Ende Mai mit einem Rosenfest auf. Von dort können Sie nach Medford fahren, wo der 600 Meter tiefe Crater Lake inmitten von Felsklippen auf ihren Besuch wartet. Die Küste Oregons bietet pittoreske Ortschaften, Leuchttürme und Seelöwenherden. Im Indianerreservat Warm Springs in Kah-Nee-Ta (nahe Madras) kann man an der ursprünglichen Lebensweise der Indianer teilhaben und in einem Tipi übernachten.

Die Südgrenze des Staates Washington zu Oregon bildet zum größten Teil der Columbia River, einst sehr fischreich, heute aber durch eine Unzahl von Staustufen in seinem Fischbestand drastisch reduziert. Hier findet man tiefe Wälder, schneebedeckte Berge und kristallklare Bergseen. Seattle liegt einmalig schön auf Hügeln an der Elliot Bay zwischen dem Puget Sound und dem Lake Washington. Bei gutem Wetter kann man von hier auf die Olympic Mountains im Westen und die Cascade Mountains im Osten schauen. Im »Pioneer Historic District« gibt es Gebäude aus dem 19. Jahrhundert zu sehen, Läden und kleine Restaurants. Fährt man mit dem Trolleybus (O-Bus) zum Waterfront Drive, kann man von dort mit Booten und Fähren die Inselwelt der Küste näher erkunden. Zwischen Washington und British Columbia in Canada liegen verstreut 172 kleine Inseln. Auf ihnen findet man riesige Bäume, Anglercamps, Bootshäfen und Spezialitätenrestaurants. Lachs gehört hier als Standard zur Speisekarte.

In der Bergwelt des Mount Rainier (4392 m) National Park können Sie zwischen Wasserfällen, Gletschern und Bergseen wandern. Die Täler sind von uralten Baumbeständen und wildblumenübersäten

Wiesen bedeckt. Mehr südlich liegt der Mount St. Helens, ein noch tätiger Vulkan, der die umliegenden Bewohner zum letzten Mal 1979 in Panik versetzte, als durch eine erneute Eruption eine ganze Bergseite abbrach und einen Bergsee durch herabströmende Lavamassen zerstörte.

Auch in Idaho finden Sie Natur satt. Neben Wäldern, Bergseen und Felsformationen weist es einen ausgesprochen alpinen Charakter auf. Wer zur Jagd gehen möchte oder angeln will, wer in verlassenen Minen nach Goldresten schürfen oder Geisterstädte besuchen will, wer auf dem »River of No Return« (Fluss ohne Wiederkehr) eine Bootsfahrt machen möchte, der kommt hier auf seine Kosten. Sun Valley ist ein Wintersportort. Im Sommer kann man hier reiten, wandern, Tennis spielen und schwimmen. Im Hell's Canyon, weiter östlich gelegen, sieht man Formationen aus Vulkangestein, die zu Recht den Namen »Craters of the Moon« tragen. In der Hauptstadt Boise wohnen mehr Basken außerhalb Europas als an irgend einem anderen Ort der Welt. Idaho ist darüber hinaus bekannt für seine Idaho-Kartoffel, eine gebackene Kartoffel, die mit Butter oder »sour cream« bestrichen wird. Man isst sie zu Steakgerichten, inzwischen auch in Europa.

Alaska erinnert in vielen Teilen an Norwegen, ist jedoch grandioser. Fährt man nicht gerade im Winter dorthin, so erlebt man Vorfrühlings- oder Spätherbstwetter. Richtig warm wird es im Juli/August, und dann sprießt eine farbenfrohe Pflanzendecke. Achtung: In dieser Zeit müssen Sie mit Mückenangriffen rechnen. Moskitonetze und Antimückenspray sind dringend zu empfehlen, wenn man im Freien oder im Camper übernachtet. In Alaska trifft man mitunter auch noch auf Totempfähle indianischer Volksgruppen, auf Reste aus der Goldgräberzeit, im »Denali Nationalpark« auf Karibus, Luchse, Elche und Biber, mit etwas Glück auch auf Bären.

Die im Süden Alaskas verlaufende Alaska-Gebirgskette schirmt den Süden von polaren Einflüssen ab, so dass dort gemäßigtes Klima herrscht. Die touristisch besuchten Städte Juneau (Hauptstadt) sowie Anchorage profitieren davon. Die Stadt Sitka im Alexander-Archipel war einst Hauptstadt Alaskas aus russischer Zeit und hat noch viele typische Häuser aus dieser Epoche aufzuweisen. Weitere lohnende Ziele sind Fairbanks jenseits der Alaskakette und die Waldgebiete am großen Yukon River. Ein Abstecher auf die Kodiak-Insel bietet vielleicht die Möglichkeit, die größten Bären der Welt von weitem zu sehen. Sie sind aufgerichtet bis zu vier Meter hoch.

Erst in der zweiten Hälfte des 19. Jahrhunderts gelangten Jäger, Fischer, Abenteurer und danach auch Goldsucher und Händler mit dem

Schiff nach Alaska. Die Route lief von Vancouver über Seattle innerhalb der vorgelagerten Inselkette nach Sitka und weiter hinauf zum Golf von Alaska. Die Überwindung der Alaskakette mit dem Mount McKinley (6193 m) zu Fuß oder zu Pferd stellte damals eine Herausforderung dar. Heute ermöglichen Passstraßen und eine Eisenbahnverbindung von Anchorage nach Fairbanks den gefahrlosen Übergang.

Im Nordosten Alaskas hat man reiche Erdöl- und Erdgasfelder entdeckt. Eine Pipeline führt von Prudhoe Bay in der Beaufortsee über Fairbanks bis zum Hafen Valdez, in dem das Öl in Tanker gepumpt wird.

Im Jahre 1942 wurde als Verbindung zum Hauptgebiet der Vereinigten Staaten der Alaska-Highway gebaut. Von Montana aus fährt man den Highway 15 hinauf zur kanadischen Grenze, nimmt dann den Highway 4, danach den Highway 2 und gelangt östlich von Calgary auf den Alaska-Highway. Dieser führt zunächst nach Edmonton, dann über verschiedene kleinere Orte bis hinauf nach Fairbanks und ist zirka 2500 Kilometer lang. Der Lachs ist in Alaska Volksnahrung, daneben gibt es andere Meeresfrüchte wie zum Beispiel die Königskrabben.

In Gakona, 320 Kilometer nordöstlich von Anchorage, befindet sich seit Mitte der 90er Jahre eine technische Installation, die sogenannte HAARP-Anlage (High Frequency Active Auroral Research Project), eine Antennen- und Sendeanlage, mittels derer im Endstadium mehr als 1,7 Milliarden Watt hochfrequenter elektrischer Energie in die äußere Schutzschicht der Erde, die Ionosphäre, gestrahlt werden sollen. Mit diesem »Ionospärenheizer« sollen zu wissenschaftlichen Versuchszwecken Löcher in diese Schicht gebrannt werden. Das Projekt stieß auf heftigen Widerstand in der ansässigen Bevölkerung, und der Sohn des ehemaligen Gouverneurs von Alaska schrieb ein Buch darüber, mit dem er diese offensichtlich gigantische potentielle Umweltbedrohung weltweit bekannt gemacht hat (Begich/Manning: »Löcher im Himmel«). Entgegen offizieller Darstellung, die nur von der Erforschung der physikalischen Vorgänge spricht, soll das Projekt vor allem auch die Entwicklung weit fortgeschrittener Technologien wie zum Beispiel elektromagnetische Waffentechnik, ELF-Wellen-Technologie, Mikrowellen-Technologie, Wetterbeeinflussung und anderes mehr ermöglichen.

Der Wunsch manchen Auswanderers, in einer Art Naturparadies zu leben, wird in den beschriebenen Staaten Oregon, Washington, Idaho und Alaska sicherlich lebendige Formen annehmen, stößt aber bei der Konfrontation mit der Realität auf die Grenzen der Machbarkeit. Berufliche Möglichkeiten sind in diesen dünn besiedelten Gebieten nur eingeschränkt vorhanden, es sei denn, man betriebe ein Unternehmen, welches nicht standortgebunden ist. Dennoch gibt es Chancen für Personen aus den Bauberufen, aus der Land- und Forstwirtschaft und der Fischerei. Auch ökologische Berufe haben generell wie auch besonders in dieser Gegend beträchtliche Zukunftschancen.

4.9.1 Wirtschaft

Oregon
Oregon hat wenig Industrie. Lediglich Zellulosefabriken (Rohstoff Holz) sind erwähnenswert. Die anfänglichen ökologischen Folgeprobleme dieser Branche wurden durch neue Technologien beseitigt.
Hauptprodukte: Lachs, Hochseefisch, Birnen, Kirschen, Schafe, Truthühner, Steine, Zement, Nickel, Hydroenergie.

Washington
Hier gibt es, ähnlich wie an der Ostküste, eine bunt zusammengewürfelte Bevölkerung aus Chinesen, Filipinos, Japanern und europäischen Rassen und Nationen, hierunter besonders Skandinavier. Diese Gegend trägt ein besonderes Rätsel in sich, denn die durchschnittliche Körpergröße der Menschen ist hier höher als anderswo. Aus diesem Grunde kommen viele großwüchsige, blondhaarige Basketball-Champions aus diesem Staat. Politisch gilt der Staat Washington als besonders liberal und fortschrittlich, fast sozialistisch, wie einige meinen.
Washington wird die humanste Gesetzgebung der USA nachgesagt. Gründe hiefür könnten in dem Einfluss der skandinavischstämmigen Bevölkerung und auch in der Nähe zum wesentlich sozialer als die meisten Staaten der USA eingestellten Kanada liegen. Dafür bestehe, so die Meinung von Kritikern, eine Neigung zu wirtschaftlichen Monopolen (zum Beispiel Elektrizitätswirtschaft, Microsoft, Boeing). Die besondere soziale Ader sollte sicherlich Auswanderungswillige hellhörig machen, die auf so etwas Wert legen.
Hauptprodukte: Erzeugnisse aus dem Flugzeug- und Raketenbau, Werfttechnik, Hydroelektrizität, chemische Produkte, Zement, Sand, Kies, Silber, Blei, Zink, Holz, Papier, Fisch, Früchte, Kartoffeln, Gemüse.

Idaho
Rund 40 Prozent der Staatsfläche Idahos sind Wald. Bis Ende des 19. Jahrhunderts war diese Gegend der USA noch nicht erschlossen, erleb-

te dann aber nach der Entdeckung reichhaltiger Silbervorkommen einen Silberrausch. Nach der Ausbeutung der Vorkommen blieb eine Reihe von Geisterstädten zurück, die heute Touristenattraktionen darstellen. Dann aber gewann ein nachwachsendes Naturprodukt an Bedeutung: die Kartoffel. Günstige Bodenverhältnisse ermöglichten es dieser Feldfrucht, eine Monopolstellung in Idaho zu gewinnen. Die »baked potato« wurde schon weiter oben erwähnt. Im Sun Valley bildet der Wintersport eine Einnahmequelle für die örtliche Wirtschaft. Als Einwanderungsstaat ist Idaho weniger geeignet, es sei denn, jemand möchte im Bereich Tourismus oder Reitsport tätig werden.

Hauptprodukte: Kartoffeln, Getreide, Zuckerrüben, Schafe, Rinder, Holz, Silber, Blei, Zink, Antimon, Kobalt, Vanadium, Quecksilber.

Alaska
Alaska ist der am wenigsten bevölkerte Staat der USA und dennoch der flächengrößte. Es ist rund viermal so groß wie Deutschland. Manche Touristen zieht es in dieses von Kälte und Kargheit, aber auch von landschaftlicher Schönheit geprägte Land. Das heute noch von Eskimos, Pelzjägern und Fischern bewohnte Alaska erwarben die Vereinigten Staaten 1867 für die vergleichsweise kleine Summe von 7,2 Millionen Dollar von Russland.

Hauptprodukte: Fisch, Pelze, Holz, Erdöl, Erdgas, Braunkohle, Gold, Silber.

4.10 Spuren nach Westen

In diesem Kapitel wollen wir die Staaten Montana, North- und South Dakota, Nebraska und Wyoming behandeln. Sie liegen nördlich in der Mitte der USA und haben damit ein kontinental geprägtes Klima: Heiße, trockene Sommer, kalte, schneereiche Winter. Auch an Sommerabenden kann es recht kühl werden. Die Kleidung orientiert sich am Stil der Viehtreiberromantik, man trägt Jeans und Stiefel.

Montana ähnelt in mancher Hinsicht der Schweiz. Die Indianer nannten es »Land des großen Himmels«. Bei Touristen ist der »Glacier National Park« (Gletscher-Nationalpark) beliebt, der im Nordwesten in den Rocky Mountains liegt. Schneebedeckte Gipfel, tiefe Wälder, Wasserfälle, Bergseen (200 an der Zahl) und satte Talwiesen charakterisieren die Landschaft, wenn man von den mehr als 50 Gletschern einmal absieht. Zur Landschaftserkundung benutzt man das Pferd oder man wandert, wenn es die Distanzen zulassen. Sehenswert sind das Avalanche Basin (Lawinenbassin) mit tosenden Wasserfällen, die Saphirbergwerke mit der Möglichkeit zum Goldwaschen und die 4500 Jahre alten Indianerhöhlen. Wer will, kann auch an Fahrten mit dem Schneemobil teilnehmen oder an einem Hundeschlittenrennen. In Big Timber stehen sogenannte Freizeitfarmen zur Verfügung, die den Urlaubern aus der Stadt das ehemalige Leben der Pioniere nahe bringen. In Butte können Sie das immense Bergwerk eines früheren Silvercamps besichtigen, aus dem man jetzt noch große Mengen an Kupfer und Gold hervorholt.

Südlich Montanas schließt sich der Staat Wyoming an, der in seiner geometrisch exakten, rechteckigen Form auf jeder Landkarte hervorsticht. Hier hat man sich ganz der Cowboy-»Romantik« verschrieben, die zumindest insofern keine reine Romantik ist, als hier tatsächlich noch eine ganze Menge hauptberuflicher Cowboys existiert. Mehr als eine Million Rinder und Schafe gilt es, im Auge zu behalten und rechtzeitig zum Abtransport in die Schlachthöfe zu bewegen. Sogar Straßennamen und Autonummernschilder zeugen von dieser auf Viehzucht eingestellten Volkskultur. Ende Juli feiert man hier das sogenannte Frontier-Festival, bei dem Reiten und Lassowerfen zum Volkssport werden. Pfannkuchenbacken, Shows mit den Stars des Showbusiness und Squaredance ziehen Alt und Jung in ihren Bann.

Der Yellowstone Nationalpark sollte auf keinen Fall ausgelassen werden. Das Geysirbecken mit dem berühmten »Old Faithful« (alle 70 Minuten ein Ausbruch) ist der Höhepunkt einer ganzen Reihe von Naturschönheiten in diesem fast 9000 Quadratkilometer großen Naturpark.

Ein Zentrum des Wintersports in Wyoming ist Jackson Hole. In der Stadt Jackson überwintern große Herden von Elchen, die sich direkt am Stadtrand aufhalten und durch Fütterung am Leben erhalten werden. Auch im Sommer ist Jackson einen Besuch wert. Es gibt Kunstausstellungen, Feste und musikalische Komödien im Westernstil.

Die riesigen Rinderherden North Dakotas sind Steaklieferant für die ganze Nation. Das Fleisch ist auf Grund der Lebensweise im Freien zarter als in Europa, so wird behauptet. Deutsche Siedler gründeten einst die Hauptstadt Bismarck. Das Parlamentsgebäude – man nennt es in den USA das Capitol – ist ein sehr modernes, beeindruckendes Bauwerk, ein Wolkenkratzer in der Prärie. Besucher werden mit einem Fahrstuhl zur Aussichtsplattform gebracht. Historisches dagegen strahlt das Fort Abraham Lincoln aus. Hier übernahm der berühmte General Custer das Kommando zur Schlacht gegen die Männer des

Häuptlings »Sitting Bull« am Little Big Horn (Buchtipp: »Begrabt mein Herz an der Biegung des Flusses«). In Bottineau wurde ein Friedensgarten geschaffen, der die Freundschaft zwischen USA und Kanada verkörpern soll. Man findet dort herrliche Gartenanlagen, eine Kapelle, einen Pavillon und ein Blockhaus. Fargo dagegen ist eine Stadt für Glücksspieler. 30 Kasinos laden zu einer Partie »Black Jack« oder anderen Spielen ein. Empfehlenswert ist ein Besuch des Theodore Roosevelt National Park mit seinen Bergmassiven, Canyons und Plateaulandschaften.

Im Westen South Dakotas befinden sich die »Black Hills«, eine waldbedeckte Berglandschaft, die sich bestens für Ausflüge eignet. Die »Black Hills« werden vom Missouri durchschnitten. Im 1800 Meter hohen Felsmassiv des Mount Rushmore finden sich jene berühmten Präsidentenköpfe in Stein verewigt, die mit ihren Namen Washington, Jefferson, Lincoln und Roosevelt in die amerikanische Geschichte eingegangen sind. Nachts wird dieses Monument von Scheinwerferlicht illuminiert und lockt in seiner Einmaligkeit jährlich rund zwei Millionen Besucher an. Ein weiteres gigantisches Denkmal stellt die Statue des Sioux-Häuptlings »Crazy Horse« dar, das aus der Spitze des »Thunderhead Mountain« geschlagen wurde. Er lebte zur Zeit des »Sitting Bull« und setzte damals den weißen Siedlern schwer zu. Im »Sioux Indian Museum and Crafts Center« in Rapid City kann man Näheres über die Geschichte und Kultur der Indianer erfahren und kunstgewerbliche Gegenstände kaufen.

Im »Fort Robinson State Park« in Nebraska können Sie im früheren Hauptquartier Kleidung, Hausrat und Waffen aus dem 19. Jahrhundert in Augenschein nehmen, denn Nebraska ist wie Wyoming ein Staat mit klassischer Mittelwest-Tradition. Schmiede, Stellmacherei und ehemaliges Offiziersquartier gehören ebenfalls dazu.

Für Touristen ist eine Fahrt in die Berge lohnenswert, die sie entweder mit dem Jeep oder mit der Postkutsche durchführen können. Zur Pauschaltour gehört eine Übernachtung im Freien sowie Verpflegung aus einem Original »chuck wagon«, einem Verpflegungswagen aus der Pionierzeit. Fährt man auf der Route des einstigen Oregon-Trail (Planwagenzug nach Oregon), so kommt man auch nach Scotts Bluff, wo früher Goldsucher, Pelzjäger und die Reiter des Pony-Express (Vorläufer der Post) Station machten.

Weiter geht die Fahrt nach Omaha, der größten Stadt Nebraskas. Hier werden dem Touristen alle Möglichkeiten modernen kulturellen Genusses geboten. Sehenswert ist auch das State Capitol in Lincoln, ein architektonisches Meisterwerk mit internationaler Anerkennung.

4.10.1 Wirtschaft

Montana
Die knapp eine Million Einwohner leben auf einer Fläche, die fast so groß ist wie Deutschland. Hier paart sich landschaftlicher Reiz mit wenig entwickelter Zivilisation. Waren es früher Bergbauprodukte wie Kupfer, Silber und Gold, so ist es heute mehr die Landwirtschaft sowie die Weihnachtsbauindustrie (vier bis fünf Millionen Bäume jährlich), die die Einnahmen bringen. Der Bergbau ist rückläufig, weswegen Arbeitskräfte abwandern.

Hauptprodukte: Holz, Weihnachtsbäume, Getreide, Zuckerrüben Schafe, Hydroenergie, Erdöl, Gold, Silber, Kohle, Erzeugnisse der Hüttenindustrie.

North Dakota
Früher überwiegend deutsch, heute sind noch rund ein Drittel der Bevölkerung deutschstämmig, daher auch der Name der Hauptstadt: Bismarck. Einen noch größeren Prozentsatz stellen heute skandinavische Einwanderer. Wer hier lebt, sollte richtige sibirische Kälte vertragen können, minus 50 Grad sind im Winter an der Tagesordnung. Es ist ähnlich wie in Alaska, nur im Sommer wärmer. Die heutige deutsche Einwanderung ist unbedeutend in der Zahl, hat aber bei manchen noch immer Familientradition.

Hauptprodukte: Getreide, Rinder, Erdöl, Erdgas, Braunkohle.

South Dakota
Hier stellt die Kultur der Sioux-Indianer noch immer einen bedeutenden Teil der Landeskultur dar. Ein Sechstel der Bodenfläche wurde den Sioux von den Weißen als Reservat »übertragen«, eine völkerrechtliche Ironie, wenn man daran denkt, dass diese einst die rechtmäßigen Bewohner des gesamten Landes waren. Viele Denkmäler, Gebäude und Plätze weisen noch heute auf die erbarmungslosen Auseinandersetzungen hin. Den früheren Einwanderern, die das Land einst agrarwirtschaftlich nutzbar machten, folgte keine weitere nennenswerte Einwanderungswelle, da Karriere- und Berufsmöglichkeiten in South Dakota ihre engen Grenzen haben.

Hauptprodukte: Rind- und Schweinefleisch, Milchprodukte, Weizen, Sojabohnen, Mais, Holz, Erzeugnisse der Lebensmittelverarbeitung, Maschinen.

Nebraska
Mitten in den USA gelegen, und damit am weitesten von allen Orten

außerhalb der USA entfernt, war Nebraska ein idealer Standort für eine militärische Kommandozentrale. In einem großen, schussfesten Betongebäude mit weitläufigen unterirdischen Räumlichkeiten ist deshalb auch das Strategische Luftkommando untergebracht.

Die Bevölkerungsdichte ist schwach und liegt nicht wesentlich über der des Jahres 1900. Ohne spezielle persönliche Beziehungen ist dieser Staat seinen beruflichen Möglichkeiten nach für Einwanderer weniger geeignet.

Hauptprodukte: Getreide, Zuckerrüben, Vieh, Elektrik und Elektronik, Zubehörteile, pharmazeutische Produkte, Erdöl, Sand, Zement.

Wyoming

Noch dünner besiedelt und landschaftlich noch unberührter als Nebraska ist Wyoming. Außer Aussteigern und Künstlern, die hier ihre Möglichkeiten haben, mögen kaum andere Einwohner in Wyoming Fuß fassen.

Hauptprodukte: Getreide, Zuckerüben, Rinder, Schafe, Erdöl, Erdgas, Eisenerz, Uran, Baumaterial, Elektronik, Nahrungsmittelindustrie.

4.11 An den Großen Seen

Auf jeder Karte Nordamerikas fallen sofort die fünf großen Binnenseen auf, die im Zentrum dieses Kontinents liegen: Oberer See (Lake Superior), Michigansee, Huronsee, Eriesee und Ontariosee. Als Schmelzwasserseen der nördlichen Polgletscher sind sie Relikte der Eiszeit. Sie bilden ein zusammenhängendes Seengebiet mit Fließrichtung von West nach Ost in Richtung Lorenzstrom und Atlantik. Als Grenze zu Kanada stellen sie nicht nur eine Verkehrsader für die Binnenschifffahrt dar, sondern sind auch trotz des Vorhandenseins industrieller Ballungsräume ein Erholungsgebiet immensen Ausmaßes.

Sechs US-Staaten sind Anrainer dieser Seenplatte: Minnesota, Wisconsin, Illinois, Indiana, Michigan und Ohio, aus wirtschafts- und klimageografischen Gründen zählen wir auch Iowa noch dazu.

James Fenimore Cooper hat seine berühmten »Lederstrumpf«-Erzählungen in dieser Gegend spielen lassen. In mehr als 30 Sprachen übersetzt, fanden seine Werke eine weltweite Leserschaft. Seine Bücher schildern die Lebensverhältnisse und militärischen Auseinandersetzungen der Kolonisierungsepoche in dieser Gegend zu Beginn des 19. Jahrhunderts. Dabei kommt auch gebührender Respekt vor der Kultur der Indianer zur Geltung. Viele Auswanderer in Europa mögen nach der Lektüre der Lederstrumpf-Geschichten den Entschluss gefasst haben, in dieses weite Land überzusiedeln. Noch heute lebt hier eine große Zahl deutsch- und polnischstämmiger Menschen.

Chicago im Staate Illinois liegt mitten in diesem Gebiet. Obwohl das Wort Chicago in Übersee sehr schnell mit Kriminalität in Verbindung gebracht wird, ist diese Großstadt auch ein Ort bedeutender architektonischer Gestaltung gewesen. Architekten mit internationaler Reputation wie Mies van der Rohe, Frank Lloyd Wright und Louis Sullivan haben hier bedeutende Hochhauskonstruktionen nach neuen Ideen realisieren können. Gewissermaßen Accessoires dieser Gebäudekunst stellen zahlreiche Skulpturen und Plastiken auf den Plätzen und Promenaden der Stadt dar. Sommerliche Hitze treibt die Menschen an den Abenden und Wochenenden zu den Ufern des Michigansees, wo an kilometerlangen Sandstränden turbulentes Vergnügen herrscht. Es gibt viele Yachtclubs und auf der »Magnificent Mile«, die ein Teil der Michigan Avenue ist, kann man einkaufen wie auf der 5th Avenue in New York.

Auch der Jazz hat in Chicago seine langjährige Tradition mit eigener Stilrichtung. Von Juni bis September findet im Highland Park das »Ravinia Music Festival« statt, in den verschiedenen Parks der Stadt erleben Sie regelmäßige Musiksessions. In der Gegend von Springfield, dem Gouverneurssitz, können Sie den ehemaligen Wohnort Abraham Lincolns besichtigen, in dem er sechs Jahre lang lebte und der originalgetreu restauriert wurde.

Der berüchtigte Verbrecher Al Capone nahm hier in den 30er Jahren durch Glücksspiel, Prostitutionsbetrieb und Alkoholschmuggel illegal mehr als 100 Millionen Dollar ein. Schließlich wurde er aber – allerdings »nur« wegen Steuerhinterziehung – angeklagt und verurteilt.

Minnesota trägt viel Wald und lebt in erster Linie von Produkten der Land- und Forstwirtschaft. Sie können hier mit Kanus über Flüsse und Seen fahren oder dem Angelsport frönen. Hechte, Forellen und Weißfische in Fülle garantieren reiche Anglermahlzeiten. Urlaubsaufenthalte sind sowohl auf Campingplätzen als auch in Ferienhäusern zu empfehlen, wenn Sie sich in der waldreichen Landschaft erholen wollen.

Minneapolis am Mississippi wird auch die Stadt der 22 Seen oder »Lake City« genannt. Das Ryrone Guthrie Theatre und das Minnesota Orchestra sind über die Staatsgrenzen hinaus bekannt. Auf der anderen Seite des großen Flusses liegt St. Paul. Beide zusammen heißen die

»Twin Cities«. Winterliche Vergnügungen wie Wettbewerbe im Schneeskulpturenbau, Skirennen und Schneemobilrennen sind hier bekannte und beliebte Veranstaltungen.

Weiter östlich liegt Duluth, die bedeutendste Hafenstadt Minnesotas am Oberen See. Direkt am riesigen Binnenmeer entlang verläuft der North Shore Drive, der Highway 61, der eine der schönsten Küstenstraßen der USA darstellt. Vom »Split Rock Lighthouse« hat man einen wunderbaren Blick über die weite Wasserfläche. An den Ufern des Sees bietet sich für Naturliebhaber, Angler und Wassersportler eine Fülle von Aktivitäten.

Unweit der Stadt Grand Rapids, westlich von Duluth, tritt der hier noch kleine Mississippi aus seiner Quelle hervor und durchfließt den Lake Itasca. Er beschreibt zunächst einige Bögen, ehe er sich dann endgültig nach Süden wendet. Unterhalb der Wasserfälle von Saint Anthony wird er allmählich breiter und wird dann zum Grenzfluss zu Iowa, Missouri, Arkansas und Louisiana im Westen sowie Wisconsin, Illinois, Kentucky, Tennessee und Mississippi im Osten. Von Cairo ab ist er bis zu 1400 Meter breit. Dämme zu beiden Seiten versuchen, seine Kraft zu bändigen, was aber nicht immer gelingt. Immer wieder künden große Überschwemmungen von der Kraft seiner Wassermassen, wenn im Norden der Schnee geschmolzen ist. Zusammen mit dem Missouri ist der Mississippi 6021 Kilometer lang, ohne diesen schon 3778 Kilometer.

Von Minneapolis bis New Orleans begleitet ein ganzjährig schiffbarer Seitenkanal den Strom. Jedes Jahr wächst das Flussdelta am Golf von Mexico durch die Ablagerung von Sinkstoffen um 200 Meter nach vorn. Mit diesem Flusssytem, den Großen Seen und dem St.-Lorenz-Strom an der kanadischen Grenze ist eine Wasserverbindung zwischen dem Atlantik und dem Golf von Mexico vorhanden, die durch Schleusen und Kanäle für die Frachtschifffahrt genutzt wird.

Iowa ist einer der bedeutenden Agrarproduzenten der Vereinigten Staaten. Auf »Living History Farms« können Sie die Geschichte des Lebens auf den Pionierbauernhöfen nacherleben sowie die Entwicklung amerikanischer Farmen bis in die Gegenwart erfahren. Für Anhänger der Eisenbahnromantik empfiehlt sich eine Fahrt mit der »Borne & Scenic Valley Railroad«, die das Tal des DesMoines River kreuzt. Wo heute Urlauber ihre Ferien am Spirit Lake und am Lake Okoboji verbringen, waren einst die Sioux-Indianer beheimatet. Deutsche Immigranten, die sich »Inspirationists« nannten, gründeten 1854 die sieben »Amana Colonies«. Noch heute produzieren sie nach alter Handwerkertradition in den Amana-Werkstätten Möbel, Wollstoffe sowie Back- und Fleischspezialitäten.

Wisconsin hingegen ist »America's Dairyland«. Gute Böden und grüne Wiesen auf flachwelliger Landschaft haben hier der Milchwirtschaft zu besonderer Blüte und Bedeutung verholfen. Schon von weitem fallen die vielen roten Scheunen und die weißen Holzzäune ins Auge. Rund 15 000(!) Seen laden hier zum Wassersport ein, während auf ausgedehnten Rasenflächen Golf gespielt werden kann. Der Ort Lake Geneva (Genfer See) ist einem Dorf in den Alpen nicht unähnlich.

Wisconsins größte Stadt ist Milwaukee am Lake Michigan. Wenn im Juli hier alljährlich ein großes Sommerfest abgehalten wird, spielen auf den Bühnen nahe des Ufers Country-, Jazz- und Folkmusikgruppen. Man kann sagen, dass diese Stadt das München der Amerikaner ist. Nirgendwo sonst in den Staaten gibt es solche Biergärten, werden solche Lieder gesungen und gibt es die typisch deutsche »Gemutlichkeit« (ohne »ü«), ein Begriff übrigens, der sich nicht in andere Sprachen übersetzen lässt. Deutscher Wohnstil, deutsche Denkweise, sprachliche Eigenarten und deutsche Lebensart haben sich hier trotz Anpassung an amerikanische Verhältnisse bis heute in einmaliger Weise erhalten können.

Besonders die Bierbrauereien, die Bier nach deutschen Grundsätzen herstellen, sind hier ansässig und liefern den Getreidetrunk in die gesamten USA. Ein Schatten fiel auf diese deutschstämmige Gegend während der Regierung des »Herrn« Hitler, als patriotische Nacheiferer hier pronazistische Organisationen ins Leben riefen. Heute ist davon zum Glück nichts mehr zu merken.

Michigan, im wesentlichen zwischen dem Michigansee und dem Huronsee gelegen, ist besonders dadurch bedeutsam geworden, dass hier die amerikanische Autoindustrie ihre Geburtsstätte hat: »Motor City« Detroit, am Lake St. Clair zwischen Erie- und Huronsee gelegen. Früher unbestritten der wichtigste Automobilproduzent, bekam es in den 70er Jahren starke Konkurrenz durch die ökonomisch und zum Teil auch technisch überlegenen Fahrzeuge aus Japan, später auch durch deutsche Automarken der gehobenen Klasse. Langfristig haben sich diese Einflüsse heute auf eine Verkleinerung, »Kompaktisierung« und Ökonomisierung der klassischen US-Straßenkreuzer ausgewirkt. Die typischen, von luxuriösem Karosserie-Zierrat geschmückten Streetcruiser der fünfziger und die nur noch großen eckigen Kästen der sechziger Jahre findet man heute kaum mehr im Straßenbild, wenn man einmal von der Sonderform der überlangen Stretch-Limousinen absieht, die einer superreichen Klientel als Fortbewegungsmittel zwischen Hotel, Opernhaus und Flughafen dienen. Mit der alten englischen Straßenbahn in Detroit zu fahren ist ein Vergnügen besonderer Art. Eine Tour mit dem Minibus ins Zentrum der Stadt tut's aber auch. Wer

Oldtimer liebt, sollte sich das »Henry Ford Museum« im nahegelegenen Dearborn anschauen.

Wer die beschauliche Urlaubsinsel Mackinac im Norden besuchen will, muss wissen, dass hier absolutes Autoverbot herrscht. Pferdedroschken und Fahrräder sind die einzigen erlaubten Verkehrsmittel. Fort Mackinac zeigt, wie viele andere Orte in den Staaten auch, wieder einmal einen Ausschnitt aus dem Leben während der Pionierzeit. Restaurants und Hotels bieten delikate Fischgerichte, die aus den Coho- oder Chinook-Lachsen der Großen Seen zubereitet werden.

Ohio wird südlich vom Ohio River und nördlich vom Eriesee begrenzt. Wasserstraßen und Seen bedecken auch hier mit 42 000 Hektar einen bedeutenden Teil des Staatsgebietes. Angler und Wassersportler treffen deswegen hier auch auf hervorragende Bedingungen. Im Winter ist Eissegeln angesagt. Im Tal des Ohio leben Nachkommen deutscher Auswanderer, die noch heute einen weitgehend traditionell geprägten Lebensstil halten. Es wird meist auf das Auto verzichtet und dafür mit Pferdewagen gefahren. Eine bekannte Gruppe dieser Traditionalisten sind die »Amish People«, die ihre nach ökologischen Grundsätzen angebauten Produkte im nahen Millersburg auf dem Markt verkaufen. Jedes Jahr im August erlebt die Hauptstadt Columbus ihre große Staatsmesse. Cincinnati ist durch sein überragendes »Riverfront Stadium« am Ohio bekannt. Cleveland, einst Indianersiedlung an der Kreuzung alter Pfade, wurde 1796 von Kolonisten als Stadt gegründet und ist heute eine bedeutende Industriestadt am Eriesee.

Kaum zu glauben, aber wahr: der Staat Indiana weist fast tropisches Klima auf. Hier gedeihen Orchideen. Im »Dunes State Park« am Michigansee können Sie die Pflanzen- und Tierwelt Indianas auf kleinem Raum erleben. Im »Park County« im Westen des Staates gibt es eine Ansammlung alter, überdachter Brücken, die sich »Covered Bridge Capital of the World« nennt. In der Hauptstadt Indianapolis wird jedes Jahr im Mai ein weltweit bekanntes Autorennen durchgeführt, das 500-Meilen-Rennen der Formel-I-Rennwagen. Alle sechs US-Staaten an den Großen Seen verfügen über gute Arbeitsmöglichkeiten für potentielle Einwanderer, da sie teilweise innerhalb des »manufacturing belt« liegen.

4.11.1 Wirtschaft

Minnesota
Zwei Drittel allen Eisenerzes, das in den USA verarbeitet wurde, kam seit jeher aus Minnesota, wurde über den Hafen Duluth verschifft und

zu den jeweiligen Hüttenwerken weitertransportiert. Wie viele andere Rohstoffe auch lagert das Erz dicht unter der Oberfläche und kann deswegen im Tagebau abgebaut werden. Zur Schonung der heimischen Ressourcen haben die USA jedoch ihre Politik verändert und führen seit einiger Zeit Eisen aus Labrador (Kanada) und aus Brasilien ein.

In Rochester liegt die weltberühmte »Mayo-Klinik«, die 1883 aus kleinsten Anfängen entstand und von den Söhnen des William Worall Mayo zu einem riesigen Gesundheitszentrum ausgebaut wurde. Diese Klinik machte wegen ihrer teilweise spektakulären Behandlungserfolge und ihrer wohlhabenden und oft auch prominenten Patienten immer wieder Schlagzeilen. Jährlich werden hier 350 000 Patienten behandelt.

Hauptprodukte: Eisenerz, Holz, Maschinen, Elektrische Geräte, Chemieprodukte, Gesundheitsfürsorge, Milcherzeugnisse, Fleisch, Zuckerrüben, Konserven.

Wisconsin

Der überwiegende Teil der Einwanderer in Wisconsin kam aus Deutschland, später kamen Polen hinzu. Weil unter den Deutschen eine Anzahl von Bierbrauern war, entstand hier im Laufe der Zeit eine Brauerei nach der anderen. Heute ist Wisconsin der Produktionsschwerpunkt der amerikanischen Brauereien, die den gesamten Kontinent beliefern. Auch wenn das US-Bier süßlicher und milder ist als das deutsche, hat es doch überall großen Anklang gefunden.

Ein weiteres Standbein der Wirtschaft ist die Herstellung von Milchprodukten. Auch hierbei ist der Staat US-weit führend. Die Käsereien decken etwa die Hälfte des amerikanischen Bedarfs ab. Hygienevorschriften haben besonders strenge Standards, und die Gesundheitsbehörden kontrollieren regelmäßig alle Produktionsprozesse auf einwandfreien Ablauf. Milch wird in den USA anders als bei uns in großen Zwei- bis Drei-Liter-Containern verkauft und hält sich im Kühlschrank auch viel länger als hierzulande.

Hauptprodukte: Milchprodukte, Früchte, Getreide, Rinder, Konserven, Holz, Elektrogeräte, Zink, Zement.

Illinois

Der Staat Illinois erhält seine besondere Prägung durch Chicago. Hier befindet sich der größte Getreidemarkt der USA, hier werden die meisten Kaugummis hergestellt und hier stehen einige der größten Stahlwerke. Dennoch gibt es auch 135 Parkanlagen im Stadtgebiet.

Seit Beginn der Technisierung war Chicago der größte Eisenbahnknotenpunkt der Vereinigten Staaten. Von hier aus gingen

Züge ab unter anderem nach New York, Boston, Washington, Baltimore, Ohio, Santa Fé, San Francisco, Los Angeles und Denver. Als Vorläufer der Autos und Flugzeuge des 20. Jahrhunderts war die Eisenbahn das Fernverkehrstransportmittel schlechthin. Gefährliche, strapaziöse und unsichere Fahrten mit der Pferdekutsche gehörten durch den Einsatz der Dampfmaschine nun der Vergangenheit an. Durch das Aufkommen von Auto und Flugzeug ging jedoch das Interesse am Eisenbahntransport allmählich immer mehr zurück, so dass die großen Eisenbahnkompanien ihre Strecken nach und nach schließen mussten. Ende der 60er Jahre entdeckte man jedoch ökonomische und ökologische Vorteile im Schienentransport. So wurde unter der Führung von AMTRAK ein neues Schienentransportsystem auf die Beine gestellt, das die Zielsetzung hat, den Personenfernverkehr zu reaktivieren. Dies ist teilweise schon gelungen, wodurch Chicago seine Bedeutung als Schienenknotenpunkt teilweise zurückgewonnen hat.

Hauptprodukte: Bitumenhaltige Kohle, Erdöl, Flussspat, Elektrogeräte und Elektronikgeräte, Werkzeugmaschinen, Schmiedeprodukte, Transportmittel, Lebensmittel, Zuchtvieh, Feldfrüchte.

Indiana
Wie in vielen anderen US-Staaten auch, gibt es hier sowohl Landwirtschaft als auch Industrie. Das seit 1911 stattfindende 500-Meilen-Rennen von Indianapolis hat den Staat bekannt gemacht.

Hauptprodukte: Erzeugnisse der Stahlindustrie, Elektroausrüstung, Chemieprodukte, Kohle, Bauholz, Zement, Bausteine, Mais.

Ohio
In Toledo werden Jeeps und Zündkerzen produziert sowie Erdöl aufbereitet. In Dayton werden Kühlschränke und Registrierkassen hergestellt. Hier findet auch alljährlich die weltweit größte Ausstellung für Amateurfunkgeräte und -zubehör statt, die »Hamvention«. Akron kann man »Metropole der Gummiproduktion« nennen, denn hier sitzen die Firmen Firestone, Goodyear und Goodrich sowie US-Rubber. Eine ganze Reihe von US-Präsidenten rekrutierten sich aus Ohio: Garfield, Grant, Harding, Harrison, Hayes und Taft. Am 2. Mai 1970 machte Ohio negative Schlagzeilen, als im Zuge der auch hier stattfindenden Studentenunruhen ein Gebäude der militärischen Wissenschaften in Brand gesteckt wurde. Die Nationalgarde musste eingreifen. Das Ergebnis waren vier Tote und zwölf Verletzte. Daraufhin gab es US-weite Protestkundgebungen. An 400 Schulen und Hochschulen wurde gestreikt. Auch in New York und Washington eskalierten die

Auseinandersetzungen. Hunderttausende von Studenten überfluteten die Bundeshauptstadt, um mit dem damaligen Präsidenten Richard Nixon zu diskutieren. Der stellte sich dieser Herausforderung, um Schlimmeres zu verhindern. Ein jugendlicher »Bürgerkrieg« sollte schließlich nicht daraus entstehen. Er schaffte es, die gegen das »Establishment« aufgebrachten Studentenmassen zu beruhigen.

Hauptprodukte: Autoreifen, Elektronik, Werkzeugmaschinen, Elektrische Hausgeräte, Flugzeuge, Metallprodukte, bitumenhaltige Kohle, Koks, Seife, Keramik, Spielkarten, Zuchtvieh, Milchprodukte, Feldfrüchte.

Michigan
Der Staat Michigan ist die Wiege der amerikanischen Automobilindustrie, obwohl die Standort- und Produktionsbedingungen in den Neuenglandstaaten zu Beginn des 20. Jahrhunderts viel günstiger gewesen wären. Dies hängt immer mit individuellen Unternehmerentscheidungen zusammen. Das vorsichtige und konservative Denken der Ostküstenunternehmer war schließlich gegenüber den jungen wagemutigen Männern in Michigan im Nachteil. Männer wie C. W. Nash, W. P. Chrysler, R. E. Olds, Davis Buick, Louis Chevrolet, W. C. Durant und Henry Ford kratzten ihre letzten Dollars und Kredite zusammen- und gründeten Autowerke.

Die großen Entfernungen und ein Mangel an öffentlichen Verkehrsmitteln (trotz Eisenbahn) innerhalb der Vereinigten Staaten schufen für US-Autohersteller ganz andere Ausgangsbedingungen als für diejenigen in Europa. Hier war ein Massenbedarf vorhanden. Was dann kam, waren ganz erstaunliche Leistungen. Henry Ford erfand die Fließbandproduktion und produzierte seine »Tin Lizzy« (Ford-T-Modell der 30er Jahre) am laufenden Band. Andere Hersteller zogen nach. Von Beginn an war das Auto in den Staaten ein Gebrauchsgegenstand, kein Statussymbol wie hierzulande so oft. Das ist bis heute so geblieben. Trotz einer wechselvollen Marktentwicklung und Einflüssen aus dem Ausland hat sich die US-Autoindustrie bis heute behauptet, wenn auch z.T. mit drastischen Opfern unter der Arbeitnehmerschaft. Das ist aber in anderen Teilen der Welt nicht anders...

Hauptprodukte: Automobile, Eisen, Kupfer, Zement, Kalk, Gips, Salz und Salinenprodukte.

4.12 Hawaii – Perle im Pazifik

Seit 1959 gehört die Gruppe der Hawaii-Inseln als 50. Staat zu den Vereinigten Staaten. Bekannt wurde der Hafen »Pearl Harbour« (Perlenhafen) durch den japanischen Überfall auf die US-Kriegsmarine, die hier einen großen Teil ihrer Schiffe stationiert hatte. Das geschah am 7. Dezember 1941 und ist unlängst in einer Verfilmung »verklärt« worden. Als grausiges Denkmal ragt noch heute ein Teil des Schlachtschiffes »Arizona« aus dem Wasser des Hafens. Eine andere tragische Begebenheit in dieser Gegend war der Tod des berühmten Captains James Cook, der hier, wie es heißt, durch ein Missverständnis der Eingeborenen von diesen umgebracht wurde, als er kurz nach seinem ersten Besuch mit seiner Mannschaft überraschend nach Hawaii zurückgekehrt war.

Die Inselgruppe umfasst 20 einzelne Inseln, von denen aber nur die sechs größten eine Rolle spielen. Sie heißen, der Größe nach geordnet: Hawaii, Maui, Oahu, Kauai, Molokai und Lanai. Schon Mark Twain beschrieb diese Inselgruppe in romantischer Weise, als er schrieb, diese sei »die lieblichste Flotte von Inseln, die je im Meer vor Anker lag«.

Für potentielle Auswanderer bieten sich auf Hawaii Existenzmöglichkeiten etwa im Bereich Modebranche, Wassersport, Fitness, Kosmetik/Parfümerie, Ferienwohnungsvermietung, Gastronomie und anderen touristikrelevanten Dienstleistungen. Dennoch wird es nicht leicht sein, für diese Gegend eine Greencard zu erhalten.

Hauptinsel ist Oahu mit der Hauptstadt Honolulu und dem Strand von Waikiki. Sie ist das begehrteste Urlaubsziel der Inselgruppe. Hier gibt es vor allem Wassersport, Nachtleben, Restaurants, Geschäfte und Zerstreuung aller Art.

Die Insel Hawaii bietet Strände mit schwarzem, vulkanischem Sand und herrliche Naturlandschaft, in die Kaffeeplantagen eingestreut sind. Die beiden Vulkane Kilauea (4208 m) und Mauna Loa (4194 m) sind noch aktiv. Sie liegen über einer exotischen tropischen Urwaldlandschaft. Im »Hawaii Volcanos National Park« gibt es markierte Wanderwege und Reitmöglichkeiten.

Wer nach Maui fährt, findet dort beste Sportmöglichkeiten vor: Wassersport, Golf, Tennis, Reiten, Angeln. Der Vulkan Haleakala (3055 m) ist nicht aktiv. Auf dem Highway gelangt man zu den »Seven Pools« im Ohe'o Stream (Fluss), wo einst die hawaiianischen Könige gebadet haben sollen.

Die Insel Kauai wird auch die Garteninsel genannt, da Berge und Täler überall von üppigem Pflanzenwuchs bedeckt sind. Hier ging

Captain Cook vor über 200 Jahren an Land und war von der exotischen Pracht überwältigt.

Auf Molokai kann man ebenfalls dem Wassersport nachgehen, aber auch Hochseeangeln, Tennis und Golf betreiben. Man nennt sie wegen der Eigenart ihrer Bewohner auch die freundliche Insel.

Auf Lanai wird vor allem Ananas angebaut. Daneben gibt es die Norfolk-Tanne (eine Araukarie), die hier weit verbreitet ist. Diesen Baum findet man übrigens in vielen warmen Klimagebieten wie in Australien, Südamerika und dem Mittelmeerraum. Vom Aussichtspunkt Lanaihale hat man einen herrlichen Blick über die gesamte Inselgruppe.

Zwischen den Inseln bestehen Fähr- und Flugverbindungen.

Hauptprodukte: Rohrzucker, Ananas, Bausteine, Zement, Basalt, Erdöl, Stahl.

4.13 Wirtschaftsräume und ihre Bedeutung

Aus den am Anfang des Kapitels schon genannten Gründen und aus Standortvorteilen entwickelte sich der Nordosten der Vereinigten Staaten zum industriellen Kernraum. Zu den schon vorhandenen Unternehmen kamen im Laufe der Jahrzehnte nach Ende des Krieges weitere Produktionsbetriebe im Raum New York-Detroit-Chicago-St. Louis hinzu. Der »Manufacturing Belt« dehnte sich auch noch nach Süden und Westen aus. Die Baumwoll- und Textilindustrie der Golfküste bildete hier die logische Grundlage für die Entstehung der Kunstfaserproduktion. Die ursprünglich in und um Pittsburgh beheimatete Stahlindustrie dehnte sich bis an die Ufer des Michigansees und nach Detroit und Cleveland aus. Die Erdölvorkommen in der Golfküstenebene von Texas zogen petrochemische Industriebetriebe nach sich.

Auch an der Westküste entwickelten sich in den Räumen Los Angeles, San Francisco und Seattle neue Industrien. Die Erfindung des Transistors (der zunächst nicht aus Silizium, sondern aus Germanium bestand) in den Bell Laboratories 1947 begründete die Entstehung des »Silicon Valley« und damit auch die Weiterentwicklung der Computertechnologie. Die Computer selbst dagegen wurden von Bill Gates und seinen Freunden in Seattle entwickelt. Zuliefer- und Dienstleistungsfirmen waren hier wie anderswo die Folge jeder grundlegenden Industrieansiedelung.

4.13.1 Historische Wurzeln

Die Wurzeln der amerikanischen Wirtschaftsgeschichte liegen sehr weit zurück. Sie bildeten sich bereits in der ersten Zeit des jungen Staatenbundes und sind damit organischer Bestandteil des gesamten Wirtschafts»körpers«. Die erstarrten Gesellschaftsordnungen des damaligen Europas hatten viele junge Einwanderer an die andere Seite des Atlantik getrieben, wo sie ihre Kreativität, ihr Sendungsbewusstsein und ihr Erfolgsstreben unter Beweis stellen konnten. So gesehen war das Schlagwort von den unbegrenzten Möglichkeiten nicht nur hohle Phrase, sondern lebensnotwendige reale Utopie im Sinne selbstbestimmter Zukunftsgestaltung. Nach vorn war plötzlich alles offen, natürlich auch das Scheitern.

Die enthusiastischen Immigranten ließen sich weder durch klimatische Unbilden noch durch die Konkurrenz zu den Ureinwohnern oder unstrukturierte soziale Anfangsbedingungen von ihren Zielen abbringen. Für Bauern und Handwerker boten sich unermessliche Wirtschaftsräume und Absatzmärkte für die stetig steigende Bevölkerungszahl. Die Zusammenarbeit vieler unter ihnen sowie der Existenzdruck ließ eine große Zahl innovativer Produkte entstehen. Als Beispiele mögen dienen: Der Stahlpflug eines John Deere, der Telegraf eines Samuel Morse sowie der Repetierrevolver (Trommelrevolver) eines Samuel Colt.

Das Bedürfnis nach Kommunikation und Begegnung führte zur Gründung der ersten Eisenbahngesellschaften (um 1840 zirka 300 Stück), Straßenbaufirmen sowie Post- und Fernmeldegesellschaften. Auch der Schiffbau und der Bau von Kanälen und Wasserwegen trug entscheidend zur Entwicklung des Staatenbundes bei.

Aus dem Verkehrswesen schöpften Industriebosse wie Cornelius Vanderbilt und Andrew Carnegie unermessliche Gewinne. Später setzten sich diese Erfolge in den Flugzeugwerken, den Fluggesellschaften und im Automobilbau fort.

5. Amerikanisches

5.1 Maßeinheiten

Längenmaße
1 inch (in.)	2,54 cm
1 foot (ft.) = 12 in.	30,48 cm
1 Yard (yd.) = 3 ft.	91,44 cm
1 mile (mi.)	1609,34 m
1 km	0,621 miles
1 m	1,09 yd. = 3,38 ft.
1 cm	0,39 in.

Flächenmaße
1 square inch (sq.in.)	6,45 cm^2
1 square foot (sq.ft.)	0,092 m^2
1 acre (a.)	4047 m^2
1 square mile (sq.mi.) = 640 a.	2,59 km^2

Hohlmaße
Trockenmaße
1 dry pint	0,55 l
1 dry quart	1,1 l
1 bushel	35,24 l

Flüssigkeitsmaße
1 liquid gill	0,118 l
1 liquid pint	0,473 l
1 liquid quart	0,946 l
1 gallon	3,785 l
1 barrel = 31,5 gallons	119 l
1 barrel petroleum = 42 gallons	158,97 l

Handelsgewichte
1 grain (gr.)	0,0648 g
1 dram = 27,34 gr.	1,77 g
1 ounce (oz.) = 16,0 drams	28,35 g
1 pound (lb.) = 16,00 oz.	0,453 kg = 453 g
1 stone (st.) = 14 lb.	6,35 kg

1 quarter = 25 lbs.	11,33 kg
1 hundredweight = 100 lbs.	45,36 kg
1 Apotheker-ounce	31,104 g
1 Apotheker-pound = 12 oz.	0,373 kg

Kleidergrößen

Damen

Röcke, Kleider, Mäntel

USA	8	10	12	14	16	18
Europa	38	40	42	44	46	48

Blusen, Pullover

USA	10	12	14	16	18	20
Europa	38	40	42	44	46	48

Schuhe

USA	4,5	5	5,5	6	6,5	7	7,5	8
Europa	35,5	36	36,5	37	37,5	38	38,5	39
USA	8,5	9	9,5	10				
Europa	39,5	40	40,5	41				

Kindergrößen

USA	3	4	5	6	6
Europa	98	104	110	116	122

(bei älteren Kindern entsprechen die Größennummern meist dem Lebensalter)

Schuhe

USA	8	9	10	11	12	13
Europa	24	25	26	27	28	29
USA	1	2	3			
Europa	30	32	33			

Herren

Anzüge, Hosen, Jacketts, Pullover

USA	34	36	38	40	42	44	46	48
Europa	44	46	48	50	52	54	56	58

Hemden

USA	14,5	15	15,5	16	16,5	17	17,5	18
Europa	37	38	39	41	42	43	44	45

Schuhe
USA	7	8	9	10	11	12	13
Europa	39,5	41	42	43	44,5	46	47

Bei Handschuhen sind die Größenbezeichnungen gleich denen in Europa.

Matratzengrößen in den USA
Twin Size, entspricht der Größe für eine Person
Länge 75 in. = 190,5 cm, Breite 39 in. = 99 cm

Full Size, schmales Doppelbett
Länge 75 in. = 190,5 cm, Breite 54 in. = 137 cm

Queen Size, mittelgroßes Doppelbett
Länge 80 in. = 203 cm, Breite 60 in. = 152 cm

King Size, breites Doppelbett
Länge 80 in. = 203 cm, Breite 76 in. = 193 cm

5.1.1 Celsius und Fahrenheit

Man muss sich als Neu-Amerikaner wohl oder über daran gewöhnen, die Temperatur künftig nicht mehr in Grad Celsius (°C), sondern in Grad Fahrenheit (°F) abzulesen und zu benennen. Wie lange es dauert, bis man dies in sein persönliches Wärmeempfinden übertragen hat, ist von der Person abhängig.

Die Umrechnungsformel von Fahrenheit nach Celsius lautet:
(F-32) x 5/9 = C

Das bedeutet, man subtrahiert zunächst 32 und multipliziert dann mit 5/9 (was etwa so viel ist wie durch 2 dividiert), also ganz grob:
(F - 32) : 2 = C

Beispielrechnung: 70 °F - 32 = 38, dann 38 x 5/9 = 21 °C
Vergleichstabelle (überw. gerundet):

°F	°C						
100	38	55	13	25	-4	0	-17,8
80	27	50	10	20	-7	-10	-23
70	21	45	7	15	-9		
65	18	40	4	10	-12		
60	16	32	0	5	-15		

5.2 Feiertage (Holidays) und Feste

Es gibt in den Vereinigten Staaten eine ganze Reihe offizieller Feiertage. Sie werden im gesamten Bundesgebiet begangen. Behörden, Schulen, öffentliche Einrichtungen und Banken haben an diesen Tagen geschlossen. Öffentliche Verkehrsmittel und Museen dagegen arbeiten wie an Sonntagen. Viele Läden haben auch an diesen Tagen geöffnet. Wenn ein Feiertag auf einen Sonntag fällt, verschiebt sich der Feiertag auf den Montag. Das Weihnachts- und das Osterfest haben jeweils nur einen Feiertag.

Wichtige Feiertage der USA sind:

New Year's Day	1. Januar
Martin Luther King Jr. Day	3. Montag im Januar
President's Day	3. Montag im Februar
Memorial Day	letzter Montag im Mai
Independence Day	4. Juli
Labor Day	1. Montag im September
Columbus Day	2. Montag im Oktober
Veterans' Day	11. November
Thanksgiving	4. Donnerstag im November
Christmas Day	25. Dezember

Es gibt in den USA eine ganze Reihe weiterer Feiertage, die im Folgenden aufgeführt sind:

Januar

Chinese New Year: Ende Januar / Anfang Februar beginnt das chinesische Neujahrsfest, das zwei Wochen dauert. Umzüge, Feuerwerk und Essensorgien gehören dazu. In San Francisco gibt es zu diesem Anlass die »Parade des Goldenen Drachen«.

Tournament of Roses Parade: In Pasadena, einem Vorort von Los Angeles, gibt es auf dem Colorado Boulevard eine Neujahrsparade mit großen, blumengeschmückten Festwagen.

Februar

Valentine's Day: Dieser große Tag aller Verliebten findet am 14. Februar statt und ist inzwischen auch bei uns bekannt. Dieser Tag wird in den USA mit Liebe und besonders mit Romantik in Verbindung gebracht. Allenthalben findet man rote Blumen und rote Herzen, unverhoffte Briefe von Verehrern oder Verehrerinnen und andere unerklärliche Dinge mehr. Sogar das Empire State Building wird von einem riesigen Lichterherz geschmückt.

Speed Weeks: Dies ist eine dreiwöchige Feier mit dem bekanntesten »Stock-Car-Rennen« der Welt. Ende Februar findet sie in Florida im »Daytona International Speedway« statt.

Mardi Gras: Ende Februar / Anfang März wird am Tag vor Aschermittwoch das Mardi-Gras-Fest (mardi = Dienstag, gras = fett, also »fetter Dienstag«). In New Orleans und anderen Städten des tiefen Südens gefeiert, stellt es das Ende der Karnevalszeit dar, die am 6. Januar beginnt. Im »French Quarter« von New Orleans erreicht das närrische Treiben der Kostümierten seinen Höhepunkt.

März

St.Patrick's Day: Dieser Tag des irischen Schutzheiligen wird immer am 17. März gefeiert. Die landesgemäße Tracht für alle Teilnehmer dieses Volksfestes ist grün. Große St.-Patrick's-Paraden finden in New York und Boston statt. In Chicago färbt man sogar den Fluss grün ein.

Das *Osterfest* wird in den USA ebenso mit Eierbemalen und Verstecken derselben sowie dem Verstecken und Auffinden von Süßigkeiten gefeiert. Osterhase heißt »Easter Bunny«, Karfreitag (»Good Friday«) ist kein Feiertag.

April

Spring Break, was soviel wie Frühlingspause heißt, werden die Osterferien der Collegestudenten genannt, die für gewöhnlich zwei Wochen dauern und von vielen mit reichlich Alkoholkonsum, Tanz und erotischer Betätigung verbunden werden. Spezielle Treffpunkte solcher Feiern sind in Palm Springs (California), Daytona und Panama Beach (Florida) sowie Myrtle Beach (South Carolina).

New Orleans Fest: Dieses sollte jeder Jazzliebhaber besuchen. Es findet Ende April / Anfang Mai an zwei Wochenenden statt.

Mai

Cinco de Mayo: Die Mexikaner feiern dieses Fest am 5. Mai in Erinnerung an den Sieg über die französische Armee 1862. Die mexikanischen Immigranten haben es mit in die USA gebracht, wo es heute von vielen anderen Amerikanern mitgefeiert wird. Mexikanisches Essen und Trinken sind angesagt.

Mother's Day: Der Muttertag am zweiten Sonntag im Mai wird ebenso gefeiert wie in Europa.

Carnival: Obwohl nicht in der üblichen Karnevalszeit, findet dieser Karneval in San Francisco dennoch statt, einen Monat übrigens nach dem Karneval in Rio.

Indianapolis 500: Es ist das große 500-Meilen-Rennen, das regelmäßig von rund 500 000 Amerikanern besucht wird.

Juni
Father's Day: Am 3.Sonntag im Juni kommen endlich auch mal die Väter an die Reihe. In Gruppen (in Horden??) ziehen sie los, ganz wie hierzulande, und trinken dabei nicht nur Milch und Orangensaft...

Chicago Blues Festival: Drei Tage lang dauert das Musikfest, welches am ersten Wochenende im Juni im »Grant Park« stattfindet.

A Taste of Chicago: Im Juni oder Juli jeden Jahres findet dieses große Schlemmerfest statt. Zirka vier Millionen Gäste speisen in den Restaurants der Stadt und verzehren dabei das Beste, was diese zu bieten haben.

Juli
Independence Day Concert & Fireworks: Bereits am 3. Juli (man feiert in den 4. hinein) wird ebenfalls wieder im Grant Park der »Independence Day« (Unabhängigkeit der einstigen Kolonien vom englischen Mutterland) gefeiert.

Boston Pops Fourth of July Concert: Ebenfalls eine Feier zum 4.Juli.

Kutztown Folk Fetsival: In Kutztown in Pennsylvania findet dieses Volksfest der Volksgruppe der »Pennsylvania Dutch« statt.

Cheyenne Frontier Days: Das größte Rodeo-Festival der Welt findet in Cheyenne (Wyoming) in der letzten Juliwoche statt.

August
Der August ist der Monat der Landwirtschaftsmessen, die in fast allen Bundesstaaten stattfinden. Die größten finden in Wisconsin, Milwaukee, Illinois (Anfang August) sowie in Minnesota (Ende August / Anfang September) statt.

September
US Open Tennis Tournament: Im »National Tennis Center« im »Flushing Meadows Park« im New Yorker Stadtteil Queens finden die »US Open«, dieses herausragende Ereignis, in den ersten beiden Septemberwochen statt.

Pioneer Days: Man kleidet sich im Westernstil und stößt auf die alten Zeiten an. Wo? In Texas natürlich, in Fort Worth. Hoch leben John Wayne & Co.

Mississippi Blues Festival: Dieses findet in Greenville (Mississippi) statt und zählt zu den besten Bluesfestivals.

Oktober

The State Fair of Dallas: Dieses dreiwöchige Volksfest ist eine Art nationales Heiligtum im Staate Texas. Züchter erhalten Preise für die besten Rinder und man sieht überall viel Western-»Outlook«.

Halloween: Die Nacht des 31.Oktober wird von Kindern ebenso gefeiert wie von Erwachsenen. Spaß, Ulk und An-der-Nase-herumführen sind angesagt. Masken und Kostümierungen in allen erdenklichen Richtungen der Fantasie ergänzen das lästerliche Treiben.

November

Day of Dead: Die Mitglieder mexikanischer Kirchengemeinden feiern am 2. November den Tag der Toten, an dem sie ihrer verstorbenen Angehörigen gedenken.

Election Day: Der zweite Dienstag im November ist in den USA der Tag, an dem politische Wahlen stattfinden.

Thanksgiving Day Parade: Das New Yorker Unternehmen »Macy's« sponsert dieses gigantische Volksfest, welches am 4. Donnerstag im November auf dem Broadway abgehalten wird. Der Festumzug zieht sich durch die Straßen Manhattans von Central Park West / 86th Street bis zum Kaufhaus Macy's in der 34th Street / 7th Avenue.

Dezember

Chanukah: Es wird auch Hannukkah genannt und ist das hebräische Fest des Lichts. Die Juden feiern damit den Sieg der Makkabäer über die syrischen Armeen.

Kwanzaa: Vom 26. bis zum 31. Dezember wird das afro-amerikanische Erntedankfest gefeiert.

The National Christmas Tree Lighting / Pageant of Peace: Dies ist ein Fest, das mit der Beleuchtung des präsidialen Weihnachtsbaumes vor dem Weißen Haus beginnt.

Christmas: Auch das amerikanische Weihnachtsfest ist durch den vorweihnachtlichen Einkaufsrummel mit all seinen mehr oder weniger lästigen Nebenerscheinungen geprägt. Am Rockefeller Center können Sie am Dienstag nach Thanksgiving einen riesigen Weihnachtsbaum erstrahlen sehen. Dann ist die Zeit der alten Stars der Unterhaltung gekommen: Die Stimmen von Nat King Cole, Doris Day, Frank Sinatra, Dean Martin und anderen ertönen aus den Lautsprechern, vor allem aber Bing Crosby mit seinem »I'm dreaming of a white Christmas«. Dies ist auch die Zeit der Wohltätigkeit, und überall läuft Charles Dickens' »A Christmas Carol«.

Orange Bowl Parade: In Miami wird das neue Jahr mit Festwagen-Paraden, Folklore, Clowns und Feuerwerk begrüßt.

New Year's Eve: Man nennt es hier nicht Silvester, aber man feiert genauso wie in Deutschland und Europa in das Neue Jahr hinein.

5.3 Zeitzonen und Sommerzeit

Die große Ost-West-Ausdehnung des Staatengebietes der USA machte es erforderlich, verschiedene Standardzeiten nach den Zeitzonen einzuteilen. Diese sind:

Eastern Time, an der Ostküste bis nach Florida, Georgia; Indiana und Michigan, entspricht MEZ minus sechs Stunden.

Central Time, von Texas bis North Dakota und auf der anderen Seite von Alabama bis Minnesota, entspricht MEZ minus sieben Stunden.

Mountain Time, von Montana im Norden bis nach New Mexico und Arizona, entspricht MEZ minus acht Stunden.

Pacific Time, von Washington im Norden bis nach California im Süden, entspricht MEZ minus neun Stunden.

Alaska Time, entspricht MEZ minus zehn Stunden.

Hawaiian-Aleutian Time, entspricht MEZ minus elf Stunden.

Die **Sommerzeit** (daylight saving time) gilt vom ersten Sonntag im April bis zum letzten Sonntag im Oktober (plus 1 Stunde). Wegen der Deckungsgleichheit mit der europäischen Sommerzeit ergeben sich bis auf wenige Tage keine zusätzlichen Verschiebungen.

5.4 Umgangsformen

Wie schon anderer Stelle angesprochen, sollten Sie sich in den USA auf einen eher lockeren Umgangsstil einstellen. Die Anrede beim Vornamen ist landesüblich und nicht schichtenspezifisch. Auch der Chef wird von seinen Angestellten geduzt. Da es kein »Sie« gibt wie im Deutschen oder Spanischen, hat das »Du« eine andere, eine allgemeingültige Qualität. Respektsbezeugungen werden von Fall zu Fall auf andere Weise hergestellt.

Auf der anderen Seite hält sich der Amerikaner sehr an Vorschriften und Regeln, auch an ungeschriebene, wie beispielsweise das vorbildliche Sich-anstellen in einer Reihe. Drängeleien wie in Deutschland sind hier unbekannt. Man organisiert sich in der Gruppe selbst, ohne Einpeitscher von oben und ohne Vorschriften. Dies ist auf jeden Fall eine mitmenschliche Qualität, die das Alltagsleben sehr angenehm machen kann. Daran, so meinen wir, sollten sich die Deutschen ein Beispiel nehmen. In England übrigens findet man ähnlich positive Erscheinungen, so dass hier wohl auf eine importierte Tradition geschlossen werden kann.

Dennoch können Sie natürlich auch in den Vereinigten Staaten in schlechte Gesellschaft geraten. Das kann niemand vorhersehen. Sie selbst sind es, der beziehungsweise die herausfindet, wo es für ihn beziehungsweise sie langgeht. Hierbei sind Unvoreingenommenheit, Anpassungsfähigkeit, Respekt vor dem Andersartigen und guter Wille entscheidende Helfer.

5.5 Eigenarten

Ohne in Verallgemeinerungen zu verfallen, die auf dünnes Eis führen, kann man mit Fug und Recht behaupten:

Amerikaner sind selbstbewusst, optimistisch und begeisterungsfähig. Das kommt auch in sprachlichen Begriffen zum Ausdruck. Es ist auch eine Erklärung dafür, dass sich viele Produkte und Neuerungen in relativ kurzer Zeit durchsetzen. Dies kommt auch in der Begeisterung für ihr Land zum Ausdruck, dem Patriotismus, welcher kein hohles Wort darstellt, sondern der überall mit Leben erfüllt wird.

Das Singen der Nationalhymne bei feierlichen Anlässen, das Hissen des »Stars-and-Stripes«-Banners in Klassenzimmern, Gerichtssälen, Sportstadien und an anderen Versammlungsorten sind Gepflogenheiten aus alten Pionierzeiten, die den Zusammenhalt der Nation demonstrieren. Das ist einfach anders als in Deutschland, wo Nationalstolz und Patriotismus auf Grund einer unseligen Vergangenheit nicht »angesagt« sind.

Aber auch andere Völker waren keine Vereinigungen von Engeln, sondern haben schwarze Flecken in ihrer Vergangenheit. Die teils massenhaft erfolgte Ermordung der Ureinwohner Nordamerikas, das Einführen des Alkohols, das Aufzwingen christlicher oder auch nur vermeintlich christlicher Grundsätze, das Übertölpeln ihrer Vertreter, der Bruch einmal abgeschlossener Verträge und nicht zuletzt die Sklavenhaltung haben viel Unrecht und Leid über scheinbar unterlegene ethnische Gruppen gebracht. Dabei war die ökologische, transzendental geprägte, nicht-materiell ausgerichtete Lebensweise der unterdrückten Minderheiten derjenigen der weißen Eindringlinge sicherlich in manchen Aspekten überlegen, auch wenn das Leben des Einzelnen und damit der Begriff des individuellen Menschenrechts bei ihnen einen anderen Stellewert besaß.

Kriege unter den Indianervölkern selbst zeigen außerdem, dass auch die Indianer keine Engelswesen waren und sind, sondern unter ähnlichen Symptomen leiden wie die weiße Gesellschaft. Neid, Hass, übertriebenes Konkurrenzdenken, Eifersucht, Aggression und Gewalttätigkeit sind auch ihnen leider nicht fremd und vielleicht ganz allgemein typische Merkmale von patriarchal geführten Gesellschaften.

Der Amerikaner achtet auch sehr auf »political correctness«, was bedeutet, dass Sie sich als Neuamerikaner aus bestimmten Diskussionen lieber heraushalten sollten beziehungsweise ihre »deutsche« Meinung nicht gleich überall zum Besten geben sollten. Was in Hamburg als Witz verstanden wird, könnte Sie in Boston oder New York in heikle Situationen bringen. Beispiele für solcherart »heikle« Themen sind unter anderem die Frage der Todesstrafe, der Waffenbesitz, religiöse Fragen, Probleme bei Rassenunterschieden oder die Abtreibung. Seien Sie bei Diskussionen, die sich um diese Fragen drehen, äußerst vorsichtig, um nicht in Schwierigkeiten zu kommen. Hier hat offensichtlich die Toleranz vieler Amerikaner ihre Grenzen.

5.6 American way of life

Der englische Philosoph Thomas Morus beschreibt schon wenige Jahre nach der Inbesitznahme Amerikas für Europa durch Kolumbus in seiner Erzählung »Utopia« ein dem Paradies nachempfundenes gesellschaftliches Gemeinwesen. Dieses Bild wurde von seinen Zeitgenossen aufgegriffen und zur Verwirklichung uralter menschlicher Träume im neuentdeckten Amerika eingesetzt. Hier war ihr gelobtes Land, und wenn hier auch nicht Milch und Honig flossen, so wartete doch zumindest eine Fülle naturräumlicher Möglichkeiten zur Bewirtschaftung auf die potentiellen Pioniere. Das Verkehrsmittel »Schiff« rückte die Verwirklichung dieser Vorstellungen nun tatsächlich in greifbare Nähe. Arbeitslosigkeit, Unterdrückung durch Feudalherrschaft und Verfolgung wegen abweichender religiöser Vorstellungen waren die wesentlichen Triebfedern der europäischen Emigranten.

Wie schon weiter oben erläutert, ist es vor allem der ungebrochene Optimismus, der den Amerikaner in seiner Lebensart charakterisiert, mit einer Einschränkung in Bezug auf all diejenigen, die auch in den USA im harten Kampf um die Existenz auf der Strecke blieben. Dennoch bleibt festzuhalten, dass kaum jemand – auch nicht der wenig Erfolgreiche – auf die Idee käme, sein Heil in einer Auswanderung nach Europa oder andere Teile der Welt zu suchen.

In Amerika herrscht ein Lebensgefühl vor, in welchem immer noch ein Rest jenes überragenden Pioniergeistes mitschwingt, der die Alten erfasst hatte und der von einer Generation zur nächsten weitergegeben wurde. Man schließt sich zusammen, man bildet eine nationale Gemeinschaft, man ist eine Art nationenweite Großfamilie, als deren Repräsentant man sich als Einzelner empfindet. So ist auch zu erklären, dass es keineswegs dem Drang nach Freiheit widerspricht, wenn man sich geduldig in eine Warteschlange einreiht oder auf dem Highway die Geschwindigkeitsbegrenzung (im wesentlichen) einhält. Rasende Überholer haben wir jedenfalls nie gesehen, ebenso nicht Vordrängler.

Trotzdem: Konkurrenz wird ausgelebt, zum Beispiel in Beruf und Wirtschaftswelt. Sie ist aber etwas Selbstverständliches, etwas Belebendes, ist der Antrieb zur ständigen Erneuerung. Man sieht sie eher von der sportlichen als von der bedrohlichen Seite.

Dennoch gibt es in den Staaten Probleme, so zum Beispiel mit dem Waffenbesitz. Die Vorlage der »Social Security Card« oder des Führerscheins genügt als Legitimation, um in den Besitz einer Handfeuerwaffe zu kommen. Etwa jeder vierte Amerikaner besitzt eine solche Waffe und würde sie im Falle einer Bedrohung durch Einbrecher in seinem Haus ohne zu zögern auch benutzen. Das Recht auf Waffenbesitz wird als Grundrecht durch die Verfassung garantiert, ein Relikt aus der Pionierzeit. Jedem ist klar, dass damit dem Missbrauch, besonders auch durch junge und unreife oder fanatische Menschen, Tür und Tor geöffnet sind, was spektakuläre Fälle in den Medien immer wieder belegen. Jährlich kommen durch private Schießereien etwa 25 000 bis 30 000 Menschen zu Tode, davon der größte Teil die Auslöser dieser Konflikte selbst, also Kriminelle.

War in den 20er und 30er Jahren des 20. Jahrhunderts wegen der Prohibition (Alkoholverbot) der Alkoholschmuggel (Al Capone!) eine lohnende kriminelle Beschäftigung, machte dieser danach dem illegalen Rauschgifthandel Platz, in welchem die sizilianische Mafia eine wesentliche Rolle spielt. Sie konnte aufgrund der liberalen Lebensart in den USA gut Fuß fassen, ist heute aber über die ganze Welt ausgebreitet. Ihr Einfluss reicht bekanntermaßen bis in höchste politische und ökonomische Führungskreise.

In der Wohnkultur herrscht Großzügigkeit vor, sofern der Geldbeutel dies zulässt. Dies bezieht sich vor allem auf die Größe der Häuser. Die Einrichtung ist dagegen häufig sehr sparsam, keinesfalls aber überladen. Der Amerikaner liebt Zweckmäßigkeit, nicht Luxus. Dafür passt stilistisch in den Häusern alles gut zusammen, selbst die Farben der Handtücher harmonieren mit denen der Wände und Teppiche. Ebenso sind hervorragende Speisen sind für ihn wichtiger als goldene Bestecke und erlesenes Porzellan. Bei den Transportmitteln ist es ähnlich. Zwei oder drei weniger teure Autos in der Familie, die der Unabhängigkeit dienen, sind ihm wichtiger als etwa ein einzelner wertvoller Mercedes, BMW, Bentley oder Rolls Royce, welcher ja vor allem Statussymbol wäre. Dennoch findet man die Modelle der Luxusklasse auch in den Vereinigten Staaten, aber eben bei denen, die es sich wirklich leisten können.

Im Bereich der Bildung gibt es Unterschiede. Gute Bildungsmöglichkeiten bieten vor allem die privaten Institute, angefangen von der privaten Grundschule bis zur privaten Universität. Der öffentlichen, kostenlosen Bildung wird oft ein niedrigerer Stand nachgesagt, was aber sicherlich nicht immer zutreffen muss.

Allgemeinbildung zählt im großen Bevölkerungsdurchschnitt nicht sehr, da der Amerikaner Bildung wie alle anderen Bereiche des Lebens vor allem im Hinblick auf ihre Funktionalität sieht. Das bedeutet schlicht: Bildung ist eigentlich von vornherein auf Aus- und Berufsbildung angelegt, nicht so sehr auf kulturelle oder geistig-moralische Werte ausgerichtet. Auch dies eine Tradition aus Pionierzeiten, in denen es einfach aufs Überleben ankam.

5.7 Ausblick

Wir glauben, mit diesen Ausführungen genügend deutlich gemacht zu haben, was Sie als Einwanderer in den Vereinigten Staaten von Amerika erwartet, und wir sind der Überzeugung, dass auch und umso mehr nach dem 11. September 2001, als die gesamte westliche Welt ob der furchtbaren Geschehnisse in Manhattan und Washington in Schrecken erstarrte, dieses ein Land ist, in dem Hoffnung, Optimismus, Mut, Tatkraft und

Vision weiterhin berechtigte, bestimmende und bedeutende menschliche Eigenschaften sein werden, die es auch Ihnen persönlich ermöglichen können, dort Fuß zu fassen und ihren eigenen »american way of life« zu beschreiten. Wir wünschen Ihnen bei Ihrem Vorhaben viel Erfolg und hoffen, Ihnen mit den hier zusammengetragenen Informationen gedient zu haben. Für Verbesserungsvorschläge, Ergänzungen und kritische Anmerkungen sind wir jederzeit offen.

Kontakt: Ulrich Sackstedt
Am Waldrand 11
27283 Verden
Tel/Fax (0 42 30) 94 27 11
E-Mail: anaundulrich@aol.com

6. Adressen und URLs

6.1 US-Vertretungen im deutschsprachigen Raum

Deutschland

Botschaft der USA
Neustädtische Kirchstr. 4-5
10117 Berlin
Tel 030-8305 1200
Visa-Info-Dienst: 0190-8500 5800 (Band)
                     0190-8500 55 (live), beide 1,86 pro Minute
Fax Polling: 0190-8500 5801 (Liste aller Themen,
                     1,86 pro Minute)
Fax-Anfragen: 030-8314 926
Internet: www.usembassy.de

Generalkonsulat der USA
Siesmayerstr.21
60323 Frankfurt/M
Tel 069-75350
Fax 069-748938

Generalkonsulat der USA
Königinstr.5
80539 München
Tel 089-28880
Fax 089-285261

Österreich

American Embassy
Consular Section
Gartenbaupromenade 2
A-1010 Wien
Tel 0043-1-313390
Fax 0043-1-5125 835
Hotline: 0900-970092
Internet: www.usembassy-vienna.at

Schweiz

Embassy of the USA
Jubiläumsstr.93
CH-3001 Bern
Tel 0041-31-3577 011
Fax 0041-31-3577 344
Internet: www.us-embassy.ch

6.2 Einwanderungsbehörden (INS District Offices)

Nachfolgend haben wir all jene Adressen zusammengestellt, die in der »List of Field Offices« als Distriktsbüros verzeichnet sind. Da es in jedem Distriktsbüro eine Fülle unterschiedlicher Telefonnummern für die verschiedensten Aufgabenbereiche gibt, haben wir aus Platzgründen und der Übersichtlichkeit halber hier keine Nummern aufgeführt. Im übrigen empfiehlt sich bei Anfragen bezüglich der Einwanderung auch der schriftliche Weg. Weitere Büros wie »Sub Offices« und andere zum INS gehörige Stellen sowie die besagten Telefonnummern finden Sie auf der Website *www.ins.usdoj.gov* unter »Field Offices«.

Stand: September 2001

Alabama
siehe Georgia

Alaska
INS Anchorage District Office
620 East 10th Ave, Suite 102
Anchorage, AK 99501

Arizona
U.S.INS Service
2035 North Central Ave
Phoenix, AZ 85004

Arkansas
siehe Louisiana

California

INS Los Angeles District Office
300 North Los Angeles St, Room 1001
Los Angeles, CA 90012

USINS San Diego District Office
U.S. Federal Building
880 Front St, Suite 1234
San Diego, CA 92101

INS San Francisco District Office
630 Sansome St
San Francisco, CA 94111

Colorado
USINS Denver District Office
4730 Paris St
Denver, CO 80239

Connecticut
USINS Hartford Sub Office
450 Main St, 4th Floor
Hartford, CT 06103-3060

Delaware
siehe Pennsylvania

District of Columbia (Washington D.C.)
USINS Washington District Office
4420 North Fairfax Dr
Arlington, VA 22203

Florida
USINS Miami District Office
7880 Biscayne Blvd
Miami, FL 33138

Georgia
INS Atlanta District
Martin Luther King Jr. Federal Building
77 Forsyth St SW
Atlanta, GA 30303

Hawaii
USINS Honolulu District Office
595 Ala Moana Blvd
Honolulu, HI 96813

Idaho
siehe Montana

Illinois
USINS Chicago District Office
10 West Jackson Blvd
Chicago, IL 60604

Indiana
siehe Illinois

Iowa
USINS Omaha District Office
3736 South 132nd St
Omaha, NE 68144

Kansas
INS Kansas City District
9747 Northwest Conant Ave
Kansas City, MO 64153

Kentucky
siehe Louisiana

Louisiana
U.S.Department of Justice
Immigration and Naturalization Servive
701 Loyola Ave, Room T-8011
New Orleans, LA 70113

Maine
INS Portland / Maine District Office
176 Gannett Dr
So.Portland, ME 04106

Maryland
INS Baltimore District
Fallon Federal Building
31 Hopkins Plaza
Baltimore, MD 21201

Massachusetts
USINS Boston District Office
John F. Kennedy Federal Building
Government Center
Boston, MA 02203

Michigan
INS Detroit District
33 Mt. Elliot
Detroit, MI 48207

Minnesota
INS St. Paul District
2901 Metro Dr, Suite 100
Bloomington, MN 55425

Mississippi
siehe Louisiana

Missouri
siehe Kansas

Montana
USINS Helena District Office
2800 Skyway Dr
Helena, MT 59602

Nebraska
siehe Iowa

Nevada
siehe Arizona

New Hampshire
siehe Massachusetts

New Jersey
INS Newark District Office
970 Broad St, Room 136
Newark, NJ 07102

New Mexico
USINS El Paso District Office
1545 Hawkins Blvd, Suite 167
El Paso, TX 79925

New York City
INS New York City District Office
26 Federal Plaza
New York City, NY 10278

New York State
INS Buffalo District Office
Federal Center
130 Delaware Ave
Buffalo, NY 14202

North Carolina
INS Atlanta District
Martin Luther King Jr. Federal Building
77 Forsyth St SW
Atlanta, GA 30303

North Dakota
siehe Minnesota

Ohio
INS Cleveland District
A.J.C. Federal Building
1240 East Ninth St, Room 1917
Cleveland, OH 44199

Oklahoma
siehe Texas

Oregon
USINS Portland / Oregon District Office
511 NW Broadway
Portland, OP 97209

Pennsylvania
USINS Philadelphia District Office
1600 Callowhill St
Philadelphia, PA 19130

Rhode Island
siehe Massachusetts

South Carolina
siehe Georgia

South Dakota
siehe Minnesota

Tennessee
siehe Louisiana

Texas
U.S. Immigration and Naturalization Service
8101 North Stemmons Freeway
Dallas, TX 75247

Houston INS District Office
126 North Point
Houston, TX 77060

USINS San Antonio District
8940 Fourwinds Dr
San Antonio, TX 78239

USINS El Paso District Office
Siehe New Mexico

Utah
siehe Colorado

Vermont
siehe Maine

Virginia
siehe District of Columbia

Washington (State)
USINS Seattle District Office
815 Airport Way South
Seattle, WA 98314

West Virginia
siehe Pennsylvania

Wisconsin
siehe Illinois

Wyoming
siehe Colorado

6.3 Kontaktadressen für Studium und Ausbildung

Deutscher Akademischer Austauschdienst (DAAD)
Kennedyallee 50
53175 Bonn
Tel 0228-8820
Fax 0228-882 444

Association Internationale des Etudiants en Sciences, Economiques et Commerciales (AIESEC)
Deutsches Kommitee der AIESEC
Subbelrather Str. 247
50825 Köln
Tel 0221-551056
Fax 0221-5507676

Carl-Duisberg-Gesellschaft e.V.
Hohenstaufenring 30-32
50674 Köln
Tel 0221-2098 233
Fax 0221-2098 111222

Rotary Foundation
Rotary Zentrum Deutschland
Breite Str. 5
40213 Düsseldorf
Tel 0211-325699
Fax 0211-171 2836

First Deutschland GmbH
Schüleraustausch/Sprachreisen
Markgrafenstr. 58
10117 Berlin
Tel 030-2034 71100
Fax 030-2034 71101
E-Mail: sprachreisen.de@ef.com / highschoolyear.de@ef.com

AYUSA International e.V.
Ringstr. 69
12205 Berlin
Tel 030-84 39 39 0
Fax 030-84 39 39 39

Englischkurse
E-Mail: info@intrax.de
Internet: www.intrax.de

High-School-Programme
E-Mail: info@ayusa.de
Internet: www.ayusa.de

Au Pair Stellen
von Deutschland aus:
info@ayusa.de und www.aupaircare.de (bzw. obige Anschrift)
von USA aus:
AuPairCare
2226 Bush St

San Francisco, CA 94115
Tel 415-434 8788
Fax 415-674 5211
E-Mail: info@aupaircare.com
Internet: www.aupaircare.com

Gesellschaft für internationale Jugendkontakte e.V.
Baunscheidtstr. 11
53113 Bonn
Tel 0228-957300
Fax 0228-9573030

Experiment e.V. (Schüleraustausch, Gastfamilienaufenthalte, Sprachkurse, Au-Pair)
Friesdorfer Str. 194a
53175 Bonn
Tel 0228-957220

GIVE e.V. (Schüleraustausch)
In der Neckarhelle 127
69118 Heidelberg
Tel 06221-389350
Fax 06221-3893520

Europractica International (Highschool- u. Studentenaustausch)
Freiberger Str. 39
01067 Dresden
Tel 0351-496 1203
Fax 0351-496 1205

Internationale Begegnungen in Gemeinschaftsdiensten e.V.
Schlosserstr. 28
70180 Stuttgart
Tel 0711-649 0263
Fax 0711-649 9867
E-Mail: ibg-workcamps@t-online.de

6.4 Goethe-Institute

Goethe-Institut in...

New York
1014 Fifth Ave
New York, NY 10028
Tel 212-439 8700
Fax 212-439 8705
E-Mail: director@goethe-newyork.org

Boston
170 Beacon St
Boston, MA 02116
Tel 617-262 6050
Fax 617-262 2615
E-Mail: nicht bekannt

Washington, D.C.
814 Seventh St NW
Washington, D.C., 20001-3718
Tel 202-289 1200
Fax 202-289 3535
E-Mail: wott@washington.goethe.org

Chicago
150 North Michigan Ave, Suite 200
Chicago, IL 60601
Tel 312-263 0472
Fax 312-263 0476
E-Mail: goethe@interaccess.com

Los Angeles
5750 Wilshire Blvd, Suite 100
Los Angeles, CA 90036
Tel 323-525 3388
Fax 323- 934 3597
E-Mail: kirchhelle@artnet.net

San Francisco
530 Bush St
San Francisco, CA 94108
Tel 415-263 8760
Fax 415-391 8715
E-Mail: director@goethe-sf.org

Atlanta
Colony Square, Plaza Level
1197 Peachtree St, NE
Atlanta, GA 30361-2401
Tel 404-892 2388
Fax 404-892 3832
E-Mail: goetheatlanta1@mindspring.com

6.5 Deutsch-Amerikanische Handelskammer

Ziel und Aufgabe der Deutsch-Amerikanischen Handelskammer (GACC) ist die wechselseitige Anbahnung von gegenseitigen Geschäftsbeziehungen zwischen Unternehmen aus beiden Ländern. Über den Deutschen Industrie- und Handelstag (DIHT) bestehen Verbindungen mit allen deutschen IHKs und mit allen AHKs mit Büros in über 70 Ländern der Erde. Es werden den Mitgliedern der GACC verschiedenste Dienstleistungen angeboten. Dazu gehören Seminare, Vorträge, Marketing-Service, Kommunikationsdienste, Information über Praktika und Jobs, Inkasso-Service und die Herausgabe von Publikationen.

New York
German American Chamber of Commerce, Inc.
40 West 57th St, 31st Floor
New York, N.Y. 10019-409
Tel 212 974 8830
Fax 212 974 8867
E-Mail: info@gaccny.com
Region: Connecticut, Delaware, Maine, Maryland, Massachusetts, New Hampshire, New Jersey, New York, Pennsylvania, Rhode Island, Vermont, Virginia, West Virginia, Puerto Rico

Los Angeles
German American Chamber of Commerce of the Western United States, Inc.
President & CEO: Michael Krieg, Managing Director
5220 Pacific Concourse Drive, 280
Los Angeles, CA 90045
Tel 310-297 7979
Fax 310 297 7966
E-Mail: gaccwest@compuserve.com
Region: Arizona, California (south of Fresno), Colorado, southern part of Nevada (Las Vegas), New Mexico, Utah

San Francisco
German American Chamber of Commerce of the Western Unites States, Inc.
Executive Vice President: Hans J. Niebergall
465 California St, Suite 506
San Francisco, CA 94104
Tel 415 392-2262
Fax 415 392-1314
E-Mail: gaccwest-sfo@compuserve.com
Region: Alaska, California (north of Fresno), Hawaii, Idaho, Montana, northern part of Nevada (Reno), Oregon, Washington, Wyoming

Chicago
German American Chamber of Commerce of the Midwest, Inc.
401 North Michigan Ave, Suite 2525
Chicago, IL 60611-4212
Tel 312 644-2662
Fax 312 644-0738
E-Mail: 106025.402@compuserve.com
Region: Illinois, Indiana, Iowa, Kansas, Kentucky, Michigan, Minnesota, Missouri, Nebraska, North Dakota, South Dakota, Ohio, Wisconsin

Atlanta
German American Chamber of Commerce, Inc.
3475 Lenox Rd N.E., Suite 620
Atlanta, GA 30326
Tel 404 239 9494

Fax 404 264 1761
E-Mail: gaccsouth@mindspring.com
Region: Alabama, Florida, Georgia, North Carolina, South Carolina, Tennessee

Houston
German American Chamber of Commerce, Inc.
5559 San Felipe, Suite 510
Houston, TX 77058
Tel 713 877 1114
Fax 713 877 1602
E-Mail: gacchou@mindspring.com
Region: Arkansas, Louisiana, Mississippi, Oklahoma, Texas

Philadelphia
German American Chamber of Commerce, Inc.
1515 Market St, Suite 505
Philadelphia, PA 19102
Tel 215 665-1585
Fax 215 665-0375
E-Mail: gaccphila@compuserve.com
Region : Delaware, southern New Jersey (incl. Princeton), eastern Pennsylvania (incl. Harrisburg)

Hinweis:
In der Mehrzahl der Städte über 10 000 Einwohner findet sich eine örtliche Handelskammer (Chamber of Commerce). Falls nicht, wenden Sie sich an die Gemeindeverwaltung und fragen nach der nächstgelegenen zuständigen Kammer. Darüber hinaus besteht die Möglichkeit, sich schon vorab in Europa bei den Zweigstellen für deutsch-amerikanischen Geschäftsverkehr zu erkundigen. Im Folgenden führen wir die einzelnen Adressen dazu auf.

6.6 Wirtschaftsförderungsunternehmen

German American Business Association (GABA)
Washington Area Office
700 Princess St, Suite 3
Alexandria, VA 22314

Tel 703 836 6120
Fax 703 836 6160
E-Mail: info@gaba.org
Internet : www.gaba.org
Die GABA hat ähnliche Zielsetzungen wie die Deutsch-Amerikanische Handelskammer, nämlich die Anbahnung wechselseitiger wirtschaftlicher Kontakte und den Absatz deutscher Produkte in den USA. Ihre Service-Schwerpunkte liegen in Delegationsreisen, Kooperationsbörsen und einem Firmenpool.

International Business Services Vera M. Basler
Mauritiusstr. 15
65520 Bad Camberg
Tel 06434-901634
Fax 06434-901635
E-Mail: mailto:vb@vb-business.de

World Wide Business Opportunities (WWBO)
Internet: http://home.t-online.de/home/DPKloos
Schwerpunkte sind: Weltweiter Handel mit verschiedensten Produkten und Dienstleistungen, wie z.B. Agrarprodukte, Gebrauchtmaschinen, Finanzinvestment, Stellenmarkt sowie nützliche und umfassende Informationen für Geschäftsleute.

ZAP International – Markteinstieg USA
Internet: www.zap-usa.com
Kontakt Europa: Peter Stellbrink
Tel 02104-932680
E-Mail: pstellbrink@searchmaster.com
Kontakt USA: Jürgen Kortberg
Tel 864-234 2800
E-Mail: jkortberg@zapusa.com
Schwerpunkte sind: Businesstraining, Start-up-Center, Geschäftspartner.

Global Contact Incorporated
383 Kings Highway North, Suite 210
Cherry Hill, N.J. 08034, USA
E-Mail: globalc@ix.netcom.com
Internet: www.globalcontact.com
Schwerpunkte sind: Produkte, Dienstleistungen und Herstellerverzeichnisse weltweit.

6.7 US-Repräsentanten für Wirtschaftskontakte mit Europa

State of Alabama – European Office
Charlottenplatz 17
70173 Stuttgart
Tel 0711-2265 604
Fax 0711-2265 628
E-Mail: aeo@uumail.de
Mr. Andreas A. Jocham – Executive Director

State of Arkansas
Rue St. Georges 22-24, Box 1
B-1050 Brüssel
Tel 0032-2-649 6024
Fax 0032-2-649 4807
E-Mail: 101470.1672@compuserve.com
Ms. Sybille Magee – Managing Director

State of California – Frankfurt Office
Bockenheimer Landstr. 97
60325 Frankfurt/Main
Tel 069-907 4550
Fax 069-907 45519
E-Mail: invest@cal-trade.gov
Mr. George Oleksyn, German Director

State of Georgia
Avenue Louise 475, Bte. 11
B-1050 Brüssel
Tel 0032-2-647 7825
Fax 0032-2-640 6813
E-Mail: invest@georgia.be
Mr. James Blair – Managing Director

State of Illinois – European Office
Boulevard de la Cambre 28-30, Bte. 2
B-1000 Brüssel
Tel 0032-2-646 5730
Fax 0032-2-646 5511

E-Mail: info@illinoiseurope.com
Mr. Bart A. Smit – Managing Director

State of Indiana
Strawinskylaan 705
NL-1077 XX Amsterdam
Tel 0031-20-5711 886
Fax 0031-20-5711 889
E-Mail: indynl@xs4all.nl

State of Iowa
Grosse Bockenheimer Str. 21
60313 Frankfurt/Main
Tel 069-283858
Fax 069-281493
E-Mail: iowa_europe@compuserve.com
Ms. Anke Goebel de Méndez – Director

State of Kentucky
Avenue Louise 149, Box 40
B-1050 Brüssel
Tel 0032-2-535 7642
Fax 0032-2-535 7575
E-Mail: kentucky.europe@euronet.be
Mr. Stephen C. Schulte – Director

State of Louisiana
Sperlingsweg 6
35745 Herborn
Tel 02772-957710
Fax 02772-957711
E-Mail: myatt@t-online.de
Mr. Rick Myatt – Director

State of Maryland
P.O.Box 30224
NL-3001 DE Rotterdam
Tel 0031-10-205 3855
Fax 0031-10-205 5494
E-Mail: info@maryland-usa.com
Mr. Gary M. Kunkle – Director

State of Massachusetts
Am Karlsbad 11
10785 Berlin
Tel 030-3990 2547
Fax 030-3990 2548
E-Mail: mtoberlin@aol.com
Mr. Bruce Greenwood – Director

State of Mississippi
3 Catherine Place
GB-London SW1E 6DX
Tel 0044-171-808 5560
Fax 0044-171-808 5561
E-Mail: info@mississippi.demon.co.uk
Mr. Brian Dougherty – Director

State of Missouri – Germany
Herderstr. 68
40237 Düsseldorf
Tel 0211-6914 595
Fax 0211-6914 422
E-Mail: mosally@online-club.de
Ms. Sally Ann Gladden – Director

State of New Jersey
The Port Authority of New York & New Jersey
Media House
4 Stratford Place
GB-London W1N 9AE
Tel 0044-207-659 0320
Fax 0044-207-659 0350
E-Mail: nicht bekannt

State of New York
(Adresse siehe New Jersey)
Tel 0044-207-629 2720
Fax 0044-207-629 2758
E-Mail: info@nyseurope.com
Ms. Jacquline K. Wilson – Director/European Operations

State of North Carolina
Untermainanlage 7
60329 Frankfurt/Main
Tel 069-271 3980
Fax 069-271 39818
E-Mail: jdbrennan@t-online.de
Mr. John D. Brennan – European Director

State of Ohio
Rue de la Pépinière 1, 4th Floor
B-1000 Brüssel
Tel 0032-2-512 8687
Fax 0032-2-512 6614
E-Mail: ohio.europe@euronet.be
Mr. Paul Zito – Managing Director

State of Pennsylvania – Germany / Trade Office
Steinrutsch 7a
65931 Frankfurt/Main
Tel 069-363 658
Fax 069-363 710
E-Mail: pennsylvania-info@t-online.de
Mr. Tom Beyer – Director

State of South Carolina
Residenzstr. 27
80333 München
Tel 089-2919 170
Fax 089-2919 1710
E-Mail: rogers@SCeurope.com
Mr. Forrest E. Rogers – Managing Director

State of Tennessee
83 Portland Place
Sutton-cum-Louns
GB-Retford Notts. DN22 8QB
Tel 0044-1777-701824
Fax 0044-1777-701824
E-Mail: dg@tenneuro.com
Mr. David Gibbons – European Representative

State of Virginia – European Office
Untermainanlage 5
60329 Frankfurt/Main
Tel 069-2739 900
Fax 069-2739 9020
E-Mail: HSchetelig@YesVirginia.org
Mr. Hans U. Schetelig – Director Europe

State of Washington
104, Rue de Miromesnil
F-75008 Paris
Tel 0033-1-4495 7205
Fax 0033-1-4495 7206
E-Mail: waeurope@club-internet.fr
Ms. Dominique Gervais – Director

State of West Virginia
Karolinenplatz 3
80333 München
Tel 089-5488 4113
Fax 089-5488 4133
E-Mail: tdarcy@wvdo.org
Mr. Tom Darcy – Director

State of Wisconsin
Wilhelm-Leuschner-Str. 10
60329 Frankfurt/Main
Tel 069-2305-71, -91
Fax 069-2305-93
E-Mail: wiscon@attglobal.net
Dr. Peter Constantin – Director

C.A.S.E. Administrator
Ute Vogler
Mainzer Landstr. 176
60528 Frankfurt/Main
Tel 069-9735 8315
Fax 069-9735 8101
E-Mail: case-europe@mainoffice.de

6.8 Deutsch-Amerikanische Institute

Deutsche Gesellschaft für Amerikastudien e.V.
Prof. Dr. Anne Koenen (1. Vors.)
Institut für Amerikanistik
Universität Leipzig
Augustusplatz 9
04109 Leipzig
Fax 0341-9737 339
E-Mail: koenen@dgfa.de

Deutsch-Amerikanisches Institut Heidelberg
Sofienstr. 12
69115 Heidelberg
Tel 06221-60730
Fax 06221-607373
E-Mail: sekr@dai-heidelberg.de
Schwerpunkte sind : Kultureller und gesellschaftlicher Austausch, Geschäfts- und Kulturveranstaltungen, Bibliothek, Englischkurse, Workshops.

Amerikazentrum Hamburg e.V.
Curio-Haus
Rothenbaumchaussee 15
20148 Hamburg
Tel 040-450104-22
Fax 040-4480 9698
E-Mail: Amerikazentrum-Hamburg@t-online.de

Amerika-Haus Köln
Apostelnkloster 13-15
50672 Köln
Tel 0221-2090147
Fax 0221-255543

**Bayerisch-Amerikanisches Zentrum
im Amerika-Haus**
Karolinenplatz 3
80333 München
Tel 089-5525 370
Fax 089-5525 3730

Carl-Schurz-Haus
Deutsch-Amerikanisches Institut e.V.
Kaiser-Joseph-Str. 266
79098 Freiburg
Tel 0761-31647
Fax 0761-39827
E-Mail: programm@carl-schurz-haus.de

Deutsch-Amerikanisches Institut Heidelberg e.V.
Sofienstr. 12
69115 Heidelberg
Tel 06221-60730
Fax 06221-607373
E-Mail: jjk@dai-heidelberg.de

Kennedyhaus Kiel
Deutsch-Amerikanisches Institut e.V.
Holtenauer Str. 9
24103 Kiel
Tel 0431-554866
Fax 0431-555483
E-Mail: Kennedy@t-online.de

Deutsch-Amerikanisches Institut Nürnberg e.V.
Gleissbühlstr. 13
90402 Nürnberg
Tel 0911-230690
Fax 0911-2306923
E-Mail: DAIAmerikahausNBG@compuserve.com

Deutsch-Amerikanisches Institut Saarbücken e.V.
Berliner Promenade 15
66111 Saarbrücken
Tel 0681-31160
Fax 0681-372624
E-Mail: info@dai-sb.de

Deutsch-Amerikanisches Institut Tübingen e.V.
Karlstr. 3
72072 Tübingen
Tel 07071-34071
Fax 07071-31873
E-Mail: mail@dai-tuebingen.de

Deutsch-Amerikanisches Zentrum
James-F.-Byrnes-Institut e.V.
Charlottenplatz 17
70173 Stuttgart
Tel 0711-228180
Fax 0711-2281840
E-Mail: Info@daz.org

6.9 Verband der Deutsch-Amerikanischen Clubs

Präsidentin
Bruni Pütz
Hochstr. 13
67657 Kaiserslautern
Tel 0631-76679
Fax 0631-3705775
E-Mail: president@verband-dt-am-clubs.de

Amerika-Kontakte:
Mary Louise Murray-Johnson
Rye, New York 10580
Tel 001-914 967 5621
Fax 001-914 967 5033

P. Jay Werner
2677 Hillside Drive
Highland Village, TX 75077
Tel/Fax 001-972 966 8688
E-Mail: dpjayw@excite.com

**Regionalbeauftragte
für Deutschland-Mitte**
Hildegard Frank
Am Steinwerth 4
47269 Duisburg
Tel 0203-765646
E-Mail: p.frank@mail.uni.duisburg.de

für den Norden
Wilhelm Stichel
Flutstr. 114
26388 Wilhelmshaven
Tel/Fax 04421-501622
E-Mail: Stichel@aol.com

für Schwaben
Chris Rogmans
Friedrichsberg 32c
70567 Stuttgart
Tel 0711-713955
E-Mail: JanRogmans@aol.com

für den Südwesten
Renate Nobbe
Glogauer Str. 30
76139 Karlsruhe
Tel 0721-683376
Fax 0721-9684059
E-Mail: nobbe@squilla.de

für Main-Franken
Gabriele Trinkl
Lange Zeile 10
96120 Bischberg
Tel 0951-968 4900
Fax 0951-968 4328
E-Mail: TrinklAG@t-online.de

für Rhein-Main
Lily Bausch
Schubertstr. 2
56179 Vallenda
Tel 0261-60173
Fax 0261-9622956
E-Mail: Kww-ba@hotmail.com

für den Süden
Samuel W. Magill
Elektrastr. 11
81925 München
Tel/Fax 089-911463

6.10 Hilfe für Aus-/Einwanderer

New York Association for New Americans (NAYNA)
17 Battery Place
New York, N.Y. 10004-1102
Tel 001-212-425 5051
Internet: www.nayna.org

American Immigration Lawyers Association (AILA)
140 Eye St, NW, Suite 1200
Washington, D.C., 20005
Tel 001-202-216 2400 und 001-202-371 9449
Internet: www.aila.org

Raphaelswerk, Diakonisches Werk u.a. Beratungsstellen in Deutschland:
Beim **Bundesverwaltungsamt**, Marzellenstr. 50–56,
50668 Köln
Tel 0221-758-0
Fax 0221-758-2768,
E-Mail: *bva5@dialup.nacamar.de*
erhalten Sie kostenlos
ein Verzeichnis aller Anschriften

6.11 Umzüge nach Übersee

Bundesverband Spedition und Logistik e.V. (BSL)
Weberstr. 77
53113 Bonn
Tel 0228-9144 021
Fax 0228-9144 099
Internet: www.spediteure.de

Gruppe internationaler Möbelspediteure (GIM) e.V.
Schulstr. 53
65795 Hattersheim/Main
Tel 06190-989811
Fax 06190-989820

6.12 Arbeitsplatzsuche

Zentralstelle für Arbeitsvermittlung der Bundesanstalt für Arbeit (ZAV)
Auslandsabteilung Nordamerika
Willemombler Str. 76
53123 Bonn
Tel 0228-7130
Fax 0228-713111

7. Amerikanisches Englisch

Im Amerikanischen finden sich viele Begriffe, die nicht mit denen des traditionellen britischen Englisch identisch sind. Einen kurzen Überblick über die wichtigsten gibt nachfolgende Tabelle:

Amerikanisch	Britisch	Deutsch
apartment	flat	Wohnung
bangs	fringe	Lohnnebenleistungen
bathing suit	swimming costume	Badeanzug
bathroom, restroom	toilet, lavatory	Toilette
buck, clam	dollar	Dollar
bud (dy), pal	mate	Freund, Kamerad
call (on the phone)	ring	anrufen
candy	sweets	Süßigkeit
sweater with buttons	cardigan	Strickjacke
cookies	biscuits	Kekse
cot	campbed	Campingliege
crib	cot	Kinderbettchen
curb	kerb	Bordsteinkante
dessert	pudding	Pudding
diaper	nappy	Windel
drugstore	chemist	Drogerie
downtown	city centre	Innenstadt
eggplant	aubergine	Aubergine
elevator	lift	Fahrstuhl
exit	way out	Ausfahrt, Einfahrt (Highway)
(french) fries	chips	Pommes Frites
faucet	tap	Wasserhahn
fender	mudguard	Kotflügel
garbage, trash	rubbish	Müll
garbage can	rubbish bin	Mülltonne
gas, gasoline	petrol	Benzin
to give s.o. a ride	to give s.o. a lift	jemanden mitnehmen (im Auto)
a grand, a »K«	a thousand dollars	1000 Dollar
hood (of the car)	bonnet	Motorhaube
business hours	opening times	Öffnungszeiten

mail	post	Post
napkin	serviette	Serviette
pacifier, soother	dummy	Nuckel, Schnuller
pail	bucket	Eimer
pen	biro	Füller
pissed (off)	angry, irritated	ärgerlich, böse
raincoat	waterproof	Regenmantel
sausage	banger	Würstchen
sidewalk	pavement	Bürgersteig, Fußweg
skillet	froing pan	Bratpfanne
soother	(child's) dummy	Schnuller
stroller	pram	Kinderwagen
suspenders	braces	Hosenträger
sweater	jumper	Pullover
trashcan, wastebasket	bin	Mülltonne
truck	lorry	Lastwagen, auch großer Kombi
trunk	boot	Kofferraum
TV	telly	Fernsehen
underwear, briefs, boxers	underpants	Unterhose
vacation	holiday	Ferien, Urlaub
vest	Waistcoat	Weste
windshield	windscreen	Windschutzscheibe
wrench	spanner	Schraubenschlüssel
to yield	to give way	Vorfahrt gewähren

Ein ausführliches Verzeichnis von Slangbegriffen, populärem Wortschatz sowie Sprechweisen unterschiedlicher Regionen (Vernacular Englisch) und ethnischer Gruppen der USA finden Sie in: *USA Phrasebook, by Lonely Planet Publications, 1995*

8. Erfahrungsbericht

Erfahrungsberichte von Auswanderern können sehr unterschiedlich ausfallen. Es hängt viel davon ab, mit welchen Erwartungen und unter welchen Ausgangsbedingungen die Betreffenden ihre Auswanderung vollzogen und mit welchem Geschick sie die anstehenden Probleme bewältigt haben. Hüten wir uns also hier vor Verallgemeinerungen, auch wenn der größere Teil der Auswanderer meist überwiegend Positives zu berichten weiß und negative Erfahrungen gern unter den Teppich kehrt. Der folgende Beitrag eines im Ruhestand lebenden Ehepaares mag sicherlich für vieles, was mit Einwanderung in die USA zusammenhängt, nicht repräsentativ sein. Dennoch wirft er ein Schlaglicht auf wesentliche Schritte, die mit dieser Entscheidung untrennbar verbunden sind.

Zu unserer Auswanderung muss ich sagen, dass diese ganz und gar unspektakulär verlief: Meine Frau und ich lieben die USA seit vielen Jahren, ohne jemals dort gewesen zu sein. Wir lernten die Country-Musik bereits in den 60er Jahren kennen und lieben und kauften uns lieber Country-Platten als Rock-and-Roll-Platten. Über all die Jahre war Amerika unser unerfüllter Traum.

Wir hatten beide unseren Beruf, ich selbst war Polizeibeamter in B. Durch den Kauf eines Hauses in B. in Verbindung mit einer hohen Hypothek war es uns wiederum lange Jahre nicht möglich, wenigstens Urlaub in Amerika zu machen.

Erst 1994 erfüllten wir uns den Traum eines Fluges nach Amerika, mieteten dort ein Auto und fuhren für zirka fünf Wochen kreuz und quer durch viele Staaten der USA, besuchten dann bei der Gelegenheit meine Tante und meinen Onkel in Arkansas, mit denen wir vorher fast keinerlei Kontakt hatten.

Nach diesem Urlaub interessierten wir uns für die Möglichkeiten, in die USA auszuwandern, wenn ich drei Jahre später pensioniert sein würde.

Als die beiden einzigen Möglichkeiten sahen wir: entweder einen »Winkeladvokaten« in Anspruch zu nehmen (Arbeitsvermittlung gegen ein Erfolgshonorar von zirka DM 10 000) oder aber an der Greencard-Lotterie teilzunehmen. Nach einiger Zeit hatten wir uns informiert und die Lotterie-Unterlagen eingesandt – keine Rückmeldung!

Im darauffolgenden Jahr flogen wir wieder in den Urlaub in die USA, mieteten wieder ein Auto und fuhren diverse Ziele, nun vorge-

plant, an. Wieder besuchten wir unsere Verwandten und wieder sandten wir unsere Lotterieunterlagen nach dem Urlaub ein – wieder ohne Rückmeldung!

Auch im dritten Jahr waren wir wieder dort im Urlaub und ein drittes Mal beteiligten wir uns, ohne jede Hoffnung, an der Lotterie. Wir waren uns einig, im darauffolgenden Jahr, dem Jahr meiner Pensionierung, diesen »Advokaten« zu nehmen, auch wenn es viel Geld kosten würde und mit allen Unwägbarkeiten verbunden war.

Und dann im September 1997 erhielten wir die Benachrichtigung, dass wir in der Lotterie gewonnen hätten! Der Termin im Konsulat sei im Januar 1998, vorausgesetzt, dass bis zum Termin unsere Unterlagen, die Qualifizierung und alles weitere klar sein würden. Beide waren wir wie vom Donner gerührt. Einerseits wollten wir natürlich unseren »Kindertraum« erfüllt sehen, andererseits hätten wir alles, aber auch wirklich alles aufzugeben und einen völlig neuen und fremden Lebensabschnitt zu beginnen: Unsere sämtlichen Freunde, Kollegen und Verwandten und unsere erwachsene Tochter lebten ja in Deutschland. Wir hatten ein kleines, wunderschönes Haus in B., meine Frau stand mitten im Berufsleben, ich selbst war in meinem Beruf erfolgreich und würde erst Ende des Jahres pensioniert sein. Was tun??? Die Lotterie sausen lassen?

Lange haben wir bei dem Gedanken gezaudert, was wir alles würden aufgeben müssen. Andererseits waren wir beide mit den politischen und wirtschaftlichen Gegebenheiten in Deutschland schon seit Jahren nicht mehr einverstanden. So listeten wir alle Aspekte nach GUT oder NICHT GUT auf. Bei diesem »brain storming« gewöhnten wir uns schließlich immer mehr an den Gedanken, doch auszuwandern.

Wir annoncierten unser Haus und fanden Interessenten, die es dann im Dezember kauften. Dann war der Januar da und unser Termin beim Konsulat in Frankfurt am Main. Der ganze Tag dort verging mit Befragung, ärztlicher Untersuchung und anderen Dingen, und wir fuhren zurück mit der Hoffnung, das Visum in vier Wochen zu haben. Wir erhielten es dann mit der Vorgabe, bis Mitte Juli 1998 einzuwandern. Sofort kündigte meine Frau ihre Stellung und wir mussten uns eine Übergangswohnung suchen, um das Haus termingerecht übergeben zu können. Wir verkauften eines unserer beiden Autos und beauftragten einen Spediteur, einen Container zu stellen, der dann etwas später in die USA zu senden wäre.

So räumten wir unseren gesamten Hausinhalt in einen Zehn-Meter-Container, bezogen dann mit Restmobiliar unsere angemietete Wohnung und veranlassten die Spedition, den Container zehn Tage nach unserer

Einreise in die USA an die Adresse meiner Tante in Arkansas zu schicken, bei der wir zuerst »unterkriechen« durften. So flogen wir endgültig von B. aus nach Chicago, erledigten dort unsere Einwanderungsformalitäten und fuhren von dort mit einem Mietauto nach Arkansas.

Dort angekommen, sahen wir uns gleich mit einem Makler verschiedene Häuser an, denn die Umgebung erschien uns für unsere Zukunft perfekt. Bereits am zweiten Tag hatten wir uns für ein Haus entschieden, machten den Kauf innerhalb einer Woche perfekt, und als unser Hausstand mit dem Container eintraf, konnten wir ihn gleich zu unserem neuen Heim umdirigieren und unser Haus einrichten.

Vier Wochen später musste ich allerdings noch einmal nach Deutschland zurück, um meinen Dienst bis zu meiner Pensionierung zu Ende zu bringen. Meine Frau war in dieser Zeit allein in den USA, aber durch die Kontakte zu unseren Verwandten war es für sie erträglicher.

Nach Ablauf meiner Dienstzeit löste ich dann kurzfristig die Wohnung auf, verkaufte das Zweitauto und war wenige Tage später, nun »for good«, bei meiner Frau in unserer neuen Heimat.

Nun feiern wir bald unsern »4. Geburtstag« in unserer neuen Heimat und haben beide diesen Entschluss bisher nicht einen einzigen Tag bereut. Sicherlich ist auch hier in den USA »nicht alles Gold, was glänzt«, vieles ist befremdlich, zum Beispiel geht hier die Polizei auf den Landstraßen rigoroser gegen die Bürger vor (durch meinen Beruf erkenne ich gerade diese Unterschiede zu Deutschland), und der »gläserne« Mensch ist hier Wirklichkeit geworden (Alptraum jedes Deutschen), denn über die Social Security Number (SSN) ist jede Bewegung, jeder Kredit, jede Krankheit und jeder Verkehrsverstoß registriert. Viele Deutsche wären davon geschockt.

Für uns selbst als »retiree« (Rentner, Pensionäre, d.V.) ist das Leben hier natürlich angenehm. Speziell in dieser Region hätten wir nämlich als jüngere Einwanderer keine berufliche Überlebenschance, außer vielleicht als »greeter« (Begrüßer) im »Wal-Mart« oder als »sweeper« (Ausfeger) bei »McDonalds«. So aber haben wir unsere finanzielle Absicherung aus Deutschland (auch wenn der Eurokurs unser Budget monatlich schmälert) und können uns ganz und gar der Erkundung der Umgebung, unserem Haus oder anderen Interessen wie zum Beispiel dem Reisen widmen. Wir lieben unsere neue Heimat und denken mit keinem Gedanken an Rückkehr.

9. Geschichtlicher Überblick

9.1 Frühgeschichte Amerikas

Die Ursprünge menschlicher Besiedelung reichen in Nordamerika sicherlich mehrere zehntausend Jahre zurück. Die ältesten Siedlungsstrukturen der Indianer und Eskimos (Inuit) sind bis auf ein Alter von 10 000 v. Chr. nachgewiesen. Mit dem Aussterben des Mammuts breitete sich allmählich der Bison als beherrschendes Großsäugetier in den Grassteppen und Wäldern aus. Er lieferte den frühen Bewohnern Fell und Fleisch. Als Nahrungsergänzung oder Ersatz wurden Beeren und Früchte gesammelt. Seit zirka 3000 v. Chr. entwickelten sich die Anfänge der Vorratswirtschaft in Form eines mehr oder weniger geregelten Landbaus, der Jagd und Sammeln ergänzte. Die ersten in einer frühen Form der Landwirtschaft kultivierten Nahrungspflanzen waren Mais, Bohnen und Kürbisse. Feste Siedlungen sind seit der Zeit um 300 v. Chr. nachgewiesen. In den Flussauen und Niederungen gab es um diese Zeit auch schon Bewässerungssysteme. Handelsbeziehungen unter den indianischen Stämmen entwickelten sich zu dauerhaften Formen.

Die Kultur und Religion dieser Menschen war aufs Engste mit den Erfordernissen ihres täglichen Lebens und dieses wiederum mit dem schonenden Umgang mit der natürlichen Umwelt verbunden. Dabei spielte nicht in erster Linie die individuelle Person, sondern das Wohl des Volksstammes eine tragende Rolle. Nur durch ihn war auch der Einzelne lebens- und überlebensfähig. In dieser Naturgesellschaft galten andere Regeln als diejenigen, die später die weiße Rasse mit ihrem Dominanzanspruch über alle anderen Lebensformen in diesen Kontinent hineintrug, welcher zwangsläufig zu großen Konflikten führen musste.

Etwa um das Jahr 1000 n. Chr. erreichten die ersten Weißen aus Nordeuropa das nordamerikanische Festland in großen Ruderbooten: Wikinger aus Island unter der Führung des Norwegers Erichs des Roten (eigentlich: Erik Raude), der unseres Wissens als erster Europäer 981/982 die Insel Grönland betrat. Nachdem er aus seiner Heimat Norwegen verbannt worden war, fuhr er nach Island und heiratete dort. Dort wurde er erneut verbannt. Diesmal für drei Jahre. Er muss wohl ein ziemlich gewalttätiger Mensch gewesen sein. Als Zwangsauswanderer fuhr er 981 in Richtung Westen und entdeckte ein Land, welches ihn mit seiner Fjordlandschaft und seinen grünen, fruchtbaren Tälern beeindruckte und ihn an seine norwegische Heimat erinnerte. Mit diesem Wissen fuhr er nach Island zurück und erzählte dort von einem großen grünen Land, welches er im Westen entdeckt habe. Womit der Name »Greenland«, heute Grönland, erfunden war. Nun machte er sich erneut nach »Grünland« auf, diesmal mit einer Expedition von 500 Männern und Frauen in 25 Booten. Es erreichten aber nur 14 ihr Ziel.

Diese »Wikinger« genannten Menschen gründeten auf Grönland die erste europäische Siedlung: Brattahlid (heute: Qassiarsuk) sowie zwei weitere Ortschaften. Fundamentreste von Häusern von Brattahlid sind noch heute zu besichtigen.

Später führte Eriks Sohn Leif Eriksson das Werk des Vaters fort und brachte den ersten christlichen Missionar von Norwegen nach Grönland. Als Leif später weitere Landstriche in Kanada entdeckte und benannte, wurde er damit der erste Europäer, der amerikanisches Festland betrat, denn Grönland ist ja nur eine Insel.

Im Jahre 1492 segelte ein italienischer Seefahrer aus Genua im Auftrag des spanischen Königs von Palos de la Frontera an der spanischen Westküste in Richtung Westen, um »El Dorado« (= der Goldene) zu entdecken, eine sagenhafte Königsgestalt in einem unbekannten Land, dessen Körper mit purem Gold bedeckt sein sollte, wie man sich erzählte. Schulden bei der Bank waren schon zu jener Zeit nicht unbekannt und drückten den Haushalt der spanischen Krone allzu sehr. Da man nicht wusste, wie man diese Schulden zurückzahlen sollte, kam man auf eine ausgesprochen praktische Idee: Neues Geld (= Gold) besorgen von irgendwoher, wo man keine Gegenleistung dafür erbringen musste, zu deutsch also: stehlen.

Mit dem Auftrag, ein einträgliches Geschäft abzuwickeln, fuhr Kolumbus also mit seinen Schiffen Santa Maria, Pinta und Niña nach Westen, um, wie es hieß, den westlichen Seeweg nach Indien zu finden, wo man das viele Gold vermutete. Was für ein Pech, er blieb auf halber Strecke stecken, denn der amerikanische Kontinent versperrte ihm den Weg. Am 12. Oktober 1492 ließ er vor der Insel Guanahani (heute: San Salvador) Anker fällen. Kolumbus selbst war es nie vergönnt, den neuen Kontinent zu betreten und El Dorado zu begegnen, dies taten für ihn seine Nachfolger umso gründlicher. Innerhalb von nur 40 Jahren bauten spanische Eroberer und Abenteurer im Auftrag der spanischen Krone von den neuen spanischen Besitzungen aus, die auf Kolumbus zurückgehen, unter massivster Gewalteinwirkung gegen die ansässige Bevölkerung der Inkas und Mayas ein riesiges Imperium in Mittel- und Südamerika auf. Dabei nutzten sie geschickt die religiöse Haltung der

Einheimischen aus, die nach ihrem Glauben auf die Ankunft »weißer Götter« warteten. Unter dem Tarnkleid christlicher Mission (einer Religion der Gewaltfreiheit!) nahmen sie den Ansässigen ihre Würde und ihre Freiheit, töteten rücksichtslos diejenigen, welche ihnen zunächst Vertrauen geschenkt hatten, und stahlen das im Überfluss vorhandene Gold, nach welchem sie vor allem lechzten. Dies alles geschah vor allem unter der Führerschaft von Francisco Pizarro und Hernando Cortez im Zeichen des Kreuzes. Welch ein Missbrauch!

Während die spanischen Eroberer und Missionare den Süden der heutigen USA erkundeten und schließlich besetzten, machten den nördlichen Teil der heutigen USA italienische Reisende wie zum Beispiel Giovanni da Verrazano aus Florenz bekannt, der schon 1524 im heutigen North Carolina an Land ging und von dort aus bis in die Gegend nördlich des heutigen New York hinaufsegelte.

9.2 Die Kolonialzeit

Aus wirtschaftlichen, politischen und religiösen Gründen motiviert, trafen im 17. Jahrhundert die ersten Auswanderer aus England auf dem nordamerikanischen Kontinent ein. Die erste englische Kolonie befand sich in Jamestown (Virginia) und wurde dort 1607 errichtet. 13 Jahre später überquerten die »Pilgrim Fathers« (= Pilgerväter) den Atlantik und gründeten die Siedlung Plymouth Colony im heutigen Massachusetts.

1681 bekam der einflussreiche Quäker William Penn ein beträchtliches Stück Land zugewiesen, welches er vor allem mit religiösen Abweichlern besiedelte. Dazu gehörten die Amish People, die Mennoniten, die Herrnhuter, die Quäker und die Baptisten. Auch deutsche Auswanderer waren unter den Siedlern und gründeten 1683 im Lande William Penns, in Pennsylvania (= Penns Waldland) die erste deutsche Ansiedlung. Im Laufe der folgenden 50 Jahre entstanden auf diese Weise 13 englische Kolonien. Während der größte Teil der Siedler aus England stammte, schlossen sich jedoch auch Holländer, Schweden, Spanier, Portugiesen, französische Hugenotten und die bereits genannten Deutschen den Auswandererströmen an. Da die Überfahrt recht teuer war, unterwarfen sich die meisten Neueinwanderer Arbeitsverträgen, um damit den erhaltenen Kredit abzuarbeiten.

Ein besonders trauriges Kapitel der Besiedelung stellte der »Import« von afrikanischen Sklaven dar, die häufig mit Zustimmung ihrer

Stammeshäuptlinge gegen wertlose Ramschwaren an reiche weiße Kaufherrn verkauft wurden, damit diese sie auf ihren Tabak-, Baumwoll-, Zuckerrohr- und anderen Plantagen als kostenlose Arbeitskräfte einsetzen konnten. Dies alles begann 1619 in Virginia.

Bereits in der Frühzeit der weißen Besiedelung kristallisierten sich unterschiedliche soziale und wirtschaftliche Strukturen in den verschiedenen Kolonien heraus. Da Boden- und Klimaverhältnisse in den heutigen Neuenglandstaaten (nördliche Kolonien) sich für die landwirtschaftliche Produktion weniger eigneten, verlegten sich die Bewohner dieser Landstriche schon früh auf Dienstleistung, Handel, Fischfang, Industrie und Gebrauchsgüterproduktion. Knotenpunkte des wirtschaftlichen Lebens wurden die Häfen an der Atlantikküste. Das kulturelle Leben war auf Grund der Herkunft britisch geprägt.

Dagegen lebte weiter südlich in den mittleren Kolonien ein Vielvölkergemisch, das von kultureller und sprachlicher Vielfalt sowie von religiöser Toleranz geprägt war. Philadelphia ist dafür ein gutes Beispiel. Zu jener Zeit waren deutsche Farmer in Pennsylvania wegen ihres Könnens besonders angesehen. Weiter landeinwärts siedelten sich gern Menschen aus Schottland und Irland an, um dort nach Rodung der natürlichen Wälder Landwirtschaft zu betreiben.

Besonders ausgeprägt war die landwirtschaftliche Tätigkeit in den südlichen Kolonien. Maryland und Virginia hatten hervorragende Böden und machten die Anlage riesiger Plantagen (Tabak) möglich. In North und South Carolina wurde Reis zu einem bedeutenden Exportgut. Die großen Plantagen ließen bei den Besitzenden Wohlstand und Reichtum anwachsen (Großgrundbesitzer) und förderten den politischen Einfluss dieser Bevölkerungsschicht. Damit entstand eine politische Spannung zwischen diesen und den königlich-englischen Gouverneuren, die die Kolonien verwalteten. Die neuen reichen Herren stimmten nun selbstbewusst über die Einführung neuer Steuern und neuer Gesetze ab, ohne den Gouverneur danach zu fragen. Allmählich ging auf diese Weise ohne größere Gewalttätigkeit die Macht von den von England eingesetzten Gouverneuren auf gesetzgebende Versammlungen der Volksvertreter in den Provinzhauptstädten über.

9.3 Entstehung einer neuen Nation

Die Entstehungsgeschichte neuer Staaten war fast immer blutdurchtränkt, so auch die der neuen, riesigen amerikanischen Nation, die ja eigentliche eine Multination aus vielen Einzelstaaten darstellt. Die ersten Schüsse fielen zwar erst 1775, die Ablösung der neuen amerikanischen Staaten von der Mutternation England begann aber bereits im Jahre 1763, am Ende des siebenjährigen und des französisch-indianischen Krieges.

Zu dieser Zeit kontrollierte die englische Krone halb Nordamerika, nämlich alle Gebiete östlich des Mississippi einschließlich des heutigen Kanada. Waren die Kolonien inzwischen seit langem an Selbständigkeit gewöhnt, verlangten sie nun auch nach mehr Freiheit vom Mutterland. De facto regierten sie sich bereits seit vielen Jahren selbst. Die englische Regierung verfolgte andere Vorstellungen. Sie wollte eine zentrale Verwaltung für die neuen Kolonien etablieren und diese sollte durch erhöhte Steuern in den Kolonien finanziert werden. Dem aber wollten sich die Kolonien nicht beugen. Mit dem Schlagwort »no taxation without representation« verdeutlichten sie ihren Willen nach Selbstbestimmung und Selbstverwaltung. Die Zuspitzung dieses Konfliktes zeigte sich darin, dass King George III. die amerikanischen Kolonien am 23. August 1775 der offenen Rebellion bezichtigte. Kein Jahr später, am 4. Juli 1776, wurde von den Kolonien die Unabhängigkeitserklärung verabschiedet. Noch weitere sieben Jahre zog sich der Konflikt hin und wurde auch mit Waffen ausgetragen. 1783 endlich wurde im Vertrag von Paris die Unabhängigkeit, Freiheit und Souveränität der 13 ehemaligen Kolonien anerkannt und festgeschrieben. Die Grenzen dieser neuen Staaten waren im Westen der Mississippi, im Norden Kanada und im Süden Florida, welches damals an Spanien ging. Die Staaten hatten bereits ihre eigenen Verfassungen, bildeten aber noch keine zentrale, vereinte Nation. Der neu gewählte zentrale Kongress aller 13 ehemaligen Kolonien empfahl diesen, nun auch neue Regierungen zu bilden. 1781 wurden die »Articles of Confederation and Perpetual Union« rechtswirksam. 1787 versammelte sich in Philadelphia eine Gruppe von Politikern, die eine neue Verfassung mit dem Ziel der Stärkung der zentralen Gewalt einerseits und der gegenseitigen Kontrolle der drei Einzelgewalten andererseits erarbeite.

9.4 Sklavenhaltung, Bürgerkrieg und Ausdehnung nach Westen

Obwohl die Sklaverei im Jahre 1808 international abgeschafft worden war, hielten die Südstaaten der neuen amerikanischen Nation an diesem Modell ökonomischer Vorteilnahme fest. Der Anbau von Zuckerrohr, Baumwolle und Tabak wurde durch diese Form der Ausbeutung menschlicher Arbeitskraft eine lukrative Sache, die man so schnell nicht aufzugeben gedachte. Es kam zur Spaltung der Nation in zwei Gruppen von Einzelstaaten, die Befürworter und die Gegner der Sklavenhaltung. Nachdem es auch in den 50er Jahren des 19. Jahrhunderts zu keiner Lösung dieses Problems gekommen war, wurde 1860 Abraham Lincoln Präsident der amerikanischen Union. Prompt traten elf Einzelstaaten aus dem Verbund aus und erklärten sich selbst zu den »Konföderierten Staaten von Amerika«. Dadurch brach der Sezessionskrieg aus, der vier Jahre währte, bis die Konföderierten schließlich aufgaben. Damit war die Sklaverei in ganz Nordamerika beendet. Mit einem 13. Zusatzartikel wurde dieser Tatbestand in der Verfassung verankert und 1865 vom Kongress ratifiziert.

Schon während der ersten 20 Jahre des 19. Jahrhunderts entstanden sechs neue Staaten: Indiana, Illinois, Maine, Mississippi, Alabama und Missouri. Der Hunger nach neuem Siedlungsland verschob die Grenzen des neuen Staatenverbunds nun auch mehr und mehr nach Westen über den Mississippi hinaus. Dies provozierte neue Konflikte mit den Ureinwohnern.

Während die Staaten an der Atlantikküste bis hinauf zu den Neuenglandstaaten sich zum Hauptsitz der Warenproduktion entwickelten, war im Süden und allmählich auch im mittleren Westen die Landwirtschaft zu Hause. Die großartigen Prärien wurden nach und nach zu Kornanbaugebieten umfunktioniert. In Kalifornien setzte der Goldrausch ein. Neue Transportwege wurden mit Hilfe der Eisenbahn geschaffen. Diese verband nun die Ostküste mit dem mittleren Westen.

Nun strebten neue Einwanderer ins Land der »unbegrenzten Möglichkeiten«. Die politischen, ökonomischen und religiösen Verhältnisse des frühkapitalistischen Europa ließen Millionen von Menschen nach Amerika strömen. Während des Sezessionskriegs wurden die Einwanderer auch als Soldaten angeworben.

9.5 Zeit der Veränderung

Der Sezessionskrieg brachte den Südstaaten einen starken Rückschlag in der Ökonomie. Die Bevölkerung war verarmt und demoralisiert, die Staaten verschuldet und die sozialen Bedingungen dementsprechend auf einem Tiefpunkt. Um die Nachkriegssituation zu verbessern, erließ der Kongress 1872 eine Amnestie für die Bevölkerung der Südstaaten mit Ausnahme einiger Hundert unverbesserlicher Föderationsanhänger. Weiterhin galt aber hier eine strenge Trennung von Weiß und Schwarz gemäß der üblen Idee der Sklavenhaltung.

Allmählich entwickelten sich nun die Vereinigten Staaten von Amerika zu einer Industrienation. Neben der Entstehung riesiger Fabrikanlagen wandelte sich aber auch die Landwirtschaft zu einer industriellen Produktionsstätte mit Farmflächen von unermesslicher Größe. 1869 war die erste transkontinentale Eisenbahn fertig, und das Schienennetz der USA war länger als dasjenige Europas.

Neuartige technische Erfindungen wurden wirtschaftlich genutzt: Die von dem Deutschen Heinrich Goebel 1854 erfundene Glühbirne »erfand« Thomas Alva Edison ein zweites Mal(!), besser gesagt, er setzte diese, wie auch viele andere Erfindungen, in ein anwendungstechnisch verwertbares Produkt um. Ebenso machte es der USA-Schotte Alexander Graham Bell, der das Telefon, welches seinem Prinzip nach von dem deutschen Philip Reis erfunden worden war, zu einem technisch verwertbaren Produkt umarbeitete. Vergessen wir hier nicht den großen, jedoch bis heute nicht richtig gewürdigten USA-Jugoslawen Nicola Tesla, der die Grundlagen für die gesamte moderne Dreh- und Wechselstromtechnik schuf und darüber hinaus in seinem New Yorker Labor mit Aufsehen erregenden physikalischen Apparaten und Experimenten von sich reden machte. Edison hingegen verstand es, seine eigenen sowie die Erfindungen Teslas wirtschaftlich zu vermarkten und ging nach dem Fehlschlag der von ihm propagierten Gleichspannungstechnik ebenfalls zum Wechselstrom über. Gleichstrom ließ sich nur über ganz kurze Entfernungen transportieren.

Die Gebiete des Westens waren bis 1890 erschlossen, so dass die USA nun vom Pazifik bis zum Atlantik reichten. Die indianischen Ureinwohner wurden mehr und mehr auf wirtschaftlich uninteressante Flächen zurückgedrängt und ihrer traditionellen Rechte beraubt.

Gegen Ende des 19. Jahrhunderts vergrößerten die USA ihr Staatsgebiet über die bisherigen kontinentalen Grenzen hinaus auf Inseln im Pazifik und in der Karibik sowie auf Staaten und Gebiete in

Mittelamerika. 1867 kam das bis dahin russische Alaska dazu. Als das Inselkönigtum von Hawaii im Jahre 1893 ankündigte, den amerikanischen Okkupationsdrang abzuwehren, kam es zu einem Zusammenschluss dort ansässiger US-Geschäftsleute mit Hawaiianern, die kurzentschlossen eine neue Regierung einsetzten, welche die Einverleibung Hawaiis in den US-Staatenverbund 1898 vorbereitete.

Der Absicht einiger potenter Wirtschaftsunternehmen, durch Zusammenschluss Monopolstellungen aufzubauen und den freien Wettbewerb zu behindern, trat die Regierung 1890 mit einem Antitrustgesetz entgegen. Gerade auch auf der Seite der Arbeitnehmer stand nicht alles zum Besten, wie man bei einem neu entstandenen, auf freier Willensbildung basierenden Staatsgebilde vermuten sollte. Es gab wie auch in Europa wieder ein »unten« und »oben«, ein »arm« und »reich«, wie hätte es auch anders sein können. Schlimm war, dass Arbeiter und kleine Angestellte auch in wirtschaftlich guten Zeiten niedrige Löhne erhielten und unter oft gefährlichen Arbeitsbedingungen zu leiden hatten. Die laufende technische Weiterentwicklung der Produktionsprozesse führte zu weiterem Absinken des Bedarfs an ausgebildeten Arbeitern. Dafür stieg der Bedarf an Ungelernten an. Gleichzeitig führten Wirtschaftskrisen zu weiteren Lohnabsenkungen.

In den Jahren von 1880 bis 1910 wanderten weitere 18 Millionen Menschen in die USA ein. Dies führte zu Wohnungsnot in den Großstädten und zu miserablen Lebensverhältnissen.

9.6 Der Erste Weltkrieg und seine Folgen

Die ungerechten Verhältnisse der frühkapitalistischen Ära sowie die sich ausbreitende Korruption ließen eine politische Situation entstehen, die die Gründung einer Reformbewegung zwingend notwendig machte. Sie nannte sich »Fortschritt« und öffnete allen führenden Politikern des Landes ihre Tür. Die Euphorie des ersten amerikanischen Jahrhunderts war verflogen, äußere Gegner waren zwar nicht erkennbar, aber innere Widersprüche zeigten sich umso stärker. Die neue Bewegung setzte sich zum Ziel, mehr Demokratie zu verwirklichen, die Lebens- und Arbeitsbedingungen zu verbessern sowie soziales Empfinden und den Geist der Solidarität aller zu stärken. Dazu wurden vor allem in den Jahren von 1902 bis 1908 neue Gesetze erlassen. Kinderarbeit und Nachtarbeit wurden stärker eingeschränkt sowie die Tagesarbeitszeit verkürzt. Ebenso wurde die allgemeine Schulpflicht eingeführt.

Als Präsident Wilson sich zunächst durch Neutralitätsbekundung aus dem Krieg heraushalten wollte, machte ihm die damalige deutsche Regierung einen Strich durch die Rechnung. Kaiser Wilhelm traf die unglückselige Entscheidung, einen U-Bootkrieg gegen alle mit den Alliierten verbündeten Länder zu führen. Darauf erklärte der US-Kongress Deutschland zwangsläufig den Krieg. Nachdem der Vorschlag Wilsons, nach Ende des Krieges einen internationalen Völkerbund zu bilden, zwar in den Vertrag von Versailles aufgenommen, aber nicht vom US-Senat ratifiziert wurde, zogen sich die USA aus dem Völkerbund, dem Vorläufer der heutigen UNO, zurück und wandten sich wieder verstärkt ihrer Innenpolitik zu.

Zwischen 1920 und 1930 entwickelte sich die amerikanische Kultur in ungeahntem Ausmaß. Kunst, Musik, Theater, Film und Radio wurden auch zu wichtigen wirtschaftlichen Faktoren. Die massenhafte Ausbreitung des Automobils sowie die zunehmende Popularität des Kinofilms ließen eine neue amerikanische Kultur entstehen, deren Einfluss bis hinüber nach Europa reichte. Auch der massenhafte Radioempfang trug dazu bei. Steigende Gewinne und niedrige Bankzinsen ließen die Konjunktur hochschnellen, bis an jenem »schwarzen Donnerstag«, dem 24.Oktober 1929, der Aktienhandel an der Wall Street wie eine gigantische Seifenblase zerplatzte. Die hochgeschraubten Gewinnerwartungen waren nicht mehr zu halten gewesen. Dieser Zusammenbruch läutete eine landesweite Wirtschaftskrise ein, die bis Anfang der 1930er Jahre währte.

Ähnlich wie in Deutschland waren auch in den USA die Jahre zwischen 1920 und 1930 so genannte »goldene zwanziger Jahre«. Dies galt jedoch nur für eine relativ kleine Gruppe der amerikanischen Gesellschaft. Der Wohlstand Weniger überdeckte tiefer sitzende Probleme. Waren es auf der einen Seite einflussreiche, intolerante Gruppen, die den Alkohol öffentlich verboten (»Prohibition«), wuchs dafür auf der anderen Seite die Kriminalität. Dennoch hielt der Strom der Einwanderer in die USA unvermindert an. Von überall her kamen sie, aus Europa, aus Japan, aber auch aus Kanada und aus Mexiko. Dies veranlasste den Kongress 1921, restriktivere Einwanderungsgesetze zu erlassen.

9.7 Krise der Weltwirtschaft

Als 1929 der Börsenhandel zusammenbrach, waren 40 Prozent der Stammaktienwerte vernichtet. Die daraus resultierende Weltwirtschaftkrise ließ den Aktienwert innerhalb von vier Jahren um 80 Prozent sinken. Die Arbeitslosigkeit war bis 1932 auf 25 Prozent angewachsen. Die Menge der produzierten Waren war um vieles größer als die, welche die Binnennachfrage aufnehmen konnte, eine Folge der Automatisierung. In dieser schwierigen Situation verstand es der Präsidentschaftskandidat Franklin D. Roosevelt (nach dem später der »Teddy« benannte wurde), mit seinen Ideen eines »New Deal« (= Neue Lösungen, Reformen) die Mehrheit der Bevölkerung für die Wiederherstellung sozialer Gerechtigkeit zu begeistern. Mit unglaublichem Tempo setzte Roosevelt seine Reformgesetze in die Praxis um. Die öffentliche Hand investierte in den Bau neuer Straßen und Gebäude, Flughäfen und Parkanlagen. Dies schaffte viele Arbeitsplätze. Ein Agraranpassungsgesetz ermöglichte es den Farmern, ihre Einkommen anzuheben und eigene Investitionen in neue Maschinen zu tätigen. Auch andere Produktionsbereiche wurden vom New Deal positiv beeinflusst. Dennoch reichten die getroffenen Maßnahmen nicht aus, so dass ein weiteres Reformprogramm (Second New Deal) aufgelegt wurde. Eine neue Behörde, die »Works Progress Administration«, machte den Versuch, Arbeit anstelle Sozialhilfe zu organisieren. Mit verschiedenen Projekten sollte auch Künstlern aller Art neue Arbeit verschafft werden. Den wichtigsten Programmpunkt der erweiterten Reform stellt der »Social Security Act« von 1935 dar, mit dem die Grundlage für eine neue allgemeine Sozialversicherung geschaffen wurde. Sie finanzierte sich aus Abgaben der Arbeitnehmer wie der Arbeitgeber. Roosevelt wurde daraufhin 1936 für eine weitere Amtsperiode gewählt.

9.8 Der Zweite Weltkrieg

Nachdem sich herausgestellt hatte, dass das nazistische Deutschland, Italien und Japan ihre kriegerischen Handlungen nicht einstellen wollten, setzte die Regierung Roosevelt zunächst auf Neutralität. Kein an den Konflikten beteiligtes Land sollte von den USA Hilfe erhalten. Nachdem Hitler Frankreich erobert hatte und im Begriff war, auch Luftschläge gegen Großbritannien zu beginnen, horchte man im amerikanischen Kongress auf. Es fand sich eine Mehrheit, die ein Eingreifen in den Krieg befürwortete. Es gab eine Übereinkunft mit Kanada und den Ländern Lateinamerikas, sich gemeinsam gegen die aggressiven Länder zu verteidigen. Der Kongress bewilligte riesige Summen für den Waffenkauf und ermöglichte es dem Präsidenten, diese auch an hilfesuchende Länder zu liefern. Roosevelt wurde in diesen Kriegszeiten 1940 zum dritten Mal zum Präsidenten gewählt, was eine Ausnahme darstellte. Als die Japaner am 7. Dezember in einer nicht für möglich gehaltenen Aktion einen Großteil der US-Flotte in Pearl Harbour zerstörten, führte dies am darauffolgenden Tag zur Kriegserklärung der USA an Japan. Bis heute ist dieses traumatische Erlebnis tief in die Gefühle der amerikanischen Nation eingegraben.

Das Unvermeidliche trat ein: Nazi-Deutschland und Nazi-Italien erklärten als Solidarpartner Japans daraufhin den USA den Krieg. Als Folge davon trat eine allgemeine Kontrolle aller Wirtschaftsbereiche der USA für Zwecke der Verteidigung in Kraft, was zum direkten oder indirekten Kriegseinsatz von etwa 65 Millionen US-Bürgern führte. Trotz Pearl Harbour konzentrierten sich die Anstrengungen der Alliierten auf Europa, mit dem Ziel, die westlichen Demokratien von den herrschenden totalitären Systemen zu befreien. Am 6. Juni 1944, dem »D-Day«, landeten die Alliierten in der französischen Normandie. Ende August bereits war Paris von den deutschen Eroberern befreit, und im Frühjahr 1945 vollzog sich der endgültige Vorstoß tief nach Deutschland hinein. Am 8. Mai war in Europa der Krieg mit der Kapitulation Deutschlands zu Ende. In Deutschland wurden amerikanische Zigaretten, Kaugummi und Coca Cola zu einer Art Ersatzwährung, sie waren vor allem bei der Jugend begehrt. Amerikanische Filme und Musik hielten ebenfalls in Deutschland Einzug.

Nachdem die Amerikaner ihre mit Hilfe deutscher Wissenschaftler entwickelten Atombomben im Versuchszentrum Los Alamos (New Mexico) erfolgreich getestet hatten, bereiteten sie diese schreckliche Waffe zum Einsatz vor. Am 6. und 8. August 1945 erzwangen die über Hiroshima und Nagasaki abgeworfenen Atombomben die Kapitulation Japans. Daraufhin stimmte die japanische Regierung den bereits am 26. Juli in Potsdam festgelegten Bedingungen des Abkommens der vier Siegermächte USA, England, Frankreich und Sowjetunion zu. Damit war am 2. September 1945 nach sechs sinnlosen Kriegsjahren dieser ebenso wahnsinnige wie unnötige Krieg zu Ende.

9.9 Nach dem Zweiten Weltkrieg

Nachdem sich im April 1945 50 Nationen der Erde zur Gründung der *United Nations (UN)* in San Francisco zusammengefunden hatten, ratifizierte auch der US-Senat den Beitritt zu dieser Organisation. Damit war der Isolationismus beendet.

Solange ein gemeinsamer Gegner vorhanden gewesen war, hatte es mit der Sowjetunion keine größeren Spannungen gegeben. Als dieser aber nach dem Krieg wegfiel, entwickelte sich auf Grund der unterschiedlichen Gesellschaftssysteme ein regelrechter Krieg ohne Waffeneinsatz, der so genannte »Kalte Krieg«. Besonders deutlich trat der Gegensatz zwischen den beiden Großmächten in der Aufteilung von Nachkriegsdeutschland zu Tage, in dem es zunächst eine Ostzone sowie eine Einheit aus drei westlichen Zonen gab. Nicht zuletzt wegen der ideologisch bedingt ungünstigen Wirtschaftslage in der Ostzone setzte ein großer Flüchtlingsstrom in Richtung Westen ein, der 1961 zum Bau der Berliner Mauer führte.

Auf Grund der Meinungsverschiedenheiten mit dem Westen errichteten die Sowjets eine Blockade rund um Berlin. Dies führte zu einer einjährigen Luftbrücke, bei der US-Flugzeuge Berlin mit Nahrungsmitteln und Brennstoffen versorgten. Unter dem Nachkriegspräsidenten Truman betrieben die Amerikaner eine Politik der Eindämmung der sowjetischen Macht. Dies führte auch zum sogenannten »Marshall Plan«, einer umfassenden Wirtschaftshilfe für Westeuropa. Natürlich war dies auch im eigenen Interesse, denn die Länder Europas waren die zukünftigen Handelspartner der USA.

Darüber hinaus wurde 1949 die NATO gegründet, die ein wesentlicher Teil der US-Sicherheitspolitik wurde. Nachdem die Sowjets mit dem erfolgreichen Start ihres ersten Weltraumsatelliten »Sputnik« in den USA einen Schock ausgelöst hatten, begann ein Wettlauf in der Entwicklung der Weltraumtechnik, letztendlich mit militärischem Hintergrund. Weitreichende Interkontinentalraketen erzwangen auch eine weitreichende Erdbeobachtung, die nur durch Satelliten möglich war.

Durch einen enormen Konjunkturanstieg waren die USA 15 Jahre nach dem Krieg erneut zur führenden, wirtschaftlich reichsten Nation der Welt geworden. Im Zuge dieser Entwicklung trat in den USA eine Stagnation bei der Weiterentwicklung der gesellschaftlichen Ideen ein. Das Materielle hatte das Ideelle zu sehr in den Hintergrund gedrängt. In diese Lücke drang eine neue Bürgerrechtsbewegung vor, die von schwarzen Afro-Amerikanern getragen wurde. Die bis dato praktizierte Benachteiligung dieser Bevölkerungsgruppe führte 1957 zu einem neuen Gleichstellungsgesetz, dem »Civil Rights Act«, welches der

Bundesregierung Interventionsmöglichkeiten bei Nichtbeachtung gab.

Weitere wichtige Ereignisse der 60er Jahre waren die Kubakrise, die Präsidentschaft des Erneuerers John F. Kennedy, seine bis heute nicht vollständig aufgeklärte Ermordung, die Landung der Amerikaner auf dem Mond sowie die großen Rassenunruhen und die Ermordung des Schwarzenführers Martin Luther King.

Auf die weitere zeitgeschichtliche Entwicklung wollen wir hier nicht eingehen, da wir meinen, dass sie jedermann und jeder Frau aus Schule, Film und Fernsehen genügend bekannt sind.

Wir hoffen, allen Lesern mit diesem kurzen historischen Abriss einen Einblick in das Auf und Ab der amerikanischen Geschichte gegeben zu haben, einer Nation, die – aus eigener Erfahrung klug geworden – den Demokratien in aller Welt bis heute Beistand geleistet hat und auf deren Hilfe wir nicht gern verzichten wollen und auch nicht können. Mögen alle zukünftigen Auswanderer in den USA das persönliche Glück und die Verwirklichung ihrer Vorstellungen finden.

Ulrich F. Sackstedt, im Februar 2002

10. Quellenverzeichnis und weiterführende Literatur

1. Schliewert, USA – Handbuch für Auswanderer, Stuttgart, 2. Aufl. 1997
2. Näth, New York – Ihre zweite Heimat, Stuttgart, 2000
3. Schwartz, Mehnert, Apostel, Der amerikanische Traum, Berlin, 2000
4. Wohlgeschaffen, Mit dem Partner ins Ausland, Bonn, 2000
5. Otte, Amerika für Geschäftsleute, Frankfurt/M, 2. Aufl. 1999
6. Spallek, Aufbruch ins Land der unbegrenzten Möglichkeiten, USA, 1999
7. Watzlawik, Gebrauchsanweisung für Amerika, München, 24.Aufl. 2000
8. Thomä, Unter Amerikanern, München, 2000
9. P. u. C. Tögel, Briefe, die das Leben schrieb, Münster, 1995–2000
10. Krauter, Schmitt, Ludewig, Geographie von A bis Z, Stuttgart, 1983
11. Steilberg/Flemmming, Chronik Handbuch Amerika, Gütersloh, 1998
12. Mikatavage, Immigrants & Refugees – Create Your New Life in America, Pioneer Living Series, USA, 2. Aufl. 1998
13. Cotter, Crotty, Schütz, USA Phrasebook, Australia, Lonely Planet USA, UK, Frankreich, 1995

Symbol der Hoffnung für alle Einwanderungswilligen: Die Freiheitsstatue.
(Foto: Mangum PR)

Alles ist möglich

Andrea Raulf
Bootsferien in Deutschland
Wunderbare Wasserwelten – vor allem in Brandenburg und Mecklenburg-Vorpommern – und viele Sehenswürdigkeiten.
192 Seiten, 67 Farbbilder, 58 Zeichnungen, 12 Karten
Bestell-Nr. 50395   € 16,–

Ulrich F. Sackstedt
Australien
Auswandern ins »lucky country«! Mit diesem Buch rückt der Australien-Traum ein ganzes Stück näher. Auf der Grundlage des neuen Antragsverfahrens zeigt es Schritt für Schritt den richtigen Weg und hilft, von Anfang an viel Kummer, Zeit und Geld zu sparen. Mit vielen wichtigen Informationen und Tipps, Einblicken ins Arbeitsleben, in Soziales und Politik sowie allen wichtigen Adressen und Kontaktstellen.
352 Seiten, 28 Farbbilder
Bestell-Nr. 50264
€ 26,–

Reinhold Ostler
Das neue Handbuch für Schatzsucher
Die Pirsch auf Schätze will gelernt sein. Hier steht alles drin, was erfolgreiche Jäger brauchen.
264 Seiten, 77 Bilder
Bestell-Nr. 50265   € 16,50

John Boswell
US Army Survival Handbuch
Mit diesem Handbuch schickt die US-Army ihre Jungs in den Dschungel und in die Wüste. Was hier steht, nützt jedem Outdoor-Freak.
256 Seiten, 91 Zeichnungen
Bestell-Nr. 50838   € 16,–

Jimmy Cornell
Segelrouten der Weltmeere
Rund 500 Routen mit Seekarten und Handbüchern, mit 4000 Wegpunkten für GPS-Skipper. Neue Törns im Nord- und Südatlantik.
656 Seiten, 80 Zeichnungen
Bestell-Nr. 50328   € 35,–

Stand September 2002
Änderungen in Preis und Lieferfähigkeit vorbehalten

IHR VERLAG FÜR ABENTEUER-BÜCHER
Postfach 10 37 43 · 70032 Stuttgart
Telefon (0711) 21 08 06 65 · Telefax (0711) 21 08 07 70

Ihre zweite Heimat
– weitere Alternativen

Millionen träumen davon, aber nur wenige setzen sich in Bewegung: Sie wandern aus, kaufen sich ein Feriendomizil oder verbringen einfach den Winter im Süden. Wie man es richtig angeht und erfolgreich durchzieht, steht in den Büchern aus der Reihe »Ihre zweite Heimat«: Hintergrundinformationen vermitteln wertvolles Wissen, viele Tipps machen das Leben leichter.

Sören Constantin
Kanarische Inseln
Wie wär's mit einer Finca auf den Kanaren? Wenige Flugstunden von Deutschland entfernt liegt ein Paradies, in dem es sich abseits von Hektik und Streß leben läßt.
224 Seiten, 53 Farbbilder, 14 Zeichnungen, 1 Karte
Bestell-Nr. 50377

Klaus Kulkies
Südspanien
Träumen Sie von einer Terrasse mit Blick aufs Meer? Oder von einem einfachen, aber stilvollen Landhaus? Dann könnte Südspanien eine zweite Heimat für Sie werden.
192 Seiten, 76 Farbbilder, 1 Karte
Bestell-Nr. 50389

Halwart Schrader
Südfrankreich
Träumen Sie von einer Villenterrasse mit Blick auf's Meer oder von einem stilvollen Landhaus abseits der Touristenströme. Im Süden Frankreich können Sie beides finden.
192 Seiten, 56 Farbbilder, 1 Karte
Bestell-Nr. 50376

Insa Näth
Kalifornien
Warum zahllose Menschen ausgerechnet hier eine neue Heinmat suchen, ist leicht gesagt: Kalifornien ist der Inbegriff für Freiheit, Glück, Lebensfreude und Erfolg.
256 Seiten, 46 Farbbilder, 1 Karte
Bestell-Nr. 50375

Insa Näth
New York
Als zweite Heimat steht New York als Shopping-Paradies, Konzert- und Museums-Metropole und als Stadt, in der immer wieder weltweite Trends geboren werden, ganz oben auf der Hitliste.
256 Seiten, 39 Farbbilder
Bestell-Nr. 50366

Halwart Schrader
Florida
Haben Sie genug vom Alltag? Möchten Sie an einem Way of life teilhaben, der mehr Wert auf persönliche Freiheit und Lebensfreude legt? In Florida ist nichts unmöglich!
192 Seiten, 75 Farbbilder, 1 Karte
Bestell-Nr. 50388

Halwart Schrader
Irland
Atemberaubende Landschaften, Dörfer wie aus dem Bilderbuch und liebenswerte Menschen mit roten Haaren sind Grund genug, sich näher mit der »Grünen Insel« zu beschäftigen.
224 Seiten, 80 Farbbilder
Bestell-Nr. 50403

Stand September 2002 – Änderungen in Preis und Lieferfähigkeit vorbehalten

Jeder Band unserer erfolgreichen Reihe kostet **22,– EURO**

IHR VERLAG FÜR REISE-BÜCHER
Postfach 10 37 43 · 70032 Stuttgart
Telefon (0711) 21 08 0 65 · Telefax (0711) 21 08 0 70